教科書ガイド

光村図書 版

国語

完全準拠

中学国語 3年

編集発行 光村教育図書

この本《ほん》の使《つか》い方《かた》

＊教科書《きょうかしょ》の引用《いんよう》ページ・行数《ぎょうすう》は、（P15・8）のように示《しめ》した。

あらすじ ＋ 構成

その教材《きょうざい》のおよその内容《ないよう》をつかむためのページです。 教材文《きょうざいぶん》の種類《しゅるい》によって構成《こうせい》が変《か》わります。

〈**物語《ものがたり》・小説《しょうせつ》**〉…あらすじ ＋ 構成

〈**随筆《ずいひつ》・説明文《せつめいぶん》**〉…およその内容 ＋ 構成

〈**詩《し》**〉…およその内容

〈**古典《こてん》**〉…およその内容

漢字のチェック

新出漢字

その教材《きょうざい》の新出漢字《しんしゅつかんじ》を、教科書《きょうかしょ》の提出順《ていしゅつじゅん》に解説《かいせつ》しています。内容《ないよう》は、音訓《おんくん》（＊印《じるし》は教科書本文中《きょうかしょほんもんちゅう》の音訓《おんくん》）・部首《ぶしゅ》・画数《かくすう》・筆順《ひつじゅん》・意味《いみ》・言葉《ことば》・使《つか》い方《かた》・漢字検定《かんじけんてい》（漢検《かんけん》）の級数《きゅうすう》です。

※部首《ぶしゅ》・部首名《ぶしゅめい》は、辞典《じてん》によって違《ちが》っていることがあります。
※別《べつ》の書《か》き方《かた》がある漢字《かんじ》は、［　］で示《しめ》しました。

新出音訓

その教材《きょうざい》の新出音訓《しんしゅつおんくん》を教科書《きょうかしょ》の提出順《ていしゅつじゅん》に取《と》り上《あ》げ、新《あたら》しく出《で》てきた音訓《おんくん》を――線《せん》で示《しめ》しています。

重要語句のチェック

その教材《きょうざい》の重要《じゅうよう》な語句《ごく》（教科書欄外《きょうかしょらんがい》の「注意《ちゅうい》する語句《ごく》」や難《むずか》しい語句《ごく》など）を取《と》り上《あ》げ、意味《いみ》や使《つか》い方《かた》を解説《かいせつ》しています。意味《いみ》が複数《ふくすう》あるときは、教科書本文中《きょうかしょほんもんちゅう》の意味《いみ》を＊印《じるし》で示《しめ》しています。

文…その語句《ごく》を使《つか》った例文《れいぶん》　**類**…類義語《るいぎご》　**対**…対義語《たいぎご》

ここがポイント! 教科書《きょうかしょ》の「学習《がくしゅう》」の答《こた》えと考《かんが》え方《かた》

教科書 28~29 ページ

教科書《きょうかしょ》の各教材末《かくきょうざいまつ》にある「学習《がくしゅう》」の答《こた》えを示《しめ》しています。

答えの例 / 考え方

答《こた》えに至《いた》るまでのプロセスを必要《ひつよう》に応《おう》じて示《しめ》したり、はっきりした答《こた》えを求《もと》めていない課題《かだい》について、考《かんが》え方《かた》のヒントを示《しめ》したりしています。

＊「学習《がくしゅう》」以外《いがい》の教科書《きょうかしょ》の問《と》いに対《たい》する答《こた》えは、

ここがポイント! 教科書《きょうかしょ》の「練習問題《れんしゅうもんだい》」の答《こた》えと考《かんが》え方《かた》　教科書 228 ページ

などで示《しめ》しています。

教科書の課題

読解のポイント / 音読のポイント

教科書《きょうかしょ》で特《とく》に課題《かだい》が示《しめ》されていない教材《きょうざい》について、読解《どっかい》や音読《おんどく》のポイントになる事柄《ことがら》を解説《かいせつ》しています。

解説

読解単元《どっかいたんげん》以外《いがい》の小単元《しょうたんげん》や、読解単元《どっかいたんげん》で付《つ》け加《くわ》えたい事柄《ことがら》があるときなどに適宜《てきぎ》に設《もう》けて、解説《かいせつ》しています。

テスト直前《ちょくぜん》にチェック! 握手《あくしゅ》

教科書 14~25 ページ

定期《ていき》テストで取《と》り上《あ》げられそうな読解教材《どっかいきょうざい》の最後《さいご》に設《もう》けてあります。テスト形式《けいしき》で出題《しゅつだい》しているので、定期《ていき》テスト直前《ちょくぜん》の最終確認《しゅうかくにん》に役立《やくだ》ちます。

巻末《かんまつ》に、解答《かいとう》・解説《かいせつ》をまとめて示《しめ》しています。

「テスト直前《ちょくぜん》にチェック!」の問題《もんだい》には よく出る! のマークが付《つ》いている。よく出る! はテストで取《と》り上《あ》げられることが多《おお》い問題《もんだい》だよ。

また、解くコツ も参考《さんこう》にしてみよう。解くコツ にはその問題《もんだい》を答《こた》えるときに守《まも》るべき基本的《きほんてき》な事項《じこう》が書《か》かれている。しっかりと確認《かくにん》して、単純《たんじゅん》なミスをなくすよう心《こころ》がけよう。

目次……3年

〈表紙〉生駒さちこ
〈キャラクターイラスト〉水野ゆうこ
〈本文イラスト〉水野ゆうこ

世界《せかい》はうつくしいと

長田《おさだ》 弘《ひろし》

およその内容

① うつくしいものの話《はなし》をしよう（初《はじ》め～5）

「うつくしい」という言葉《ことば》が口《くち》にされなくなり、それによって、わたしたちの会話《かいわ》が貧《まず》しくなったと感《かん》じている作者《さくしゃ》が、美《うつく》しいものの話《はなし》をしよう、と呼《よ》びかけている。

② うつくしいものをうつくしいと言《い》おう（6～25）

自然《しぜん》や、人々《ひとびと》の暮《く》らしの中《なか》のさまざまなものが、みな美《うつく》しいものであることが示《しめ》されている。永遠《えいえん》ではない一刻一刻《いっこくいっこく》を生《い》きる、その毎日《まいにち》こそが美《うつく》しく、わたしたちにとって価値《かち》あるものなのだ。

③ あざやかな毎日《まいにち》こそ、わたしたちの価値《かち》だ（26～終《お》わり）

「うつくしいもの」を「うつくしい」と言《い》おう、そう言《い》って大《たい》切《せつ》にしよう、という思《おも》いが表現《ひょうげん》されている。

解説

この詩《し》では、「うつくしいものの話《はなし》をしよう。」や「うつくしいものをうつくしいと言《い》おう。」という呼《よ》びかけが繰《く》り返《かえ》されている。この言葉《ことば》を目安《めやす》として、内容《ないよう》を大《おお》きく三《みっ》つに分《わ》けることができる。

一《ひと》つ目《め》のまとまりは、「うつくしい」という言葉《ことば》を口《くち》にしなくなったことで、わたしたちの会話《かいわ》は貧《まず》しくなってしまったという、作《さく》者《しゃ》の問題意識《もんだいいしき》が表《あらわ》されている。

二《ふた》つ目《め》のまとまりは、「……はうつくしいと。」という表現《ひょうげん》をたくさん並《なら》べて、「わたしたち」の生活《せいかつ》や、身《み》の回《まわ》りや、自然《しぜん》の中《なか》にあるさまざまな事物《じぶつ》が挙《あ》げられている。そして、そのようなうつくしいものと共《とも》にある「あざやかな毎日《まいにち》」こそが「わたしたち」にとって大切《たいせつ》なものであることが示《しめ》されている。日常的《にちじょうてき》に目《め》にするものが「うつくしい」ことに気《き》づき、「うつくしい」と口《くち》にする、そのことが、わたしたちの会話《かいわ》を豊《ゆた》かにするのだという作者《さくしゃ》の思《おも》いが表《あらわ》されている。

三《みっ》つ目《め》のまとまりは、毎日《まいにち》をいろどるさまざまな事物《じぶつ》は「何ひとつ永遠《えいえん》なんてなく」いつか消《き》えてしまうのだから、「うつくしい」と言《い》って大切《たいせつ》にしたい、という作者《さくしゃ》の思《おも》いが表《あらわ》されている。

重要語句のチェック

ためらう　ぐずぐずして決心《けっしん》がつかない。どうしようかと迷《まよ》う。文 声《こえ》をかけるのを**ためらう**。

渓谷《けいこく》　谷《たに》。谷間《たにま》。文 目《め》の前《まえ》に深《ふか》い**渓谷《けいこく》**が広《ひろ》がっている。

南天《なんてん》　二《に》メートルくらいの常緑《じょうりょく》の木《き》。冬《ふゆ》に丸《まる》くて赤《あか》い実《み》がなる。文 **南天《なんてん》**の木《き》には、小鳥《ことり》がたくさんやってくる。

コムラサキ　一《いち》〜一《いち》・五《ご》メートルくらいの落葉低木《らくようていぼく》。丸《まる》くて小《ちい》さな紫色《むらさきいろ》の実《み》が、密集《みっしゅう》してなる。文 **コムラサキ**が実《み》をつける。

シュロ　ヤシの仲間《なかま》の高木《こうぼく》。幹《みき》は茶色《ちゃいろ》い毛《け》で覆《おお》われている。葉《は》はおうぎ形《がた》で深《ふか》い切《き》れこみがある。文 **シュロ**はたわしの材料《ざいりょう》になる。

読解のポイント

●表現《ひょうげん》の特色《とくしょく》

・反復《はんぷく》

「うつくしいものをうつくしいと言《い》おう。」や、「……はうつくしいと。」という表現《ひょうげん》が繰《く》り返《かえ》されている。特《とく》に「……はうつくしいと。」は何度《なんど》も繰《く》り返《かえ》され、詩《し》の大半《たいはん》をこの表現《ひょうげん》がしめている。具体的《ぐたいてき》な事物《じぶつ》とこの表現《ひょうげん》が結《むす》び付《つ》けられていることで、自分《じぶん》の身《み》の回《まわ》りが「うつくしいもの」であふれていることをイメージしやすくなっている。

・省略《しょうりゃく》

「……はうつくしいと。」は、「……はうつくしいと言《い》おう。」を省略《しょうりゃく》した表現《ひょうげん》。述語《じゅつご》を省略《しょうりゃく》することで、切々《せつせつ》と訴《うった》える気持《きも》ちが表《ひょう》現《げん》されている。また、詩《し》の前半《ぜんはん》の「うつくしいものをうつくしいと言《い》おう。」と、後半《こうはん》の「うつくしいものをうつくしいと言《い》おう。」の間《あいだ》に連続性《れんぞくせい》を生《う》んでいる。

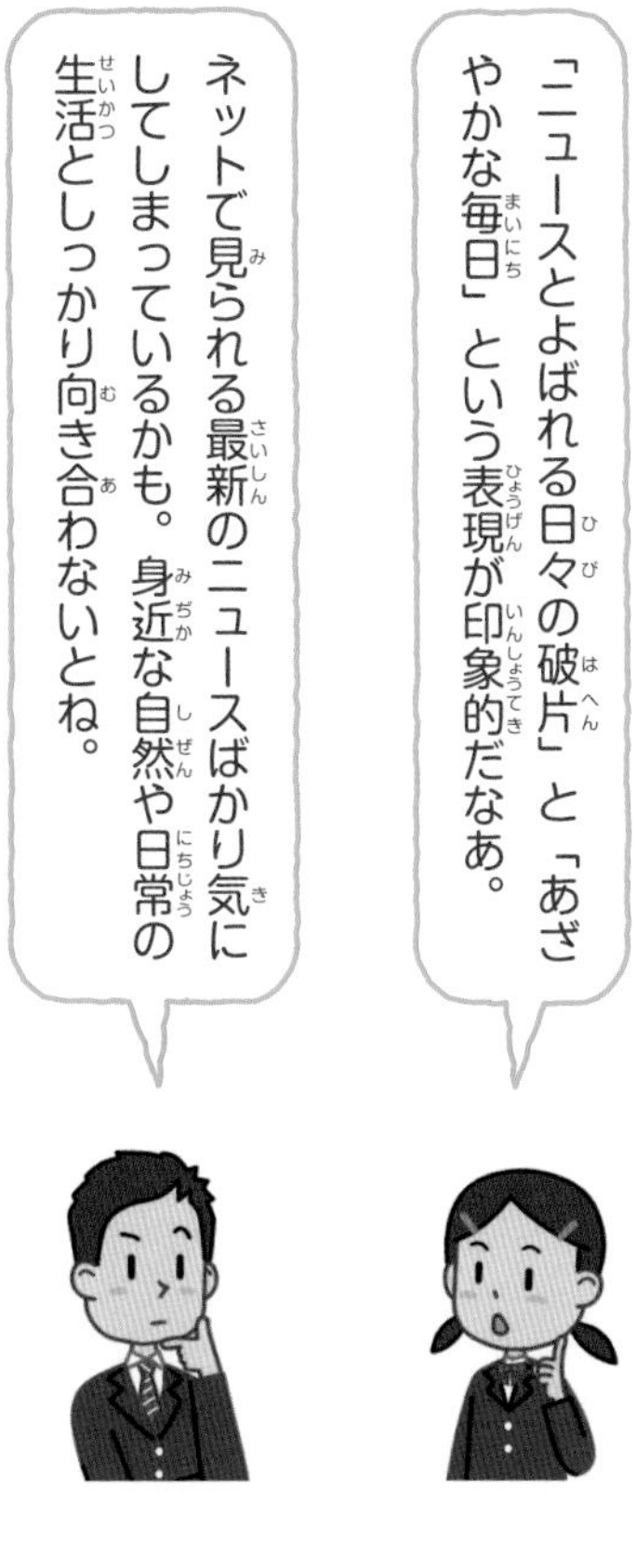

1 深《ふか》まる学《まな》びへ

握手《あくしゅ》

井上《いのうえ》ひさし

教科書 14~25ページ

あらすじ

「わたし」は、中学三年《ちゅうがくさんねん》の秋《あき》から三年半《さんねんはん》を過《す》ごした光ヶ丘天使園《ひかりがおかてんしえん》の園長《えんちょう》であるルロイ修道士《しゅうどうし》と、上野公園《うえのこうえん》の西洋料理店《せいようりょうりてん》で久《ひさ》しぶりの再会《さいかい》を果《は》たした。故郷《くに》のカナダに帰《かえ》ることになったのだという。

ルロイ修道士《しゅうどうし》との会話《かいわ》や「わたし」の回想《かいそう》を通《とお》して、無私《むし》の精神《せいしん》で子供《こども》たちのために尽《つ》くし、最後《さいご》まで自分《じぶん》よりも子供《こども》たちの行《ゆ》く末《すえ》を案《あん》じる、慈悲深《じひぶか》いルロイ修道士《しゅうどうし》の姿《すがた》を、「わたし」は思《おも》い出《だ》した。

食事《しょくじ》もままならないルロイ修道士《しゅうどうし》の様子《ようす》から、「わたし」はこの再会《さいかい》が「この世《よ》のいとまごい」であることに気《き》づいてしまう。別《わか》れぎわ、「わたし」はルロイ修道士《しゅうどうし》に死《し》ぬのは怖《こわ》くないかと質問《しつもん》する。天国《てんごく》を信《しん》じているからそう怖《こわ》くはないと答《こた》えたルロイ修道士《しゅうどうし》に、「わたし」は万感《ばんかん》の思《おも》いを込《こ》めて、自《みずか》ら握手《あくしゅ》を求《もと》めた。

その後《ご》、ルロイ修道士《しゅうどうし》は仙台《せんだい》の修道院《しゅうどういん》でなくなった。かつての園児《えんじ》たちに会《あ》っていた頃《ころ》には、身体中《からだじゅう》が悪《わる》い腫瘍《しゅよう》の巣《す》になっていたことを葬式《そうしき》のときに聞《き》いた「わたし」は、知《し》らぬ間《ま》に両手《りょうて》の人《ひと》さし指《ゆび》を交差《こうさ》させ、せわしく打《う》ちつけていた。

構成

①ルロイ修道士《しゅうどうし》との再会《さいかい》（初《はじ》め～P14・10）

②ルロイ修道士《しゅうどうし》との語《かた》らい（P14・11～P22・19）

- ルロイ修道士《しゅうどうし》との出会《であ》いと握手《あくしゅ》。
- ルロイ修道士《しゅうどうし》のてのひらの思《おも》い出《で》。
- ルロイ修道士《しゅうどうし》の人《ひと》さし指《ゆび》と教《おし》え。
- 食欲《しょくよく》のないルロイ修道士《しゅうどうし》。
- 天使園《てんしえん》を抜《ぬ》け出《だ》した思《おも》い出《で》。
- ルロイ修道士《しゅうどうし》の「遺言《ゆいごん》」。
- ルロイ修道士《しゅうどうし》の日本《にっぽん》での思《おも》い出《で》。
- ルロイ修道士《しゅうどうし》との別《わか》れ。

③ルロイ修道士《しゅうどうし》の死《し》（P22・20～終《お》わり）

新出漢字

漢字のチェック

*はここに出《で》てきた読《よ》み。

15 濯

*タク

さんずい 17画

意味　洗《あら》う。すすぐ。

言葉　洗濯《せんたく》

使い方　庭《にわ》で洗濯物《せんたくもの》を干《ほ》す。

準2級

16 穏

オン　*おだやか

のぎへん 16画

意味　おだやか。安《やす》らか。

言葉　穏和《おんわ》・穏健《おんけん》・穏便《おんびん》・平穏《へいおん》・不穏《ふおん》

使い方　ことを荒立《あらだ》てず、穏便《おんびん》にすます。

3級

16 鶏

*ケイ　にわとり

とり 19画

意味　ニワトリ。

言葉　鶏肉《けいにく》・鶏卵《けいらん》・養鶏《ようけい》

使い方　大規模《だいきぼ》な養鶏場《ようけいじょう》を営《いとな》む。

3級

16 爪

*つめ　つま

つめ 4画

意味　つめ。

言葉　爪先《つまさき》

使い方　足《あし》の爪《つめ》が伸《の》びる。

2級

16 墾

*コン

つち 16画

意味　耕《たがや》す。荒《あ》れ地《ち》を切《き》り開《ひら》く。

言葉　墾田《こんでん》・開墾《かいこん》

使い方　山野《さんや》を開墾《かいこん》する。

3級

17 監

*カン

さら 15画

意味　①見《み》る。見張《みは》る。②見張《みは》り役《やく》。

言葉　①監禁《かんきん》・監査《かんさ》・監察《かんさつ》　②総監《そうかん》

使い方　会社《かいしゃ》の会計《かいけい》を監査《かんさ》する。

4級

17 督

*トク

め 13画

意味　①取《と》り締《し》まる。②促《うなが》す。

言葉　①督励《とくれい》・監督《かんとく》・総督《そうとく》　②督促《とくそく》

使い方　チームのメンバーを督励《とくれい》する。

準2級

17 帝

*テイ

はば 9画

意味　①天《てん》の神《かみ》。②みかど。

言葉　①天帝《てんてい》　②帝王《ていおう》・帝国《ていこく》・皇帝《こうてい》

使い方　ローマ帝国《ていこく》の歴史《れきし》。

3級

17 泥

(デイ)　*どろ

さんずい 8画

意味　①どろ。②どろのようなもの。

言葉　①泥水《どろみず》　②泥炭《でいたん》

使い方　公園《こうえん》で泥《どろ》んこになって遊《あそ》ぶ。

準2級

17 傲

*ゴウ

にんべん 13画

意味　思《おも》い上《あ》がる。

言葉　傲然《ごうぜん》・傲慢《ごうまん》・傲岸《ごうがん》

使い方　傲慢《ごうまん》な態度《たいど》をとる。

2級

19 捜

ソウ　*さがす

てへん 10画

意味　さがす。

言葉　捜査《そうさ》・捜索《そうさく》

使い方　未解決《みかいけつ》の事件《じけん》を徹底的《てっていてき》に捜査《そうさ》する。

準2級

20 冗

*ジョウ

わかんむり 4画

意味　①むだ。余分《よぶん》。②くどい。

言葉　①冗長《じょうちょう》・冗費《じょうひ》　②冗漫《じょうまん》

使い方　冗漫《じょうまん》な文章《ぶんしょう》を直《なお》す。

3級

21 姓

*セイ　ショウ

おんなへん 8画

意味　名字《みょうじ》。一族《いちぞく》。

言葉　旧姓《きゅうせい》・同姓《どうせい》・素姓《すじょう》

使い方　自分《じぶん》と同姓同名《どうせいどうめい》の人《ひと》と出会《であ》う。

4級

22	23	23	23
忌	**腫**	**瘍**	**葬**
＊キ （いむ） （いまわしい）	＊シュ はれる はらす	＊ヨウ	＊ソウ （ほうむる）
こころ 7画	にくづき 13画	やまいだれ 14画	くさかんむり 12画
意味：①嫌《きら》って避《さ》ける。②命日《めいにち》のこと。	意味：①はれる。②はれもの。	意味：できもの。おでき。はれもの。	意味：ほうむる。
言葉：①忌避《きひ》・禁忌《きんき》 ②一周忌《いっしゅうき》	言葉：①浮腫《ふしゅ》 ②腫瘍《しゅよう》	言葉：潰瘍《かいよう》・腫瘍《しゅよう》	言葉：葬儀《そうぎ》・葬式《そうしき》・葬祭《そうさい》・葬列《そうれつ》・埋葬《まいそう》
使い方：恩師《おんし》の一周忌《いっしゅうき》を迎《むか》える。	使い方：泣《な》きすぎて目《め》の周《まわ》りが腫《は》れる。	使い方：長年《ながねん》の胃潰瘍《いかいよう》に悩《なや》まされている。	使い方：郷里《きょうり》の墓地《ぼち》に埋葬《まいそう》する。
3級	2級	2級	3級

新出音訓

15 代物（しろもの）

20 分割（ブンカツ）

20 遺言（ユイゴン）

「遺言《ゆいごん》」は、死後《しご》のことについて言《い》いのこす言葉《ことば》だね。普通《ふつう》は「ゆいごん」と読《よ》むけれど、法律《ほうりつ》用語《ようご》として使《つか》うときには「いごん」と読《よ》むよ。

重要語句のチェック

＊はここでの意味《いみ》。

14ページ

とうに ずっと以前《いぜん》に。とっくに。文 結果《けっか》は**とうに**わかっている。

葉桜《はざくら》 花《はな》が散《ち》って、若葉《わかば》が出始《ではじ》めた頃《ころ》の桜《さくら》。文 今年《ことし》ももう**葉桜《はざくら》**の季節《きせつ》になった。

達者《たっしゃ》 ＊①上手《じょうず》な様子《ようす》。文 韓国語《かんこくご》の**達者《たっしゃ》**な人《ひと》。②健康《けんこう》な様子《ようす》。または、体《からだ》のその部分《ぶぶん》の働《はたら》きがよい様子《ようす》。文 足《あし》の**達者《たっしゃ》**な人《ひと》。

年季《ねんき》が入《はい》る 長《なが》い年月《ねんげつ》をかけて、腕前《うでまえ》が磨《みが》かれている。文 父《ちち》の盆《ぼん》栽作《さいづく》りは**年季《ねんき》が入《はい》って**いる。

15ページ

厄介《やっかい》になる 生活《せいかつ》の面倒《めんどう》を見《み》てもらう。文 伯父《おじ》の家《いえ》に**厄介《やっかい》になる**。

べからず 「……してはいけない」という禁止《きんし》の意味《いみ》を表《あらわ》す。文 芝生《しばふ》に入《はい》る**べからず**。

弁当《べんとう》を使《つか》う 弁当《べんとう》を食《た》べる。ここでの「使《つか》う」とは、それを用《もち》いて特定《とくてい》の行為《こうい》をする意味《いみ》を表《あらわ》す。文 湯《ゆ》を**使《つか》って**疲《つか》れを癒《い》やす。

気前《きまえ》がいい 金品《きんぴん》を惜《お》しげもなく人《ひと》に与《あた》える性質《せいしつ》のこと。文 弟《おとうと》は昔《むかし》から**気前《きまえ》がいい**。

代物《しろもの》 物《もの》、または人《ひと》。文 こんな上等《じょうとう》な**代物《しろもの》**はめったにない。

収容《しゅうよう》 人《ひと》や物《もの》などを、ある場所《ばしょ》に集《あつ》めて入《い》れること。文 映画館《えいがかん》の**収容《しゅうよう》**人数《にんずう》。

万力《まんりき》 工作《こうさく》などで、物《もの》が動《うご》かないように固定《こてい》する道具《どうぐ》。文 部品《ぶひん》を**万力《まんりき》**で固定《こてい》して加工《かこう》する。

16ページ

五男坊《ごなんぼう》 その家《いえ》の五番目《ごばんめ》の男《おとこ》の子《こ》。五男《ごなん》。「坊《ぼう》」は、男《おとこ》の子《こ》を親《した》しみを込《こ》めてよぶ言葉《ことば》。文彼《かれ》は鈴木家《すずきけ》の**五男坊**《ごなんぼう》として生《う》まれた。

近況《きんきょう》 近頃《ちかごろ》の様子《ようす》。文手紙《てがみ》で**近況**《きんきょう》を知《し》らせる。

デスクワーク 机《つくえ》の上《うえ》でする仕事《しごと》。事務《じむ》・執筆《しっぴつ》など。文**デスクワーク**ばかりでは体《からだ》がなまってしまう。

精《せい》**を出**《だ》**す** 気力《きりょく》を込《こ》めて、一生懸命《いっしょうけんめい》に頑張《がんば》る。文仕事《しごと》に**精**《せい》**を出**《だ》**す**。

奇妙《きみょう》 普通《ふつう》と違《ちが》って不思議《ふしぎ》な様子《ようす》。文旅《たび》の途中《とちゅう》で**奇妙**《きみょう》な光景《こうけい》を目《め》にした。

出帆《しゅっぱん》 船《ふね》が出港《しゅっこう》すること。文客船《きゃくせん》が東京湾《とうきょうわん》を**出帆**《しゅっぱん》する。

開墾《かいこん》 荒《あ》れ地《ち》を切《き》り開《ひら》くこと。文広大《こうだい》な原野《げんや》を**開墾**《かいこん》する。

カトリック者《しゃ》 キリスト教《きょう》の一派《いっぱ》であるカトリックの信者《しんじゃ》。文彼《かれ》の親族《しんぞく》はみんな**カトリック者**《しゃ》だ。

17ページ

七曜表《しちようひょう》 一日一日《いちにちいちにち》が何曜《なんよう》に当《あ》たるかを示《しめ》した表《ひょう》。カレンダー。文**七曜表**《しちようひょう》に沿《そ》って務《つと》めを果《は》たす。

元《もと》**をとる** かかった元手《もとで》を取《と》り返《かえ》す。文開店一年目《かいてんいちねんめ》で**元**《もと》**をとる**。

立《た》**ち消**《ぎ》**え** 計画《けいかく》や仕事《しごと》などが、途中《とちゅう》でやめになること。文キャンプの計画《けいかく》は**立**《た》**ち消**《ぎ》**え**になった。

傲慢《ごうまん》 自分《じぶん》を偉《えら》いと思《おも》い、人《ひと》を馬鹿《ばか》にする様子《ようす》。文祖父《そふ》には**傲慢**《ごうまん》な態度《たいど》を取《と》る癖《くせ》がある。

18ページ

……（の）わりに ……にしては。文**値段**《ねだん》**のわりに**豪華《ごうか》な料理《りょうり》だ。

せわしい ①忙《いそが》しい。文**せわしい**一日《いちにち》が始《はじ》まった。＊②気《き》持《も》ちがせかせかして落《お》ち着《つ》かない。文**せわしい**人《ひと》は心《こころ》の余裕《よゆう》がない。

19ページ

書《か》**き置**《お》**き** 用事《ようじ》や伝言《でんごん》を書《か》き残《のこ》しておくこと。また、その置《お》き手《て》紙《がみ》。文行《い》き先《さき》を記《しる》した**書**《か》**き置**《お》**き**を残《のこ》して旅《たび》に出《で》る。

こたえる ①報《むく》いる。応《おう》じる。文声援《せいえん》に**こたえる**。＊②痛《いた》みなどを強《つよ》く感《かん》じる。文寒《さむ》さが体《からだ》に**こたえる**。

ひねり出《だ》**す** ①工夫《くふう》して考《かんが》え出《だ》す。文名案《めいあん》を**ひねり出**《だ》**す**。＊②なんとか苦心《くしん》して費用《ひよう》を出《だ》す。文家計《かけい》から旅行代《りょこうだい》を**ひねり出**《だ》**す**。

20ページ

地道《じみち》 無理《むり》をせず、手堅《てがた》い様子《ようす》。文**地道**《じみち》な努力《どりょく》を怠《おこた》らない。

遺言《ゆいごん》 死《し》ぬときに言《い》い残《のこ》す言葉《ことば》。文祖父《そふ》の**遺言**《ゆいごん》を胸《むね》に刻《きざ》む。

いとまごい 別《わか》れを告《つ》げること。別《わか》れの挨拶《あいさつ》。文転居《てんきょ》の際《さい》に、**いとまごい**をする。

21ページ

はばかる ＊①他《ほか》の人《ひと》のことを気《き》にして遠慮《えんりょ》する。文人目《ひとめ》を**はばかる**。②幅《はば》をきかせる。文憎《にく》まれっ子世《こよ》に**はばかる**。

平凡《へいぼん》 特《とく》に優《すぐ》れたところや変《か》わったところがない様子《ようす》。文私《わたし》は平《へい》凡《ぼん》な人間《にんげん》だ。対非凡《ひぼん》

腕前《うでまえ》 仕事《しごと》ぶりや身《み》につけた能力《のうりょく》の程度《ていど》。文立派《りっぱ》な**腕前**《うでまえ》の職人《しょくにん》。

腕《うで》**が立**《た》**つ** 技術《ぎじゅつ》が優《すぐ》れている。文剣術《けんじゅつ》の**腕**《うで》**が立**《た》**つ**。

腕《うで》**によりをかける** 力《ちから》を十分《じゅうぶん》に出《だ》そうとして張《は》り切《き》る。文**腕**《うで》**によりをかけて**料理《りょうり》を作《つく》る。

腕《うで》**を振**《ふ》**るう** 腕前《うでまえ》を十分《じゅうぶん》に示《しめ》す。文自慢《じまん》の料理《りょうり》に**腕**《うで》**を振**《ふ》**るう**。

22ページ

むやみに　①前後《ぜんご》を考《かんが》えず。分別《ふんべつ》なしに。文むやみにお金《かね》を使《つか》ってはいけない。＊②物事《ものごと》が度《ど》を超《こ》す様子《ようす》。文この服《ふく》はむやみに高《たか》い。

23ページ

腫瘍《しゅよう》　体《からだ》にできて、異常《いじょう》に増《ふ》えていく、細胞《さいぼう》の集《あつ》まり。良性《りょうせい》と悪性《あく》せい》とがある。文腫瘍《しゅよう》を取《と》り除《のぞ》くための手術《しゅじゅつ》をする。

「腕《うで》」の付《つ》く慣用句《かんようく》では、他《ほか》に
●腕《うで》が上《あ》がる…上達《じょうたつ》する。
●腕《うで》が鳴《な》る…力《ちから》を見《み》せたくてむずむずする。
●腕《うで》を磨《みが》く…上達《じょうたつ》するために努力《どりょく》する。
なども覚《おぼ》えておこう。

「応《おう》じる・強《つよ》く感《かん》じる」という意味《いみ》の「こたえる」は、漢字《かんじ》で書《か》くと「応《こた》える」だよ。同《おな》じ「こたえる」でも、返事《へんじ》をするときは「答《こた》える」を使《つか》うね。
また、「こたえる」には、「持《も》ちこたえる」のように、「がまんする・保《たも》つ」という意味《いみ》で使《つか》う言葉《ことば》もあるよ。

ここがポイント！

教科書《きょうかしょ》の「学習《がくしゅう》」の答《こた》えと考《かんが》え方《かた》

教科書 24〜25ページ

捉《とら》える❶　作品《さくひん》の設定《せってい》を捉《とら》えよう。

①「現在《げんざい》」と「回想《かいそう》」の部分《ぶぶん》を読《よ》み分《わ》け、時間《じかん》の順序《じゅんじょ》を整理《せいり》しながら、場面《ばめん》や登場人物《とうじょうじんぶつ》の設定《せってい》を確認《かくにん》しよう。

答えの例《れい》

「現在《げんざい》」①…上野公園《うえのこうえん》にある西洋料理店《せいようりょうりてん》で、ルロイ修道士《しゅうどうし》と再会《さいかい》したときのこと。

ルロイ修道士《しゅうどうし》の穏《おだ》やかな握手《あくしゅ》や、食欲《しょくよく》のなさ、遺言《ゆいごん》のような言葉《ことば》から、「わたし」は、ルロイ修道士《しゅうどうし》が重《おも》い病《やまい》に侵《おか》され、最後《さいご》の挨拶《あいさつ》をしに訪《おとず》れたのだと気《き》づく。（P20・13〜17）

戦時中《せんじちゅう》の日本人《にっぽんじん》がルロイ修道士《しゅうどうし》にした仕打《しう》ちをわびる「わたし」を、ルロイ修道士《しゅうどうし》は傲慢《ごうまん》だと言《い》って諭《さと》した。かつてと変《か》わらず、ルロイ修道士《しゅうどうし》は「わたし」を導《みちび》く立場《たちば》にいるのだ。また、かつての園児《えんじ》たちの成長《せいちょう》を喜《よろこ》ぶ姿《すがた》からはルロイ修道士《しゅうどうし》の一貫《いっかん》した深《ふか》い愛情《あいじょう》が、別《わか》れぎわの「天国《てんごく》へ行《い》くのですから」という言葉《ことば》からは揺《ゆ》るぎない信《しん》仰心《こうしん》が、それぞれ読《よ》み取《と》れる。

②…ルロイ修道士《しゅうどうし》の葬式《そうしき》。

ルロイ修道士《しゅうどうし》は仙台《せんだい》の修道院《しゅうどういん》でなくなった。悪《わる》い腫瘍《しゅよう》が巣食《すく》った身体《からだ》で、かつての園児《えんじ》たちに会《あ》って回《まわ》っていたということを葬式《そうしき》で聞《き》かされた「わたし」は、やるせない気持《きも》ちになる。（P22・20～P23・3）

③…まもなくルロイ修道士《しゅうどうし》の一周忌《いっしゅうき》。（P22・20～P23・2）

光《ひかり》ケ丘《がおか》天使園《てんしえん》の元園児《もとえんじ》である「わたし」が、ルロイ修《しゅう》道士《どうし》をしのんでいる。ルロイ修道士《しゅうどうし》は、長《なが》い間日本《あいだにっぽん》で暮《く》らし、光《ひかり》ケ丘《がおか》天使園《てんしえん》の園長《えんちょう》を務《つと》めていた人物《じんぶつ》である。

「回想《かいそう》」…「わたし」が光《ひかり》ケ丘《がおか》天使園《てんしえん》にいた、中学三年《ちゅうがくさんねん》の秋《あき》から高《こう》校《こう》を卒業《そつぎょう》するまでの三年半《さんねんはん》の出来事《できごと》。

「わたし」が初《はじ》めてルロイ修道士《しゅうどうし》と出会《であ》ったとき、ルロイ修道士《しゅうどうし》は、「わたし」に優《やさ》しい言葉《ことば》をかけ、力強《ちからづよ》い握手《あくしゅ》をしたのだった（P15・15～P16・1）。これは、「わたし」を安心《あんしん》させようとするルロイ修道士《しゅうどうし》の気遣《きづか》いと受《う》け取《と》れる。ルロイ修道士《しゅうどうし》が子供《こども》たちの食料《しょくりょう》を作《つく》ることに精《せい》を出《だ》したり（P16・8～12）、高校二年《こうこうにねん》のとき天使園《てんしえん》を抜《ぬ》け出《だ》した「わたし」をぶったことからは（P19・8）、ルロイ修道士《しゅうどうし》が園児《えんじ》たちの親《おや》のような立場《たちば》にいたことがわかる。そして、「わたし」たちもまた、ルロイ修道士《しゅうどうし》を慕《した》い、敬《うやま》っていたからこそ、サーカスに売《う》られるといううわさはすぐに立《た》ち消《ぎ》えたし（P17・9～11）、ぶたれたことよりも、口《くち》をきいてくれなかったことのほうが、こたえたのである。

考え方

この小説《しょうせつ》は、「わたし」がルロイ修道士《しゅうどうし》と過《す》ごした十代《じゅうだい》の頃《ころ》の思《おも》い出《で》を語《かた》っていく構成《こうせい》になっている。「わたし」が幼《おさな》い頃《ころ》の思《おも》い出《で》を語《かた》っているのが「物語《ものがたり》の現在《げんざい》」であると考《かんが》える。この「現在《げんざい》」にいる「わたし」は、上野公園《うえのこうえん》の桜《さくら》の花《はな》が「とうに散《ち》って、葉桜《はざくら》にはまだ間《ま》が」（P14・2）ある時期《じき》にルロイ修道士《しゅうどうし》と再会《さいかい》する。再会《さいかい》を果《は》たした「わたし」は、光《ひかり》ケ丘《がおか》天使園《てんしえん》にいた中学三年《ちゅうがくさんねん》の秋《あき》から高校《こうこう》を卒業《そつぎょう》するまでの間《あいだ》のことを「回想《かいそう》」する。その後《ご》、「わたし」はルロイ修道士《しゅうどうし》の葬式《そうしき》で、かつての園児《えんじ》たちに会《あ》って回《まわ》っていた頃《ころ》の、彼《かれ》の身体《からだ》のことを聞《き》かされる。その葬式《そうしき》からも、まもなく一年《いちねん》がたとうとしている。

「現在《げんざい》」と「回想《かいそう》」の場面《ばめん》を読《よ》み分《わ》けて、それぞれの人物《じんぶつ》の状況《じょうきょう》を把握《はあく》しよう。

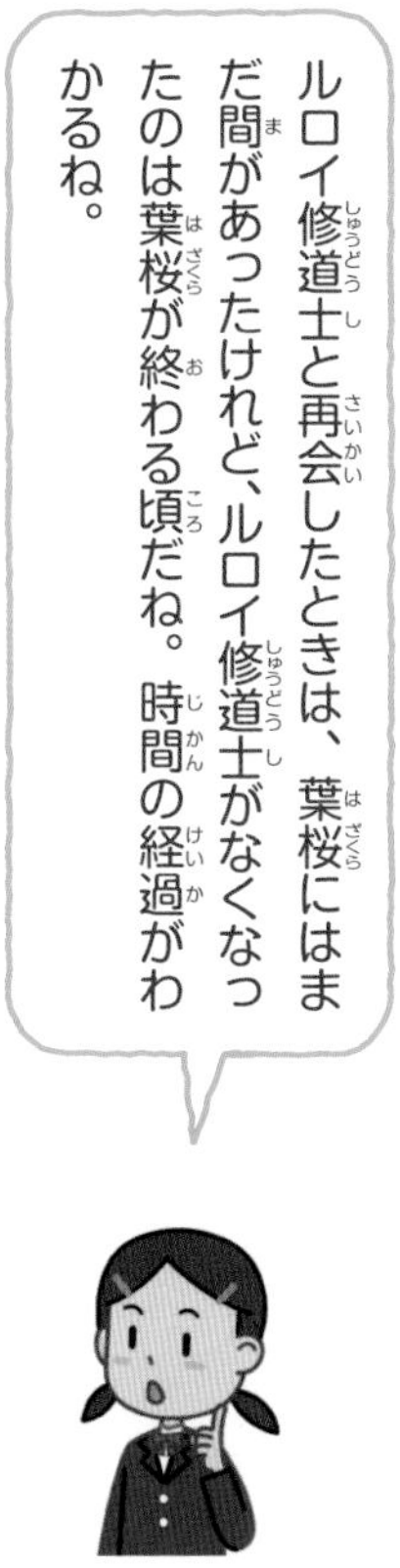

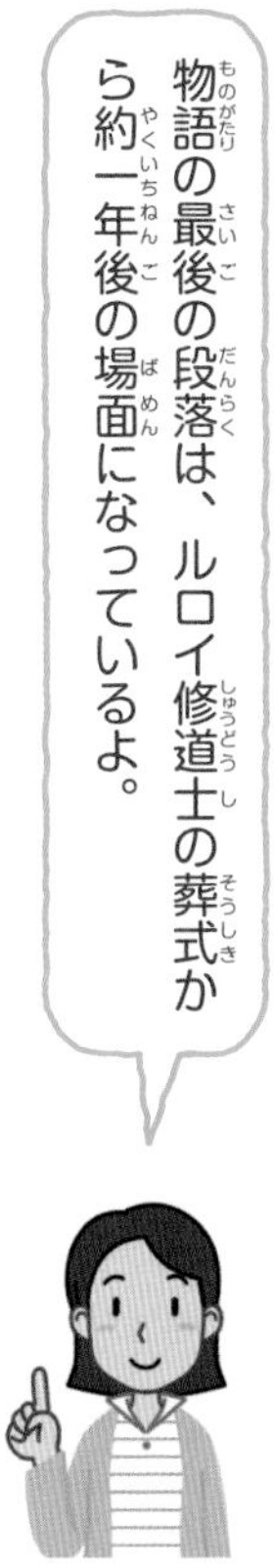

② 展開《てんかい》のしかたにどんな特徴《とくちょう》や効果《こうか》があるか話《はな》し合《あ》おう。

答えの例

この小説《しょうせつ》の展開《てんかい》のしかたには、出来事《できごと》の時間《じかん》の順序《じゅんじょ》どおりではないという特徴《とくちょう》がある。

具体的《ぐたいてき》には、ルロイ修道士《しゅうどうし》と「わたし」の再会《さいかい》という「現在《げんざい》」の場面《ばめん》に、光《ひかり》ケ丘《がおか》天使園《てんしえん》で過《す》ごした頃《ころ》の「回想《かいそう》」の場面《ばめん》が織《お》り込《こ》まれている。さらに、最後《さいご》の場面《ばめん》から、語《かた》り手《て》の「現在《げんざい》」は、ルロイ修道士《しゅうどうし》がなくなってから約一年後《やくいちねんご》であることが明《あき》らかになり、語《かた》り手《て》の「現在《げんざい》」から全《すべ》ての場面《ばめん》が回想《かいそう》されていたことがわかる。

「現在《げんざい》」と「回想《かいそう》」を交互《こうご》に語《かた》るという展開《てんかい》の特徴《とくちょう》には、小説《しょうせつ》の中心《ちゅうしん》となるルロイ修道士《しゅうどうし》の人物像《じんぶつぞう》を印象深《いんしょうぶか》く描《えが》く効果《こうか》がある。

具体的《ぐたいてき》に言《い》うと、ルロイ修道士《しゅうどうし》の現在《げんざい》と過去《かこ》の姿《すがた》が対比《たいひ》されることで、過去《かこ》とは異《こと》なる、体力的《たいりょくてき》に衰《おとろ》えた様子《ようす》と、過去《かこ》と変《か》わらない、天使園《てんしえん》の子供たちへの愛情《あいじょう》が印象付《いんしょうづ》けられている。

考え方

以前経験《いぜんけいけん》したことを振《ふ》り返《かえ》り語《かた》ることを「回想《かいそう》」という。この小説《しょうせつ》には、「現在《げんざい》」の場面《ばめん》に「回想《かいそう》」の場面《ばめん》が織《お》り込《こ》まれている。「回想《かいそう》」は単《たん》なる過去《かこ》の事実《じじつ》を述《の》べるのではなく、語《かた》っている時点《じてん》での、語《かた》り手《て》の気持《きも》ちが表《あらわ》れる。「回想《かいそう》」の場面《ばめん》から、天使園《てんしえん》での出来事《できごと》に対《たい》する「現在《げんざい》」の「わたし」の考《かんが》えや、当時《とうじ》と比《くら》べて弱《よわ》ってしまったルロイ修道士《しゅうどうし》を心配《しんぱい》する「わたし」の気持《きも》ちなどを読《よ》み取《と》り、ルロイ修道士《しゅうどうし》の人物像《じんぶつぞう》を捉《とら》える手《て》がかりにしよう。

読《よ》み深《ふか》める ❷ 登場人物《とうじょうじんぶつ》の人物像《じんぶつぞう》や心情《しんじょう》を読《よ》み取《と》ろう。

① 「ルロイ修道士《しゅうどうし》」の人物像《じんぶつぞう》が読《よ》み取《と》れる言動《げんどう》を抜《ぬ》き出《だ》し、どのような人物《じんぶつ》であるかを短《みじか》くまとめてみよう。

答えの例

- 「園長《えんちょう》でありながら、ルロイ修道士《しゅうどうし》は……子供《こども》たちの食料《しょくりょう》を作《つく》ることに精《せい》を出《だ》していた。」（16ページ8行目《ぎょうめ》）
- 「しかし、ルロイ先生《せんせい》はいつまでたっても優《やさ》しかった。……鶏《にわとり》を育《そだ》てている。」（17ページ6行目《ぎょうめ》）
- 「総理大臣《そうりだいじん》のようなことを言《い》ってはいけませんよ。……それだけのことですから。」（17ページ19行目《ぎょうめ》）

ルロイ修道士《しゅうどうし》は、園児《えんじ》たちのことを大《おお》きな愛《あい》で育《そだ》てていつくしむ献身的《けんしんてき》な精神《せいしん》の持《も》ち主《ぬし》である。また、人《ひと》は謙虚《けんきょ》であるべきだと考《かんが》え、国籍《こくせき》を超《こ》えてその人個人《ひとこじん》を大切《たいせつ》にする人物《じんぶつ》。特《とく》に園児《えんじ》や元園児《もとえんじ》に対《たい》して、彼《かれ》らとのきずなを喜《よろこ》びとし、社会《しゃかい》での活動《かつどう》を愛情《あいじょう》をもって見《み》守《まも》るような温《あたた》かい人物《じんぶつ》である。

考え方

畑《はたけ》や鶏舎《けいしゃ》にいたルロイ修道士《しゅうどうし》からわかるのは、彼《かれ》がケベック郊外《こうがい》の農場《のうじょう》の出身《しゅっしん》であるということ以上《いじょう》に、いかに献身的《けんしんてき》に子供《こども》たちを育《そだ》てていたかということである。「総理大臣《そうりだいじん》の……」には、人《ひと》は国籍《こくせき》にとらわれず、一人一人《ひとりひとり》が個人《こじん》として大切《たいせつ》にされるべきだ、という考《かんが》え方《かた》がうかがえる。また、「ルロイ先生《せんせい》はいつまでたっても優《やさ》しかった。……」の背後《はいご》には、教《おし》え子《ご》たちを温《あたた》かく見守《みまも》る愛情深《あいじょうぶか》いまなざしが読《よ》み取《と》れるだろう。これらに共通《きょうつう》するのは、ルロイ修道《しゅうどう》士《し》の一貫《いっかん》した慈悲深《じひぶか》さと、人間《にんげん》を尊重《そんちょう》する姿《すがた》である。

「天使園《てんしえん》で育《そだ》った子供《こども》が世《よ》の中《なか》へ出《で》て、一人前《いちにんまえ》の働《はたら》きをしているのを見《み》るときがいっとう楽《たの》しい。」という言葉《ことば》から、他人《たにん》の喜《よろこ》びを自分《じぶん》の喜《よろこ》びにする、ルロイ修道士《しゅうどうし》の生《い》き方《かた》がよくわかるね。

② 作品《さくひん》に何度《なんど》も出《で》てくる手《て》や指《ゆび》のしぐさについて、どのような意味《いみ》をもっているかを考《かんが》えよう。

● 「わたし」と「ルロイ修道士《しゅうどうし》」との間《あいだ》でかわされた、三回《さんかい》の握手《あくしゅ》に込《こ》められた二人《ふたり》の思《おも》い。

答えの例

天使園《てんしえん》に収容《しゅうよう》された「わたし」が、初《はじ》めてルロイ修道士《しゅうどうし》と会《あ》ったときの握手《あくしゅ》には、「わたし」に歓迎《かんげい》の気持《きも》ちを伝《つた》え、不安《ふあん》を除《のぞ》こうとするルロイ修道士《しゅうどうし》の思《おも》いが込《こ》められている。再会《さいかい》したときの握手《あくしゅ》は穏《おだ》やかで、久《ひさ》しぶりに会《あ》う「わたし」へのルロイ修道士《しゅうどうし》の気遣《きづか》いや、なつかしさが入《い》り交《ま》じっている。そして、上野駅《うえのえき》で別《わか》れるときの握手《あくしゅ》には、永遠《えいえん》の別《わか》れになるだろうことを確信《かくしん》した「わたし」のルロイ修道士《しゅうどうし》に対《たい》する切《せつ》ないまでの思《おも》いが込《こ》められている。

三回《さんかい》の「握手《あくしゅ》」には、どれも違《ちが》った気持《きも》ちが込《こ》められているんだね。

考え方

一回目《いっかいめ》の握手《あくしゅ》は、「万力《まんりき》よりも強《つよ》く、しかも腕《うで》を勢《いきお》いよく上下《じょうげ》させる」（P15・19）ものだった。これは、「なんの心配《しんぱい》もいりませんよ」（P15・17）というルロイ修道士《しゅうどうし》の気持《きも》ちがそのまま表《あらわ》れた握《あく》手《しゅ》である。二回目《にかいめ》の「穏《おだ》やかな握手《あくしゅ》」（P16・2）は、ルロイ修道《しゅうどう》士《し》が病《やまい》に侵《おか》されていることを示唆《しさ》する握手《あくしゅ》でもあり、「わたし」の回想《かいそう》が始《はじ》まるきっかけともなっている。三回目《さんかいめ》の握手《あくしゅ》は、「わたし」から求《もと》めたもので、「わたし」のルロイ修道士《しゅうどうし》に対《たい》する感謝《かんしゃ》や尊敬《そんけい》の念《ねん》、別《わか》れの寂《さび》しさなどの言葉《ことば》にできない感情《かんじょう》が込《こ》められている。

● 「ルロイ修道士《しゅうどうし》」の葬式《そうしき》で、「わたし」が「知《し》らぬ間《ま》に、両手《りょうて》の人《ひと》さし指《ゆび》を交差《こうさ》させ、せわしく打《う》ちつけていた」（23ページ2行《ぎょう》目《め》）ことの意味《いみ》。

答えの例

お世話《せわ》になった「ルロイ修道士《しゅうどうし》」に、十分《じゅうぶん》な感謝《かんしゃ》や恩返《おんがえ》しができなかったことを後悔《こうかい》し、自分《じぶん》を責《せ》める意味《いみ》と、子供たちのために生《しょう》涯《がい》をささげ、異国《いこく》の地《ち》でなくなってしまった「ルロイ修道士《しゅうどうし》」に、もっと自分《じぶん》を大切《たいせつ》にしてもよかったのではないかと問《と》い、また、その死《し》をいたむ意味《いみ》。

考え方

「ルロイ修道士《しゅうどうし》」の「両手《りょうて》の人《ひと》さし指《ゆび》をせわしく交差《こうさ》させ、打《う》ちつけている」（P18・18）しぐさは、「危険信号《きけんしんごう》」で、「お前《まえ》は悪《わる》い子《こ》だ。」という意味《いみ》だった。「ルロイ修道士《しゅうどうし》」が、「身体中《からだじゅう》が悪《わる》い腫《しゅ》瘍《よう》の巣《す》になっていた」（P23・1）にもかかわらず、子供《こども》たちに会《あ》って回《まわ》り、ついに故郷《くに》のカナダへ帰《かえ》ることもなくなくなったことを知《し》った「わたし」の気持《きも》ちを考《かんが》えよう。

考《かんが》えをもつ ❸ 読《よ》み深《ふか》めた感想《かんそう》を交流《こうりゅう》しよう。

読《よ》み深《ふか》めたことを踏《ふ》まえ、「ルロイ修道士《しゅうどうし》」の考《かんが》え方《かた》や生《い》き方《かた》について、自分《じぶん》で考《かんが》えたことや感《かん》じたことを書《か》こう。

答えの例

身体中《からだじゅう》を悪《わる》い腫瘍《しゅよう》にむしばまれながらも、元園児《もとえんじ》たちに会《あ》って回《まわ》っていたという、ルロイ修道士《しゅうどうし》の生《い》き方《かた》が印象深《いんしょうぶか》かった。それは、厚《あつ》い信仰心《しんこうしん》を持《も》ち、最後《さいご》まで「わたし」たちのことを親《おや》のように心《しん》配《ぱい》していたからだろう。ルロイ修道士《しゅうどうし》の、天使園《てんしえん》にいた頃《ころ》から、巣《す》立《だ》った今《いま》に続《つづ》く「わたし」たちへの深《ふか》い愛情《あいじょう》が心《こころ》に響《ひび》いた。

考え方

ルロイ修道士《しゅうどうし》に関《かん》しては、数々《かずかず》のエピソードからその人柄《ひとがら》や信条《しんじょう》を知《し》ることができる。他《ほか》に、「わたし」や上川君《かみかわくん》が、どのようにして天使園《てんしえん》にやってきたか、現在《げんざい》はどうしているかに着目《ちゃくもく》しても、彼《かれ》らの生《い》き方《かた》や考《かんが》え方《かた》が見《み》えてくるだろう。

言葉を広げる

● 作品《さくひん》に使《つか》われている比喩表現《ひゆひょうげん》を抜《ぬ》き出《だ》し、それがどのような効果《こうか》をもたらしているかを考《かんが》えてみよう。

答えの例

・「彼《かれ》の握力《あくりょく》は万力《まんりき》よりも強《つよ》く」（P15・19）↓ ルロイ修道士《しゅうどうし》の握《あく》手《しゅ》が、とても力強《ちからづよ》いものだったことを強調《きょうちょう》している。児童養護施《じどうようごし》設《せつ》にきた、という「わたし」にとって重大《じゅうだい》な場面《ばめん》が、後《あと》の「腕《うで》がしびれた」と相《あい》まって滑稽味《こっけいみ》さえおびて伝《つた》えられている。

・「病人《びょうにん》の手《て》でも握《にぎ》るようにそっと握手《あくしゅ》をした」（P16・2）↓ 力《ちから》強《づよ》かった握手《あくしゅ》が変化《へんか》したことを表《あらわ》しており、ルロイ修道士《しゅうどうし》の身《み》の変化《へんか》を予感《よかん》させる効果《こうか》がある。

・「てのひらは樫《かし》の板《いた》でも張《は》ったように固《かた》かった」（P16・11）↓ ルロイ修道士《しゅうどうし》が、子供《こども》たちの食料《しょくりょう》を確保《かくほ》するためにどれ程汗《ほどあせ》を流《なが》したかを印象付《いんしょうづ》ける表現《ひょうげん》になっている。

・「指《ゆび》の先《さき》の爪《つめ》は潰《つぶ》れており、鼻《はな》くそを丸《まる》めたようなものがこびりついている。」（P16・14）↓ ユニークな表現《ひょうげん》によって、理不尽《りふじん》でむごい出来事《できごと》の深刻《しんこく》さを和《やわ》らげている。

・「ラグビーのボールを押《お》し潰《つぶ》したようなかっこうのプレーンオムレツは、空気《くうき》を入《い》れればそのままグラウンドに持《も》ち出《だ》せそうである。」（P18・10）↓ 手《て》つかずのままのオムレツを想像《そうぞう》できるように描写《びょうしゃ》したもの。ルロイ修道士《しゅうどうし》の食欲《しょくよく》のなさへとつながっている。

考え方

比喩《ひゆ》表現《ひょうげん》には「……ようだ」「……みたいだ」を使《つか》う「直喩《ちょくゆ》」と、そのような表現《ひょうげん》を使《つか》わない「隠喩《いんゆ》」がある。この作品《さくひん》には直喩《ちょくゆ》の表《ひょう》現《げん》が多《おお》く使《つか》われている。

振り返る

● 「握手《あくしゅ》」の展開《てんかい》のしかたにはどんな特徴《とくちょう》や効果《こうか》があったか、自分《じぶん》の言葉《ことば》でまとめてみよう。

答えの例

「握手《あくしゅ》」は、「現在《げんざい》」と「過去《かこ》の回想《かいそう》」を交《まじ》えて展開《てんかい》している。主《しゅ》人公《じんこう》である「わたし」の目線《めせん》で過去《かこ》を振《ふ》り返《かえ》ることで、思《おも》い出《で》を印《いん》象深《しょうぶか》く描《えが》く効果《こうか》がある。現在《げんざい》と過去《かこ》を比《くら》べて、天使園《てんしえん》の子供《こども》たちに対《たい》する変《か》わらない愛情《あいじょう》が読《よ》み取《と》れる。また、「ルロイ修道士《しゅうどうし》」の「握手《あくしゅ》」を通《とお》した回想《かいそう》は、「わたし」が養護施設《ようごしせつ》に入所《にゅうしょ》したときの出《で》会《あ》いの場面《ばめん》（回想《かいそう》）、カナダに帰《かえ》るという「ルロイ修道士《しゅうどうし》」と再会《さいかい》した場面《ばめん》（現在《げんざい》）、お別《わか》れのときに「わたし」から握手《あくしゅ》した場面《ばめん》（現在《げんざい》）を対比《たいひ》させ、大切《たいせつ》な人《ひと》との出会《であ》いと別《わか》れを読者《どくしゃ》が追体験《ついたいけん》できるような効果《こうか》がある。

考え方

捉《とら》える❶-②で確認《かくにん》したように、「握手《あくしゅ》」は、現在《げんざい》と過去《かこ》の回想《かいそう》を入《い》り混《ま》ぜて展開《てんかい》している。現在《げんざい》と過去《かこ》を対比《たいひ》させて、変《か》わらないもの、変《か》わってしまったものについてどのような感想《かんそう》を抱《いだ》いたかについて読《よ》み取《と》る。

● 「ルロイ修道士《しゅうどうし》」の生《い》き方《かた》や価値観《かちかん》について語《かた》り合《あ》い、考《かんが》えが深《ふか》まったことを挙《あ》げてみよう。

答えの例

ルロイ修道士《しゅうどうし》の、自分《じぶん》の幸《しあわ》せよりも天使園《てんしえん》の園児《えんじ》たちの幸《しあわ》せを心《こころ》から望《のぞ》む考《かんが》え方《かた》に強《つよ》い衝撃《しょうげき》を受《う》けた。自分《じぶん》の周《まわ》りにそのような生《い》き方《かた》や考《かんが》え方《かた》をする人《ひと》はいないのではと考《かんが》えていたが、友達《ともだち》の意見《いけん》によって、自分《じぶん》の親《おや》はいつも自分《じぶん》を大切《たいせつ》にしてくれていたことに気《き》づけた。ルロイ修道士《しゅうどうし》にとって、天使園《てんしえん》の園児《えんじ》たちは紛《まぎ》れもなく自分《じぶん》の子供《こども》と等《ひと》しい存在《そんざい》であり、そのようなルロイ修道士《しゅうどうし》だからこそ、園児《えんじ》たちも慕《した》っていたのだと思《おも》う。

考え方

ルロイ修道士《しゅうどうし》の生《い》き方《かた》や価値観《かちかん》が書《か》かれているエピソードを中心《ちゅうしん》に読《よ》んで、人物像《じんぶつぞう》を整理《せいり》し語《かた》り合《あ》おう。

テスト直前《ちょくぜん》にチェック!

握手《あくしゅ》

教科書 14~25ページ

フォークを持つ手の人さし指がぴんと伸びている。指の先の爪は潰れており、①鼻くそを丸めたようなものがこびりついている。正常な爪はもう生えてこないのである。あの頃、ルロイ修道士の奇妙な爪について、天使園にはこんなうわさが流れていた。日本にやって来て二年もしないうちに戦争が始まり、ルロイ修道士たちは横浜から出帆する最後の交換船でカナダに帰ることになった。ところが日本側の都合で、交換船は出帆中止になってしまったのである。そして、連れていかれたところは丹沢《たんざわ》の山の中。戦争が終わるまで、ルロイ修道士たちはここで荒れ地を開墾し、みかんと足柄《あしがら》茶を作らされた。そこまではいいのだが、カトリック者は日曜日の労働を戒律で禁じられているので、ルロイ修道士が代表となって監督官に、「日曜日は休ませてほしい。その埋め合わせは、他の曜日にきっとする。」と申し入れた。すると監督官は、「大日本帝国の七曜表は月月火水木金金。この国には土曜も日曜もありゃせんのだ。」と叱りつけ、見せしめに、ルロイ修道士の左の人さし指を木づちで思い切りたたき潰したのだ。だから②気をつけろ。ルロイ先生はいい人にはちがいないが、心の底では日本人を憎んでいる。いつかは爆発するぞ。……しかし、ルロイ先生はいつまでたっても優しかった。そればかりかルロイ先生は、戦勝国の白人であるにもかかわらず敗戦国の子供のために、泥だらけになって野菜を作り鶏を育てている。これはどういうことだろう。

「ここの子供をちゃんと育ててから、アメリカのサーカスに売るんだ。だから、こんなに親切なんだぞ。あとでどっと元をとる気なんだ。」

1 ――線①「鼻くそを丸めたようなもの」とありますが、このような比喩《ひゆ》は作品中でどのような効果を生んでいますか。次から一つ選び、記号に○を付けなさい。

ア ユニークな表現によって、場面の深刻さを和らげる効果。
イ ユニークな表現によって、場面の不思議さを強調する効果。
ウ ユーモラスな表現によって、場面の重々しさを強める効果。
エ ユーモラスな表現によって、場面のおかしさを強調する効果。

2 ――線②「気をつけろ。……いつかは爆発するぞ。」とありますが、子供たちが「ルロイ修道士」に対してこのような見方をしたのはなぜですか。

（　　　　　　　　　　）

3 ――線③「うわさも立ったが、すぐ立ち消えになった。」とありますが、それはなぜですか。次から一つ選び、記号に○を付けなさい。

解くコツ 「……から（ので）。」と答えているか。

ア 子供をいずれはアメリカのサーカスに売って元をとるという、ルロイ修道士の本心が明らかになったから。
イ ルロイ修道士が戦勝国の白人であることに変わりなく、常に恐ろしく近づきがたい様子を見せていたから。
ウ ルロイ修道士が、子供たちの日々の成長をとてもうれしそうに眺め続けていたから。

という③うわさも立ったが、すぐ立ち消えになった。おひたしや汁の実になった野菜がわたしたちの口に入るところを、あんなにうれしそうに眺めているルロイ先生を、ほんの少しでも疑っては罰が当たる。みんながそう思い始めたからである。

「日本人は先生に対して、ずいぶんひどいことをしましたね。交換船の中止にしても国際法無視ですし、木づちで指をたたき潰すに至っては、もうなんて言っていいか。申し訳ありません。」

ルロイ修道士はナイフを皿の上に置いてから、④右の人さし指をぴんと立てた。指の先は天井を指してぶるぶる細かく震えている。また思い出した。ルロイ修道士は、「こら。」とか、「よく聞きなさい。」とか言う代わりに、右の人さし指をぴんと立てるのが癖だった。

⑤「総理大臣のようなことを言ってはいけませんよ。だいたい、日本人を代表してものを言ったりするのは傲慢です。それに、日本人とかカナダ人とかアメリカ人といったようなものがあると信じてはなりません。一人一人の人間がいる、それだけのことですから。」

「わかりました。」

わたしは右の親指をぴんと立てた。これもルロイ修道士の癖で、彼は、「わかった。」「よし。」「最高だ。」と言う代わりに、右の親指をぴんと立てる。そのことも思い出したのだ。

「おいしいですね、このオムレツは。」

ルロイ修道士も右の親指を立てた。わたしは、はてなと心の中で首をかしげた。おいしいと言うわりには、ルロイ修道士に食欲がない。⑥ラグビーのボールを押し潰したようなかっこうのプレーンオムレツは、空気を入れればそのままグラウンドに持ち出せそうである。ルロイ修道士はナイフとフォークを動かしているだけで、オムレツをちっとも口へ運んではいないのだ。

井上ひさし「握手」（光村図書『国語三年』16〜18ページ）

エ　ルロイ修道士が、かつて受けたひどい扱いを全く記憶にとどめていないことがわかったから。

4　――線④「右の人さし指をぴんと立てた。」とありますが、このしぐさにはどのような意味がありますか。

（　　　　　　　　　　）

5 よく出る！　――線⑤「総理大臣のようなことを言っては……それだけのことですから。」とありますが、この言葉からは、ルロイ修道士のもつどのような考え方がわかりますか。次から一つ選び、記号に○を付けなさい。

ア　まだ未熟な人間が偉そうな口をきくべきでないという考え方。
イ　人は一人一人の個人として大切にされるべきだという考え方。
ウ　欧米《おうべい》人を中心にしたものの見方は間違いだという考え方。
エ　国家の枠《わく》にとらわれず国際的な視点をもてという考え方。

6　――線⑥「ラグビーのボールを……持ち出せそうである。」とありますが、この描写はどのようなことを表していますか。次から一つ選び、記号に○を付けなさい。

ア　オムレツが、いかにおいしそうに見えるかということ。
イ　ルロイ修道士がオムレツのおいしさに感動していること。
ウ　オムレツが見た目のわりには少しもおいしくないこと。
エ　ルロイ修道士がオムレツに手をつけていないこと。

解くコツ　比喩表現でどのような状態を表しているかに注意。

◀答えは165ページ

1 深《ふか》まる学《まな》びへ

評価《ひょうか》しながら聞《き》く

教科書 26ページ

教科書の課題

次《つぎ》の討論会《とうろんかい》の一部《いちぶ》（教科書《きょうかしょ》P26）を聞《き》いて、発言《はつげん》の内容《ないよう》や話《はな》し方《かた》の工夫《くふう》などを評価《ひょうか》し、自分《じぶん》の考《かんが》えと比較《ひかく》しよう。

答えの例

【発言《はつげん》の内容《ないよう》】	【話《はな》し方《かた》の工夫《くふう》】
●二人《ふたり》とも、自分《じぶん》の主張《しゅちょう》が明確《めいかく》でわかりやすい。 ●主張《しゅちょう》の根拠《こんきょ》として、北野《きたの》さんは自分《じぶん》の体験《たいけん》を挙《あ》げ、橋田《はしだ》さんは客観的《きゃっかんてき》なデータを示《しめ》している。北野《きたの》さんの根拠《こんきょ》は、自分《じぶん》の体験《たいけん》に限《かぎ》られているので、説得力《せっとくりょく》がやや弱《よわ》い。橋田《はしだ》さんの根拠《こんきょ》は多《おお》くの人《ひと》に調査《ちょうさ》した結果《けっか》なので、説得力《せっとくりょく》がある。	●北野《きたの》さんは初《はじ》めに主張《しゅちょう》を述《の》べている。その人《ひと》の立場《たちば》がわかった上《うえ》で話《はなし》を聞《き》けるので、聞《き》きやすい。 ●橋田《はしだ》さんは初《はじ》めに根拠《こんきょ》となるデータを示《しめ》し、それに基《もと》づいて主張《しゅちょう》を述《の》べている。その人《ひと》の立場《たちば》は、話《はなし》を最後《さいご》まで聞《き》かないとわからない。

【自分《じぶん》の考《かんが》えとの比較《ひかく》】

●自分《じぶん》も犬《いぬ》を飼《か》っているので、北野《きたの》さんの体験《たいけん》には共感《きょうかん》できた。
●橋田《はしだ》さんの主張《しゅちょう》には説得力《せっとくりょく》があり、安易《あんい》にペットを飼《か》うことはすすめられないという考《かんが》えに納得《なっとく》させられた。
●橋田《はしだ》さんのように、客観的《きゃっかんてき》なデータを根拠《こんきょ》にする方法《ほうほう》を、自分《じぶん》も取《と》り入《い》れたい。

解説

討論会《とうろんかい》などでは、次《つぎ》に挙《あ》げることを意識《いしき》しながら聞《き》くとよい。
●主張《しゅちょう》に対《たい》して、納得《なっとく》できる根拠《こんきょ》を挙《あ》げているか。
●自分《じぶん》の主張《しゅちょう》との共通点《きょうつうてん》や相違点《そういてん》はどこか。
●自分《じぶん》が討論《とうろん》などをするときに取《と》り入《い》れたいと思《おも》う、表現《ひょうげん》や話《はな》し方《かた》の工夫《くふう》はあるか。

このように、話《はなし》を聞《き》く観点《かんてん》を意識《いしき》しながら聞《き》くと、討論《とうろん》の内容《ないよう》を整理《せいり》しやすくなり、話《はなし》を聞《き》く力《ちから》が上達《じょうたつ》する。

1

深《ふか》まる学《まな》びへ

学《まな》びて時《とき》に之《これ》を習《なら》ふ――「論語《ろんご》」から

教科書 28~31ページ

およその内容

●学《まな》んでそのつど復習《ふくしゅう》していくのは喜《よろこ》ばしい。学友《がくゆう》が遠《とお》くから訪《たず》ねてくるのはうれしい。自分《じぶん》の学問《がくもん》を世《よ》の中《なか》が認《みと》めてくれなくても不満《ふまん》を抱《いだ》かないのは立派《りっぱ》なことだ。

●先人《せんじん》の述《の》べた学説《がくせつ》などを繰《く》り返《かえ》し研究《けんきゅう》して、新《あたら》しい意義《いぎ》を発見《はっけん》できれば、人《ひと》の師《し》となる資格《しかく》がある。

●学《まな》んだことをよく考《かんが》えてみないと、道理《どうり》がわからない。考《かんが》えるだけで学《まな》ばないと、独断《どくだん》に陥《おちい》って危険《きけん》だ。

●何《なに》かについて詳《くわ》しく知《し》っている人《ひと》は、それを好《す》きな人《ひと》には及《およ》ばない。それを好《す》きな人《ひと》も、それを楽《たの》しむ人《ひと》には及《およ》ばない。

解説

●論語《ろんご》

孔子《こうし》と、その弟子《でし》たちの言行録《げんこうろく》。相互《そうご》の思《おも》いやりや、社会《しゃかい》の決《き》まりを重《おも》んじることを説《と》いた。「論語《ろんご》」は、孔子《こうし》の死後《しご》、その考《かんが》えを弟子《でし》たちがまとめたもので、日本人《にっぽんじん》のものの考《かんが》え方《かた》に大《おお》きな影響《えいきょう》を与《あた》えている。

●孔子《こうし》

孔子《こうし》は、中国古代《ちゅうごくこだい》の思想家《しそうか》で、倫理《りんり》や道徳《どうとく》を中心《ちゅうしん》に据《す》えた理想的《りそうてき》な社会《しゃかい》を実現《じつげん》しようとした。紀元前《きげんぜん》の中国《ちゅうごく》では、幾《いく》つもの小国《しょうこく》が天下統一《てんかとういつ》を目《め》ざしてせめぎ合《あ》っていたが、混乱《こんらん》の中《なか》で活躍《かつやく》した思想家《しそうか》たちがいた。その代表的《だいひょうてき》な人物《じんぶつ》が孔子《こうし》である。孔子《こうし》は、実践的《じっせんてき》な倫《りん》理《り》や道徳《どうとく》を説《と》いた。その考《かんが》えは「論語《ろんご》」に示《しめ》されている。孔子《こうし》を祖《そ》とする思想《しそう》の流《なが》れは儒家《じゅか》とよばれ、代表的《だいひょうてき》な思想家《しそうか》として孟子《もうし》がいる。また、儒家《じゅか》に対《たい》する思想《しそう》には、老子《ろうし》や荘子《そうし》の道家《どうか》があり、自然《しぜん》のままに生《い》きる在《あ》り方《かた》を説《と》く。孔子《こうし》の教《おし》えは、昔《むかし》から個々《ここ》の日本人《にっぽんじん》はもちろん、政治《せいじ》の在《あ》り方《かた》にまで色濃《いろこ》く影響《えいきょう》を及《およ》ぼし、今日《こんにち》に至《いた》っている。その言葉《ことば》の意味《いみ》をしっかりつかむとともに、その教《おし》えを今《いま》の自分《じぶん》に当《あ》てはめ、豊《ゆた》かに生《い》きるヒントとしたい。

重要語句のチェック

＊はここでの意味《いみ》。

29ページ

体得《たいとく》　実際《じっさい》に自分《じぶん》でやってみて、知識《ちしき》や技《わざ》を身《み》につけること。文 作業《さぎょう》のこつを**体得**《たいとく》する。

習熟《しゅうじゅく》　物事《ものごと》に慣《な》れて、上手《じょうず》になること。文 フランス語《ご》に**習熟**《しゅうじゅく》する。

徳《とく》　＊①人《ひと》としての立派《りっぱ》な行《おこな》い。文 **徳**《とく》のある人《ひと》は控《ひか》えめに振《ふ》る舞《ま》う。②めぐみ・おかげ。文 **徳**用品《とくようひん》をまとめ買《が》いする。

30ページ

道理《どうり》　人《ひと》として守《まも》らなくてはならない正《ただ》しい道《みち》。また、物事《ものごと》の正《ただ》しい筋道《すじみち》。文 **道理**《どうり》に外《はず》れた行《おこな》い。

独断《どくだん》　他《ほか》の人《ひと》に相談《そうだん》せず、自分《じぶん》だけの考《かんが》えで決《き》めること。文 委員《いいん》長《ちょう》が**独断**《どくだん》で決《き》める。

読解のポイント

●次《つぎ》のような漢文特有《かんぶんとくゆう》の言《い》い回《まわ》しに注意《ちゅうい》しよう。

A　曰《い》はく、「……。」と。　B　亦《また》……ずや。

C　……れば則《すなは》ち〜。　D　……に如《し》かず。

考え方

A　会話《かいわ》の引用《いんよう》を表《あらわ》す。「曰《い》はく」は「言《い》うことには」と訳《やく》し、以《い》下《か》にその人物《じんぶつ》の言《い》った内容《ないよう》が具体的《ぐたいてき》に示《しめ》されていく。

B　感嘆《かんたん》（すばらしいと感心《かんしん》する気持《きも》ち）を表《あらわ》す。「なんと……ではないか。」と訳《やく》す。

C　原因《げんいん》と結果《けっか》をつなぐ。「……である場合《ばあい》は〜となる。」と訳《やく》す。

D　低《ひく》いものから一歩《いっぽ》高《たか》いところに進《すす》めていく言《い》い方《かた》。「……に及《およ》ばない」と訳《やく》す。

●「論語《ろんご》」には、短《みじか》い言葉《ことば》の中《なか》に人間《にんげん》の生《い》き方《かた》についての鋭《するど》い観察《かんさつ》や深《ふか》い思索《しさく》が表《あらわ》れている。それぞれの言葉《ことば》を解釈《かいしゃく》し、どのような考《かんが》え方《かた》が示《しめ》されているかを読《よ》み取《と》ろう。

・子曰《しい》はく、「学《まな》びて時《とき》に之《これ》を習《なら》ふ、亦説《またよろこ》ばしからずや。朋遠方《ともえんぽう》より来《き》たる有《あ》り、亦楽《またたの》しからずや。人知《ひとし》らずして慍《うら》みず、亦君子《またくんし》ならずや。」と。

〈解釈《かいしゃく》〉

先生《せんせい》がおっしゃるには、「学《まな》んでそのつど復習《ふくしゅう》していくのはなんとうれしいことではないか。学友《がくゆう》が遠《とお》い所《ところ》から訪《たず》ねてくるのは、なんと楽《たの》しいことではないか。世《よ》の中《なか》の人《ひと》が認《みと》めてくれなくても、不《ふ》満《まん》を抱《いだ》かないのは、なんと立派《りっぱ》な人《ひと》ではないか。」と。

自分自身《じぶんじしん》の経験《けいけん》に照《て》らし合《あ》わせて考《かんが》えてみると、考《かんが》えを深《ふか》めることができそうだね。

考え方

「子《し》」は男子《だんし》への敬称《けいしょう》。ここでは先生《せんせい》（孔子《こうし》）と捉《とら》えればよい。「説」には「喜《よろこ》ぶ」という意味《いみ》もあるので、ここではうれしく思《おも》うこと。「朋」は友《とも》のことだが、ここでは同《おな》じ学問《がくもん》の道《みち》を歩《あゆ》む友《とも》。「君《くん》子《し》」とは理想《りそう》の人格《じんかく》を備《そな》えた人物《じんぶつ》を指《さ》す。

学問《がくもん》の喜《よろこ》び、仲間《なかま》とのきずなを深《ふか》める楽《たの》しみ、そして、世《よ》の中《なか》から自分《じぶん》の真価《しんか》を理解《りかい》されることが少《すく》なくても、学問《がくもん》をすること自体《じたい》に喜《よろこ》びを見《み》いだして生《い》きることの価値《かち》を説《と》いている。

・子《し》曰《い》はく、「故《ふる》きを温《あたた》めて新《あたら》しきを知《し》れば、以《もっ》て師《し》たるべし。」と。

〈解釈《かいしゃく》〉

先生《せんせい》がおっしゃるには、「過去《かこ》の事柄《ことがら》を研究《けんきゅう》して、新《あたら》しい意義《いぎ》を発見《はっけん》できれば、人《ひと》の師《し》となる資格《しかく》があるものだ。」と。

考え方

「故《ふる》き」とは、過去《かこ》の事柄《ことがら》や学説《がくせつ》のこと。「温《あたた》めて」は、慣《な》れて上手《じょうず》になるまで学《まな》ぶことをいう。

過去《かこ》の学説《がくせつ》を学《まな》び、究《きわ》めて、そこから新《あたら》しい意義《いぎ》を発見《はっけん》することが大事《だいじ》だ、という考《かんが》えを示《しめ》している。

・子《し》曰《い》はく、「学《まな》びて思《おも》はざれば則《すなは》ち罔《くら》し。思《おも》ひて学《まな》ばざれば則《すなは》ち殆《あやふ》し。」と。

〈解釈《かいしゃく》〉

先生《せんせい》がおっしゃるには、「学《まな》んだことをよく考《かんが》えて研究《けんきゅう》しないと、物《もの》の道理《どうり》がわからない。自分《じぶん》の考《かんが》えだけに頼《たよ》って広《ひろ》く先人《せんじん》の意見《いけん》や知識《ちしき》に学《まな》ばないと、独断《どくだん》に陥《おちい》って危険《きけん》である。」と。

考え方

「学《まな》ぶ」は、ここでは書物《しょもつ》や先人《せんじん》から学習《がくしゅう》することで、「思《おも》ふ」は自分《じぶん》で考《かんが》え研究《けんきゅう》すること。「罔《くら》し」は理解《りかい》があやふやなこと。

学問《がくもん》と思索《しさく》とは、車《くるま》の両輪《りょうりん》のようにどちらも不可欠《ふかけつ》だから、バランスよく行《おこな》うべきだ、という考《かんが》えを示《しめ》している。

・子《し》曰《い》はく、「之《これ》を知《し》る者《もの》は、之《これ》を好《この》む者《もの》に如《し》かず。之《これ》を好《この》む者《もの》は、之《これ》を楽《たの》しむ者《もの》に如《し》かず。」と。

〈解釈《かいしゃく》〉

先生《せんせい》がおっしゃるには、「何《なに》かについて詳《くわ》しく知《し》っているというだけの人《ひと》は、それを好《す》きな人《ひと》には及《およ》ばない。それを好《す》きな人《ひと》は、それを真《しん》に楽《たの》しんでいる人《ひと》には及《およ》ばない。」と。

考え方

「之《これ》を知《し》る者《もの》」とは、何《なに》かについて詳《くわ》しく知《し》っている人《ひと》のこと。

何《なに》かを志《こころざ》して学《まな》ぶには、それを楽《たの》しむところまで極《きわ》めなければならないという考《かんが》えを示《しめ》している。

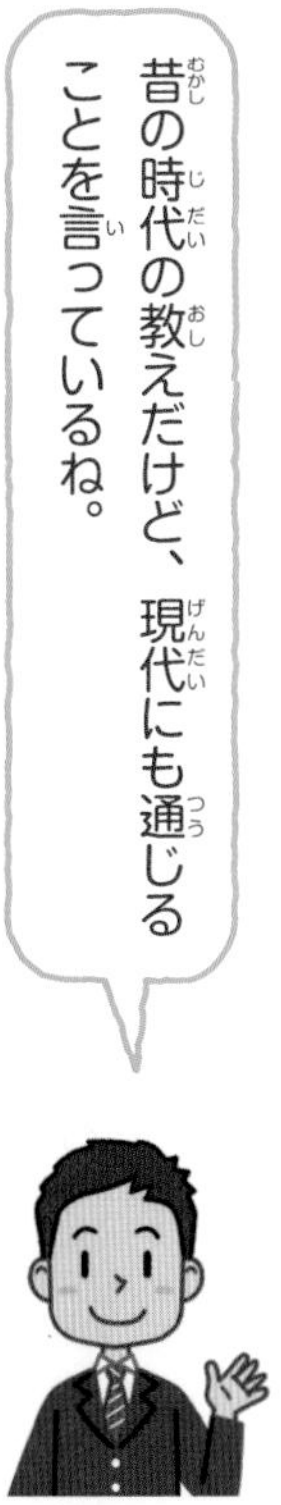

情報《じょうほう》整理《せいり》のレッスン 情報《じょうほう》の信頼性《しんらいせい》

教科書 32〜33ページ

漢字のチェック

新出漢字

33

匿

＊トク

かくしがまえ

10画

意味　かくす。

言葉　匿名《とくめい》・隠匿《いんとく》・秘匿《ひとく》

使い方　匿名《とくめい》で新聞《しんぶん》に投書《とうしょ》する。

3級

＊はここに出《で》てきた読《よ》み。

教科書の課題

岡本《おかもと》さんと山村《やまむら》さんは、夕方《ゆうがた》から「青空町花火大会《あおぞらまちはなびたいかい》」に行《い》く予定《よてい》である。朝《あさ》から雨《あめ》が降《ふ》ったりやんだりしているため、花火大会《はなびたいかい》が開催《かいさい》されるかどうかを、インターネットを使《つか》って調《しら》べることにした。岡本《おかもと》さんと山村《やまむら》さんは、どちらも「雨《あめ》のため中止《ちゅうし》」という情報《じょうほう》を手《て》に入《い》れたが、情報《じょうほう》の信頼性《しんらいせい》が高《たか》いといえるのはどちらだろう。なぜそう思《おも》うか、理由《りゆう》とともに考《かんが》えてみよう。

岡本《おかもと》さん…SNSの検索機能《けんさくきのう》で「青空町《あおぞらまち》　花火大会《はなびたいかい》　雨《あめ》」を検索《けんさく》。花火大会《はなびたいかい》に行《い》く予定《よてい》の人《ひと》が書《か》き込《こ》んだ情報《じょうほう》を確認《かくにん》した。

山村《やまむら》さん…検索《けんさく》エンジンで、「青空町花火大会公式《あおぞらまちはなびたいかいこうしき》ホームページ」を検索《けんさく》。大会《たいかい》を運営《うんえい》する観光協会《かんこうきょうかい》のウェブサイトで、情報《じょうほう》を確認《かくにん》した。

答えの例

山村《やまむら》さんが手《て》に入《い》れた情報《じょうほう》の方《ほう》が、信頼性《しんらいせい》が高《たか》いといえる。理由《りゆう》は、二人《ふたり》が手《て》に入《い》れた情報《じょうほう》の発信源《はっしんげん》だ。

岡本《おかもと》さんが手《て》に入《い》れた情報《じょうほう》は、花火大会《はなびたいかい》に行《い》く予定《よてい》の人《ひと》がSNSに書《か》き込《こ》んだものなので、発信源《はっしんげん》は個人《こじん》だ。書《か》き込《こ》みの内容《ないよう》も、友達《ともだち》からの電話《でんわ》で中止《ちゅうし》と聞《き》いたというもので（P33）、その人自身《ひとじしん》が中止《ちゅうし》であることを確認《かくにん》したわけではない。

一方《いっぽう》、山村《やまむら》さんが手《て》に入《い》れた情報《じょうほう》は、花火大会《はなびたいかい》を運営《うんえい》する団体《だんたい》が、花火大会《はなびたいかい》に行《い》く予定《よてい》だった人《ひと》に向《む》けて公開《こうかい》したものだ。

以上《いじょう》のことから、山村《やまむら》さんが手《て》に入《い》れた情報《じょうほう》は情報《じょうほう》の発信源《はっしんげん》と、発信《はっしん》の目的《もくてき》がはっきりしているので、より信頼性《しんらいせい》は高《たか》い。

考え方

インターネット上《じょう》の情報《じょうほう》の信頼性《しんらいせい》を確《たし》かめるためには、次《つぎ》に挙《あ》げる点《てん》を確認《かくにん》するとよい。

- いつ発信《はっしん》された情報《じょうほう》か。また、情報《じょうほう》は更新《こうしん》されているか。
- 発信源《はっしんげん》は誰《だれ》か。
- 公開《こうかい》された情報《じょうほう》の、目的《もくてき》は何《なに》で、対象《たいしょう》は誰《だれ》か。

1 深《ふか》まる学《まな》びへ

文章《ぶんしょう》の種類《しゅるい》を選《えら》んで書《か》こう

教科書 34～37ページ

解説

取材《しゅざい》したことを基《もと》に、伝《つた》えたい内容《ないよう》に合《あ》った文章《ぶんしょう》の種類《しゅるい》を選《えら》び、修学旅行記《しゅうがくりょこうき》を作《つく》る。

1 **編集会議《へんしゅうかいぎ》を開《ひら》く。**

① 記事《きじ》の内容《ないよう》を決《き》める。

どのような内容《ないよう》を載《の》せるか話《はな》し合《あ》い、それぞれの体験《たいけん》や、見学《けんがく》先《さき》の資料《しりょう》で得《え》られた情報《じょうほう》が重複《ちょうふく》しないように整理《せいり》する。必要《ひつよう》に応《おう》じて、本《ほん》やインターネットなどで調《しら》べた内容《ないよう》を加《くわ》える。

② 文章《ぶんしょう》の種類《しゅるい》・素材《そざい》・執筆者《しっぴつしゃ》を決《き》める。

内容《ないよう》が効果的《こうかてき》に伝《つた》わる文章《ぶんしょう》の種類《しゅるい》を選《えら》ぶ（下段《げだん》◆参照《さんしょう》）。選《えら》んだ種類《しゅるい》に合《あ》わせて、図表《ずひょう》や写真《しゃしん》、イラストなどを入《い》れる。

2 **紙面構成《しめんこうせい》を考《かんが》え、下書《したが》きをする。**

文章《ぶんしょう》の構成《こうせい》や、効果的《こうかてき》な紙面作《しめんづく》りについて考《かんが》える。

- 記事《きじ》の並《なら》び順《じゅん》や分量《ぶんりょう》
- 図表《ずひょう》や写真《しゃしん》、イラストの大《おお》きさ・配置《はいち》
- コラムや関連情報《かんれんじょうほう》などを入《い》れる。
- 見出《みだ》しやキャッチコピーなど、読《よ》み手《て》を引《ひ》きつける工夫《くふう》

3 **下書《したが》きを読《よ》み、助言《じょげん》し合《あ》って、清書《せいしょ》する。**

- 表現《ひょうげん》がわかりづらいところや、説明不足《せつめいぶそく》のところはないか。
- 構成《こうせい》や表現《ひょうげん》は、文章《ぶんしょう》の種類《しゅるい》に合《あ》っているか。

4 **冊子《さっし》にまとめ、読《よ》み合《あ》う。**

表紙《ひょうし》、目次《もくじ》、前書《まえが》き・後書《あとが》き（編集後記《へんしゅうこうき》）、奥付《おくづけ》などを作成《さくせい》し、冊子《さっし》として完成《かんせい》させる。

◆目的《もくてき》に合《あ》った文章《ぶんしょう》の種類《しゅるい》を選《えら》ぶ。

- 感《かん》じたことを伝《つた》えたい。→随筆《ずいひつ》
- 心情《しんじょう》や場面《ばめん》を個性的《こせいてき》に表現《ひょうげん》したい。→物語《ものがたり》
- ある事実《じじつ》について、臨場感《りんじょうかん》をもって伝《つた》えたい。→報道文《ほうどうぶん》

◆文章《ぶんしょう》の種類《しゅるい》を意識《いしき》して書《か》く。

- 随筆《ずいひつ》→感覚的《かんかくてき》な描写《びょうしゃ》をする。
- 物語《ものがたり》→会話文《かいわぶん》を入《い》れたり、場面《ばめん》や登場人物《とうじょうじんぶつ》の描写《びょうしゃ》を工夫《くふう》したりして、個性《こせい》を出《だ》す。
- 報道文《ほうどうぶん》→5W1Hを押《お》さえ、事実《じじつ》と、それに対《たい》する感想《かんそう》や意《い》見《けん》を区別《くべつ》する。

教科書 38~40ページ

漢字のチェック

新出漢字

*はここに出《で》てきた読《よ》み。

38	頓
読み	*トン
部首	おおがい
画数	13画
意味	①額《ひたい》を地《ち》につけておじぎをする。②とまる。とどまる。③急《きゅう》に。
言葉	①頓首《とんしゅ》 ②頓着《とんちゃく》 ③頓死《とんし》
使い方	何《なに》を言《い》われても頓着《とんちゃく》しない。
級	2級

38	獣
読み	*ジュウ けもの
部首	いぬ
画数	16画
意味	けもの。けだもの。
言葉	獣医《じゅうい》・鳥獣《ちょうじゅう》・猛獣《もうじゅう》・野獣《やじゅう》・百獣《ひゃくじゅう》
使い方	ライオンは百獣《ひゃくじゅう》の王《おう》だ。
級	4級

38	頒
読み	*ハン
部首	おおがい
画数	13画
意味	分《わ》ける。分《わ》かつ。広《ひろ》い範囲《はんい》に配《くば》る。
言葉	頒布《はんぷ》
使い方	試供品《しきょうひん》を頒布《はんぷ》する。
級	準2級

38	袖
読み	*そで （シュウ）
部首	ころもへん
画数	10画
意味	衣服《いふく》のそでの部分《ぶぶん》。
言葉	半袖《はんそで》・袖口《そでぐち》
使い方	長袖《ながそで》の服《ふく》を着《き》る。
級	2級

38	堀
読み	*ほり
部首	つちへん
画数	11画
意味	地面《じめん》を掘《ほ》って水《みず》をためた所《ところ》。
言葉	内堀《うちぼり》・外堀《そとぼり》・釣《つ》り堀《ぼり》
使い方	城《しろ》に堀《ほり》を巡《めぐ》らす。
級	準2級

38	枕
読み	*まくら
部首	きへん
画数	8画
意味	①寝《ね》るときに頭《あたま》を乗《の》せる寝具《しんぐ》。寝《ね》ること。②話《はなし》の前置《まえお》き。
言葉	①膝枕《ひざまくら》・高枕《たかまくら》 ②枕詞《まくらことば》
使い方	氷枕《こおりまくら》で頭《あたま》を冷《ひ》やす。
級	2級

38	釜
読み	*かま
部首	かね
画数	10画
意味	食品《しょくひん》を煮《に》炊《た》きする道具《どうぐ》。
言葉	釜飯《かまめし》・茶釜《ちゃがま》
使い方	釜揚《かまあ》げうどんを食《た》べる。
級	2級

38	脇
読み	*わき
部首	にくづき
画数	10画
意味	胸《むね》の両側《りょうがわ》。そば。
言葉	脇見《わきみ》・両脇《りょうわき》・脇道《わきみち》
使い方	脇腹《わきばら》が筋肉痛《きんにくつう》になる。
級	2級

38	棟
読み	*トウ *むね （むな）
部首	きへん
画数	12画
意味	①屋根《やね》の最高所《さいこうしょ》。②重要人物《じゅうようじんぶつ》。③家《いえ》を数《かぞ》える言葉《ことば》。
言葉	①棟《むね》上《あ》げ ②棟梁《とうりょう》 ③別棟《べつむね》
使い方	我《わ》が家《や》の別棟《べつむね》に住《す》む祖父《そふ》。
級	準2級

39	枠
読み	*わく
部首	きへん
画数	8画
意味	①周《まわ》りを囲《かこ》むもの。②決《き》められた範囲《はんい》や形式《けいしき》。
言葉	①窓枠《まどわく》 ②枠組《わくぐ》み・枠内《わくない》
使い方	費用《ひよう》を予算《よさん》の枠内《わくない》に収《おさ》める。
級	準2級

39	峡
読み	*キョウ
部首	やまへん
画数	9画
意味	山《やま》と山《やま》、陸《りく》と陸《りく》に挟《はさ》まれた所《ところ》。
言葉	峡谷《きょうこく》・海峡《かいきょう》・山峡《さんきょう》・地峡《ちきょう》
使い方	津軽《つがる》海峡《かいきょう》を航行《こうこう》する船《ふね》。
級	3級

39
藍
(ラン) *あい
くさかんむり 18画
意味 藍《あい》（草《くさ》の名《な》）。その色《いろ》。
言葉 藍色《あいいろ》
使い方 藍染《あいぞ》めの服《ふく》を着《き》る。
2級

39
瀬
*せ
さんずい 19画
意味 ①川《かわ》や海《うみ》の浅《あさ》い所《ところ》。②置《お》かれた場所《ばしょ》。③そのとき。
言葉 ①浅瀬《あさせ》 ②立《た》つ瀬《せ》 ③年《とし》の瀬《せ》
使い方 それでは仲介役《ちゅうかいやく》の私《わたし》の立《た》つ瀬《せ》がない。
3級

39
錦
キン *にしき
かねへん 16画
意味 金《きん》などの色糸《いろいと》で織《お》った絹織物《きぬおりもの》。錦《にしき》のように美《うつく》しいもの。
言葉 錦秋《きんしゅう》・錦絵《にしきえ》
使い方 錦《にしき》ごいに餌《えさ》をやる。
2級

39
粋
スイ *いき
こめへん 10画
意味 ①混《ま》じり気《け》がない。②優《すぐ》れたもの。
言葉 ①生《き》っ粋《すい》・純粋《じゅんすい》 ②粋《すい》を集《あつ》める・精粋《せいすい》・無粋《ぶすい》
使い方 科学《かがく》の粋《すい》を集《あつ》めた新型《しんがた》ロケット。
3級

39
瞳
ドウ *ひとみ
めへん 17画
意味 ひとみ。瞳孔《どうこう》。
言葉 瞳子《どうし》・散瞳《さんどう》
使い方 目薬《めぐすり》で瞳孔《どうこう》を開《ひら》く。
2級

39
謁
*エツ
ごんべん 15画
意味 身分《みぶん》の高《たか》い人《ひと》に会《あ》う。
言葉 謁見《えっけん》・拝謁《はいえつ》
使い方 女王《じょおう》に謁見《えっけん》する。
準2級

39
繭
(ケン) *まゆ
いと 18画
意味 蚕《かいこ》がさなぎになるときに作《つく》る殻《から》のようなもの。
言葉 繭玉《まゆだま》
使い方 正月《しょうがつ》に繭玉《まゆだま》を飾《かざ》る。
準2級

39
錠
*ジョウ
かねへん 16画
意味 ①扉《とびら》などが開《ひら》かないようにする金具《かなぐ》。②丸《まる》い形《かたち》の薬《くすり》。
言葉 ①開錠《かいじょう》・手錠《てじょう》 ②錠剤《じょうざい》・一錠《いちじょう》
使い方 金庫《きんこ》の扉《とびら》を開錠《かいじょう》する。
3級

39
患
*カン (わずらう)
こころ 11画
意味 ①わずらう。病気《びょうき》になる。②思《おも》い悩《なや》む。
言葉 ①患部《かんぶ》・患者《かんじゃ》・急患《きゅうかん》 ②内憂外患《ないゆうがいかん》
使い方 患部《かんぶ》の手当《てあ》てをする。
準2級

39
碁
*ゴ
いし 13画
意味 ご。ご石《いし》。
言葉 碁石《ごいし》・碁盤《ごばん》・囲碁《いご》
使い方 碁盤《ごばん》の目《め》のように張《は》り巡《めぐ》らされた道《みち》。
準2級

39
乙
*オツ
おつ 1画
意味 ①きのと。十干《じっかん》の二番目《にばんめ》。②気《き》がきく。③若《わか》い。
言葉 ①甲乙《こうおつ》 ②乙《おつ》な味《あじ》 ③乙女《おとめ》
使い方 どちらもすばらしくて甲乙《こうおつ》つけがたい。
3級

39
冶
*ヤ
にすい 7画
意味 ①金属《きんぞく》をとかす。②加工《かこう》して良《よ》いものにする。
言葉 ①冶金《やきん》 ②陶冶《とうや》
使い方 教育《きょういく》によって人格《じんかく》を陶冶《とうや》する。
2級

39
硫
*リュウ
いしへん 12画
意味 いおう。鉱物《こうぶつ》の名《な》。
言葉 硫黄《いおう》・硫酸《りゅうさん》
使い方 硫黄分《いおうぶん》を含《ふく》む温泉《おんせん》。
準2級

40
酬
*シュウ
ひよみのとり 13画
意味 報《むく》いる。お返《かえ》しをする。
言葉 応酬《おうしゅう》・報酬《ほうしゅう》
使い方 やじの応酬《おうしゅう》はやめよう。
準2級

40 却 *キャク

ふしづくり 7画

意味 ①退《しりぞ》く。②退《しりぞ》ける。③取《と》り去《さ》る。

言葉 ①退却《たいきゃく》 ②却下《きゃっか》 ③焼却《しょうきゃく》

使い方 借《か》りていた本《ほん》を返却《へんきゃく》する。

4級

40 閥 *バツ

もんがまえ 14画

意味 ①家柄《いえがら》。②共通点《きょうつうてん》のある人《ひと》たちのつながり。

言葉 ①門閥《もんばつ》 ②学閥《がくばつ》・財閥《ざいばつ》

使い方 派閥《はばつ》を作《つく》って争《あらそ》うことはよくない。

準2級

40 賠 *バイ

かいへん 15画

意味 償《つぐな》う。人《ひと》に与《あた》えた損害《そんがい》の埋《う》め合《あ》わせをする。

言葉 賠償《ばいしょう》

使い方 損害《そんがい》を賠償《ばいしょう》する。

準2級

40 轄 *カツ

くるまへん 17画

意味 取《と》り締《し》まる。

言葉 管轄《かんかつ》・所轄《しょかつ》・統轄《とうかつ》

使い方 盗難《とうなん》に遭《あ》い、所轄《しょかつ》の警察署《けいさつしょ》に届《とど》け出《で》る。

準2級

40 騰 *トウ

うま 20画

意味 高《たか》くなる。上《あ》がる。のぼる。

言葉 騰貴《とうき》・高騰《こうとう》・沸騰《ふっとう》

使い方 米《こめ》の価格《かかく》が高騰《こうとう》する。

準2級

40 幽 *ユウ

よう 9画

意味 ①暗《くら》い。かすか。②隠《かく》す。③あの世《よ》。

言葉 ①幽玄《ゆうげん》・幽谷《ゆうこく》 ②幽閉《ゆうへい》 ③幽霊《ゆうれい》

使い方 幽霊《ゆうれい》の出《で》てくる物語《ものがたり》。

3級

40 胎 *タイ

にくづき 9画

意味 ①子供《こども》が宿《やど》る。また、その子供《こども》。②子供《こども》の宿《やど》る所《ところ》。

言葉 ①受胎《じゅたい》・胎児《たいじ》 ②母胎《ぼたい》・胎内《たいない》

使い方 母親《ははおや》の胎内《たいない》で新《あら》たな命《いのち》が育《そだ》つ。

3級

新出音訓

40 酌 *シャク (くむ)

ひよみのとり 10画

意味 ①くむ。酒《さけ》をつぐ。②人《ひと》の気持《きも》ちをくみとる。

言葉 ①独酌《どくしゃく》・晩酌《ばんしゃく》 ②酌量《しゃくりょう》

使い方 情状《じょうじょう》を酌量《しゃくりょう》して刑《けい》を軽《かる》くする。

準2級

40 沙 *サ

さんずい 7画

意味 ①すな。②よいものと悪《わる》いものをより分《わ》ける。

言葉 ①白沙《はくしゃ》 ②沙汰《さた》

使い方 長《なが》い間《あいだ》、友人《ゆうじん》から音沙汰《おとさた》がない。

2級

40 汰 *タ

さんずい 7画

意味 よいものと悪《わる》いものをより分《わ》ける。

言葉 淘汰《とうた》・沙汰《さた》

使い方 自然淘汰《しぜんとうた》は生物《せいぶつ》が進化《しんか》する要因《よういん》の一《ひと》つだ。

2級

40 漏 *ロウ もる もれる もらす

さんずい 14画

意味 もれる。水《みず》や光《ひかり》などがもれる。もらす。

言葉 雨漏《あまも》り・漏水《ろうすい》・漏電《ろうでん》

使い方 火事《かじ》の原因《げんいん》は漏電《ろうでん》だ。

3級

40 溝 *コウ みぞ

さんずい 13画

意味 みぞ。細長《ほそなが》く掘《ほ》った水路《すいろ》。

言葉 海溝《かいこう》・下水溝《げすいこう》・側溝《そっこう》

使い方 排水溝《はいすいこう》の掃除《そうじ》をする。

準2級

40 洪 *コウ

さんずい 9画

意味 おおみず。

言葉 洪水《こうずい》

使い方 台風《たいふう》の影響《えいきょう》で洪水《こうずい》が発生《はっせい》する。

準2級

39 峡谷（キョウコク）

39 干潟（ひがた）

39	40	40
反物（タンもの）	損ねる（そこねる）	公（おおやけ）
40	**40**	**40**
研ぐ（とぐ）	己（おのれ）	初める（そめる）

ここがポイント！

教科書《きょうかしょ》の「練習問題《れんしゅうもんだい》」の答《こた》えと考《かんが》え方《かた》

教科書 39ページ

1

次《つぎ》の――線部《せんぶ》の熟語《じゅくご》を読《よ》もう。そのうち、重箱読《じゅうばこよ》み・湯桶読《ゆとうよ》みの熟語《じゅくご》を選《えら》ぼう。

①峡谷を探検《たんけん》する。
②干潟にすむ生物《せいぶつ》。
③喪中のはがき。
④藍色《あいいろ》の反物を贈《おく》る。
⑤川《かわ》の浅瀬を渡《わた》る。
⑥錦絵の展覧会《てんらんかい》。
⑦まっすぐで純粋な瞳《ひとみ》。
⑧国王《こくおう》に謁見する。
⑨繭玉を飾《かざ》り付《つ》ける。
⑩錠前を取《と》り付《つ》ける。
⑪患者《かんじゃ》を治療する。
⑫碁石を片《かた》づける。

答え

①きょうこく　②ひがた　③もちゅう　④たんもの　⑤あさせ
⑥にしきえ　⑦じゅんすい　⑧えっけん　⑨まゆだま
⑩じょうまえ　⑪ちりょう　⑫ごいし
重箱読《じゅうばこよ》み…④⑩⑫　湯桶読《ゆとうよ》み…③⑥

考え方

熟語《じゅくご》の読《よ》み方《かた》は、上《うえ》の漢字《かんじ》を音読《おんよ》みにすると下《した》の漢字《かんじ》も音読《おんよ》み、上《うえ》の漢字《かんじ》を訓読《くんよ》みにすると下《した》の漢字《かんじ》も訓読《くんよ》みにすることが多《おお》い。ただし、音訓《おんくん》の組《く》み合《あ》わせで読《よ》む熟語《じゅくご》もあり、上《うえ》の漢字《かんじ》を音《おん》、下《した》の漢《かん》字《じ》を訓《くん》で読《よ》む読《よ》み方《かた》を重箱読《じゅうばこよ》み、上《うえ》の漢字《かんじ》を訓《くん》、下《した》の漢字《かんじ》を音《おん》で読《よ》む読《よ》み方《かた》を湯桶読《ゆとうよ》みという。

●音《おん》と音《おん》
（例《れい》）価値（カ・チ）　習慣（シュウ・カン）
納品（ノウ・ヒン）　郵便（ユウ・ビン）
温泉（オン・セン）　創造（ソウ・ゾウ）

●訓《くん》と訓《くん》
（例《れい》）巻物（まき・もの）　背中（せ・なか）
針金（はり・がね）　窓口（まど・ぐち）
苦手（にが・て）　絹糸（きぬ・いと）

●重箱読《じゅうばこよ》み（音《おん》と訓《くん》）
（例《れい》）客間（キャク・ま）　番組（バン・ぐみ）
味方（ミ・かた）　毎朝（マイ・あさ）

団子（ダン・ご）　茶色（チャ・いろ）

●湯桶読《ゆとうよ》み（訓《くん》と音《おん》）

（例《れい》）身分（み・ブン）　合図（あい・ズ）

消印（けし・イン）　雨具（あま・グ）

手帳（て・チョウ）　弱気（よわ・キ）

◆音読《おんよ》みと訓読《くんよ》みの間違《まちが》えやすい漢字《かんじ》を使《つか》った熟語《じゅくご》

駅舎（エキ・シャ）→音《おん》・音《おん》　音色（ね・いろ）→訓《くん》・訓《くん》

家主（や・ぬし）→訓《くん》・訓《くん》　直線（チョク・セン）→音《おん》・音《おん》

衣服（イ・フク）→音《おん》・音《おん》

2

次《つぎ》のアは音《おん》で、イは熟字訓《じゅくじくん》で読《よ》もう。

①ア 甲乙　イ 乙女　②ア 崩壊　イ 雪崩

③ア 冶金　イ 鍛冶　④ア 硫酸　イ 硫黄

答え

①**ア**こうおつ　**イ**おとめ　②**ア**ほうかい　**イ**なだれ

③**ア**やきん　**イ**かじ　④**ア**りゅうさん　**イ**いおう

考え方

・熟字訓《じゅくじくん》

二字《にじ》以上《いじょう》の漢字《かんじ》から成《な》り、漢字一字《かんじいちじ》ごとに読《よ》むのではなく、全体《ぜんたい》をまとめて読《よ》む読《よ》み方《かた》。

（例《れい》）大人（おとな）　足袋（たび）　七夕（たなばた）

息子（むすこ）　真面目（まじめ）　友達（ともだち）

●別《べつ》の読《よ》み方《かた》が可能《かのう》な熟字訓《じゅくじくん》

（例《れい》）今日（コン・ニチ／きょう）

紅葉（コウ・ヨウ／もみじ）

梅雨（バイ・ウ／つゆ）

五月（ゴ・ガツ／さつき）

「漢字《かんじ》に親《した》しもう1」の答《こた》え

〈新《あたら》しく習《なら》う漢字《かんじ》〉

1 ①ほうしゅう　②きゃっか　③はばつ　④ばいしょうきん

⑤かんかつ　⑥こうとう

2 ①満帆・じゅんぷうまんぱん

②酌量・じょうじょうしゃくりょう

③幽谷・しんざんゆうこく　④奪胎・かんこつだったい

3 ①さた　②ろうでん　③そっこう　④こうずい

〈新《あたら》しく習《なら》う音訓《おんくん》〉

4 ①と　②そこ　③おのれ

④おおやけ　⑤そ

2

視野《しや》を広《ひろ》げて

作《つく》られた「物語《ものがたり》」を超《こ》えて

山極寿一《やまぎわじゅいち》

教科書 42〜49ページ

およその内容

人間《にんげん》に都合《つごう》がいいように、動物《どうぶつ》の行動《こうどう》を解釈《かいしゃく》して作《つく》った「物語《ものがたり》」は、動物《どうぶつ》たちに大《おお》きな悲劇《ひげき》をもたらすことがある。

筆者《ひっしゃ》が研究《けんきゅう》しているゴリラはその格好《かっこう》の例《れい》である。ゴリラのドラミングには、いろいろな意味《いみ》がある。それなのに、人間《にんげん》はドラミングを戦《たたか》いの宣言《せんげん》と誤解《ごかい》して、「ゴリラは好戦的《こうせんてき》で凶暴《きょうぼう》な動物《どうぶつ》だ」という「物語《ものがたり》」を作《つく》り出《だ》し、ゴリラを悲惨《ひさん》な運命《うんめい》へ追《お》いやった。

ドラミングに対《たい》する誤解《ごかい》が広《ひろ》まったのは、人間《にんげん》がある印象《いんしょう》を基《もと》に「物語《ものがたり》」を作《つく》り、それを仲間《なかま》に伝《つた》えたがる性質《せいしつ》をもっているからだ。人間《にんげん》の発明《はつめい》した言葉《ことば》は、人間《にんげん》が飛躍的《ひやくてき》に発展《はってん》する道《みち》を開《ひら》いた一方《いっぽう》で、誤解《ごかい》に基《もと》づく「物語《ものがたり》」も作《つく》りあげた。こうした「物語《ものがたり》」は、人間《にんげん》の社会《しゃかい》にも争《あらそ》いや衝突《しょうとつ》などの悲劇《ひげき》をもたらす。

「物語《ものがたり》」の誤解《ごかい》を解《と》くためには、自分勝手《じぶんかって》な独《ひと》りよがりな解釈《かいしゃく》を避《さ》けて常識《じょうしき》を疑《うたが》うことや、自分《じぶん》を相手《あいて》の立場《たちば》に置《お》き換《か》えて考《かんが》えてみる視点《してん》が重要《じゅうよう》である。作《つく》られた「物語《ものがたり》」の向《む》こうにある真実《しんじつ》を知《し》ろうとすることが、新《あたら》しい世界《せかい》と出会《であ》うための鍵《かぎ》なのである。

構成

1. 人間《にんげん》に都合《つごう》のいい解釈《かいしゃく》が「物語《ものがたり》」を作《つく》る（初《はじ》め〜P42・5）
   人間《にんげん》の作《つく》った「物語《ものがたり》」が、動物《どうぶつ》たちに悲劇《ひげき》をもたらすことがある。

2. 作《つく》られた「物語《ものがたり》」がもたらす悲劇《ひげき》（P42・6〜P45・8）
   「物語《ものがたり》」によって悲惨《ひさん》な運命《うんめい》をたどったゴリラの例《れい》。

3. 人間《にんげん》のもっている性質《せいしつ》と言葉《ことば》の功罪《こうざい》（P45・9〜P46・16）
   誤解《ごかい》に基《もと》づく「物語《ものがたり》」は、人間社会《にんげんしゃかい》にも悲劇《ひげき》をもたらす。

4. 筆者《ひっしゃ》の主張《しゅちょう》（「物語《ものがたり》」の誤解《ごかい》を解《と》く）（P46・17〜終《お》わり）
   新《あたら》しい世界《せかい》と出会《であ》うために必要《ひつよう》な態度《たいど》。

漢字のチェック

新出漢字

*はここに出《で》てきた読《よ》み。

---

42 **凶** *キョウ

かんにょう　4画

意味　①作物《さくもつ》の出来《でき》が悪《わる》い。②運《うん》が悪《わる》い。

言葉　①凶作《きょうさく》　②吉凶《きっきょう》

使い方　凶悪犯《きょうあくはん》が捕《つか》まる。

4級

---

42 **銃** *ジュウ

かねへん　14画

意味　鉄砲《てっぽう》。

言葉　銃口《じゅうこう》・猟銃《りょうじゅう》・銃声《じゅうせい》

使い方　猟銃《りょうじゅう》を構《かま》える。

準2級

---

43 **壮** *ソウ

さむらい　6画

意味　①働《はたら》きざかりの男子《だんし》。②体力《たいりょく》がある。③立派《りっぱ》で大《おお》きい。

言葉　①壮年《そうねん》　②壮快《そうかい》・壮健《そうけん》　③壮観《そうかん》・壮大《そうだい》

使い方　壮大《そうだい》な自然《しぜん》に圧倒《あっとう》される。

準2級

---

45 **惨** *サン （ザン） （みじめ）

りっしんべん　11画

意味　みじめ。いたましい。むごい。

言葉　惨事《さんじ》・悲惨《ひさん》

使い方　悲惨《ひさん》な体験《たいけん》をする。

4級

---

45 **欧** *オウ

あくび　8画

意味　ヨーロッパのこと。

言葉　欧米《おうべい》・欧風《おうふう》・欧州《おうしゅう》・渡欧《とおう》・北欧《ほくおう》

使い方　欧風《おうふう》の家具《かぐ》を買《か》う。

3級

---

45 **鎖** *サ　くさり

かねへん　18画

意味　①くさり。②閉《と》ざす。閉《と》じる。

言葉　①鉄鎖《てっさ》・連鎖《れんさ》　②鎖国《さこく》・封鎖《ふうさ》・閉鎖《へいさ》

使い方　門《もん》を閉鎖《へいさ》する。

4級

新出音訓

45 **誇** *コ　ほこる

ごんべん　13画

意味　ほこる。おおげさに言《い》う。自慢《じまん》する。

言葉　誇示《こじ》・誇大《こだい》・誇張《こちょう》

使い方　誇大《こだい》な広告《こうこく》にだまされてはいけない。

4級

---

46 **紛** *フン　まぎれる　まぎらす　まぎらわす　まぎらわしい

いとへん　10画

意味　①乱《みだ》れる。②まぎれる。

言葉　①紛糾《ふんきゅう》・紛争《ふんそう》・内紛《ないふん》　②紛失《ふんしつ》

使い方　大切《たいせつ》な書類《しょるい》を紛失《ふんしつ》した。

3級

---

46 **巡** ジュン　*めぐる

かわ　6画

意味　めぐる。ぐるっと回《まわ》る。

言葉　巡回《じゅんかい》・巡業《じゅんぎょう》・巡礼《じゅんれい》・一巡《いちじゅん》

使い方　校内《こうない》を巡回《じゅんかい》する。

4級

---

47 行き交う（いきかう）

重要語句のチェック

*はここでの意味《いみ》。

43ページ

権化《ごんげ》　①仏《ほとけ》や菩薩《ぼさつ》などが人々《ひとびと》を救《すく》うために仮《かり》の姿《すがた》をとってこの世《よ》に現《あらわ》れたもの。*②性質《せいしつ》・観念《かんねん》などが具体的《ぐたいてき》な姿《すがた》をとって現《あらわ》れたかのように思《おも》える人《ひと》やもの。文 あの人《ひと》は知恵《ちえ》の**権化《ごんげ》**と言《い》われている。

勇壮《ゆうそう》　勇《いさ》ましく意気《いき》さかんなこと。その様子《ようす》。文 **勇壮**《ゆうそう》な曲《きょく》に合《あ》わせて行進《こうしん》する。

45ページ

蓄積《ちくせき》　たくさん蓄《たくわ》えること。たまること。文 週末《しゅうまつ》になると体《からだ》に疲《ひ》労《ろう》が**蓄積**《ちくせき》している。

脚色《きゃくしょく》　①小説《しょうせつ》や事件《じけん》などを舞台《ぶたい》や映画《えいが》で上演《じょうえん》できるように脚本《きゃくほん》にすること。文 自伝《じでん》を**脚色**《きゃくしょく》したテレビドラマを放映《ほうえい》する。＊②事実《じじつ》をおもしろく伝《つた》えるために粉飾《ふんしょく》を加《くわ》えること。文 うわさ話《ばなし》を**脚色**《きゃくしょく》して伝《つた》える。

46ページ

増幅《ぞうふく》　①波動《はどう》や振動《しんどう》の振《ふ》り幅《はば》を大《おお》きくすること。文 エネルギーを**増幅**《ぞうふく》させる。＊②物事《ものごと》の程度《ていど》や範囲《はんい》を大《おお》きくすること。文 若者《わかもの》の政治《せいじ》不信《ふしん》が**増幅**《ぞうふく》する。

排除《はいじょ》　押《お》しのけてそこから除《のぞ》くこと。文 邪魔者《じゃまもの》を**排除**《はいじょ》する。

47ページ

鍵《かぎ》　①戸《と》や箱《はこ》を開閉《かいへい》するための器具《きぐ》。文 扉《とびら》に**鍵**《かぎ》をかける。②錠《じょう》。文 **鍵**《かぎ》を使《つか》って家《いえ》に入《はい》る。＊③物事《ものごと》を解決《かいけつ》したり、理解《りかい》するのに最《もっと》も大切《たいせつ》な事柄《ことがら》。文 事件解決《じけんかいけつ》の**鍵**《かぎ》を握《にぎ》っている人物《じんぶつ》。

ここがポイント！

教科書《きょうかしょ》の「学習《がくしゅう》」の答《こた》えと考《かん》え方《かた》

教科書 48〜49ページ

捉《とら》える 1　筆者《ひっしゃ》の問題意識《もんだいいしき》を捉《とら》えよう。

① この文章《ぶんしょう》では、「物語《ものがたり》」という言葉《ことば》を、どのような意味《いみ》で用《もち》いているだろうか。文脈《ぶんみゃく》に即《そく》して読《よ》み取《と》ろう。

答えの例

人間《にんげん》の印象《いんしょう》を基《もと》に作《つく》られた誤解《ごかい》や常識《じょうしき》。

考え方

「物語《ものがたり》」という言葉《ことば》は、P42・4に初《はじ》めて出《で》てきている。「いわば」と言《い》い換《か》えの言葉《ことば》を用《もち》いているので、それ以前《いぜん》の部分《ぶぶん》を読《よ》んでみると、野生動物《やせいどうぶつ》の行動《こうどう》に対《たい》する「誤解《ごかい》」の具体的《ぐたいてき》な例《れい》が挙《あ》げられている。ここから、「物語《ものがたり》」が、人間《にんげん》が作《つく》り出《だ》した「誤解《ごかい》」であることがわかるだろう。

② 次《つぎ》の点《てん》について、筆者《ひっしゃ》の説明《せつめい》の要旨《ようし》を捉《とら》えよう。

● ゴリラについて作《つく》られた「物語《ものがたり》」とは、どんなものか。また、それは、どのような経緯《けいい》で作《つく》られたのか。

答えの例

・物語《ものがたり》
「ゴリラは好戦的《こうせんてき》で凶暴《きょうぼう》な動物《どうぶつ》だ」
・経緯《けいい》
ゴリラに出《で》くわしたヨーロッパの探検家《たんけんか》たちが、ドラミングを戦《たたか》いの宣言《せんげん》と解釈《かいしゃく》し、その後《ご》、ゴリラをモデルに作《つく》られた映画《えいが》によって、「ゴリラは好戦的《こうせんてき》で凶暴《きょうぼう》な動物《どうぶつ》だ」という誤解《ごかい》が世界中《せかいじゅう》に広《ひろ》まった。

考え方

ゴリラの話《はなし》はＰ42・6〜Ｐ43・3にまとめられている。

●ゴリラの観察《かんさつ》を通《とお》して、どんなことがわかったか。

答えの例

ゴリラは暴力的《ぼうりょくてき》で恐《おそ》ろしい動物《どうぶつ》であるというイメージは、大《おお》きな間違《まちが》いであること。

考え方

第三段落《だいさんだんらく》に「ゴリラの群《む》れの中《なか》に入《はい》ってじっくり観察《かんさつ》できるようになると、このイメージ（＝ゴリラは暴力的《ぼうりょくてき》で恐《おそ》ろしい動物《どうぶつ》であるというイメージ）は人間《にんげん》によって作《つく》られたもの（＝「物語《ものがたり》」）で、大《おお》きな間違《まちが》いであることがわかってきた。」と述《の》べられている。

読《よ》み深《ふか》める ② 筆者《ひっしゃ》の主張《しゅちょう》と論理《ろんり》の展開《てんかい》を捉《とら》えよう。

① 筆者《ひっしゃ》は、ゴリラなど野生動物《やせいどうぶつ》の事例《じれい》から、人間《にんげん》に共通《きょうつう》するどんな性質《せいしつ》を導《みちび》き出《だ》したか。また、その性質《せいしつ》は、人間《にんげん》の社会《しゃかい》にどんな状況《じょうきょう》をもたらすと考《かんが》えているか。

答えの例

・人間《にんげん》に共通《きょうつう》する性質《せいしつ》
ある印象《いんしょう》を基《もと》に「物語《ものがたり》」を作《つく》り、それを仲間《なかま》に伝《つた》えたがるという性質《せいしつ》。
・社会《しゃかい》にもたらす状況《じょうきょう》
誤解《ごかい》に基《もと》づく「物語《ものがたり》」を独《ひと》り歩《ある》きさせてしまい、このことが敵対《てきたい》意識《いしき》や紛争《ふんそう》を引《ひ》き起《お》こしている。

考え方

人間一般《にんげんいっぱん》の性質《せいしつ》については、「人間《にんげん》がある印象《いんしょう》を基《もと》に『物語《ものがたり》』を作《つく》り、それを仲間《なかま》に伝《つた》えたがる性質《せいしつ》をもっている」（Ｐ45・9）とある。本文《ほんもん》には、まず、言葉《ことば》の功績《こうせき》について「人間《にんげん》が飛躍的《ひやくてき》に発展《はってん》する道《みち》を開《ひら》いた。」（Ｐ45・15）と述《の》べられている。だが、筆者《ひっしゃ》がそれに続《つづ》いて説明《せつめい》しているのは、言葉《ことば》のもつ負《ふ》の部分《ぶぶん》である。言葉《ことば》は誤解《ごかい》に基《もと》づいた「物語《ものがたり》」を作《つく》り出《だ》すことがある。誤解《ごかい》が修復《しゅうふく》されないまま「独《ひと》り歩《ある》き」をした「物語《ものがたり》」は、ゴリラだけではなく、人間《にんげん》社会《しゃかい》にも敵対意識《てきたいいしき》や紛争《ふんそう》といった悲劇《ひげき》を招《まね》いたのだ。

設問《せつもん》に「その性質《せいしつ》は、人間《にんげん》の社会《しゃかい》にどんな状況《じょうきょう》をもたらすと考《かんが》えているか。」とあるが、「その性質《せいしつ》」と、人間社会《にんげんしゃかい》における争《あらそ》いや衝《しょう》突《とつ》は直接関連《ちょくせつかんれん》づけられるものではない。言葉《ことば》の発明《はつめい》は、社会《しゃかい》の発展《はってん》を促《うなが》した一方《いっぽう》で、誤解《ごかい》に満《み》ちた「物語《ものがたり》」を作《つく》り出《だ》すことになった。その作《つく》り出《だ》された「物語《ものがたり》」が、敵対意識《てきたいいしき》や紛争《ふんそう》を招《まね》いたのである。

言葉《ことば》の発明《はつめい》→人間《にんげん》のある性質《せいしつ》→誤解《ごかい》に基《もと》づいた「物語《ものがたり》」→人間社会《にんげんしゃかい》の悲劇《ひげき》、とまとめることができるよ。

② 筆者《ひっしゃ》は、作《つく》られた「物語《ものがたり》」を超《こ》えて真実《しんじつ》を知《し》るためには、どうすべきだと主張《しゅちょう》しているか。要約《ようやく》しよう。

答えの例

人《ひと》から伝《つた》え聞《き》いた「物語《ものがたり》」が、自分勝手《じぶんかって》な独《ひと》りよがりな解釈《かいしゃく》から生《う》まれたものではないかと常識《じょうしき》を疑《うたが》い、自分《じぶん》を相手《あいて》の立場《たちば》に置《お》き換《か》えて考《かんが》えてみるべきだ。

考え方

教科書本文《きょうかしょほんもん》のP46・10～終《お》わりまでの内容《ないよう》をまとめればよい。ここでは、「その誤解《ごかい》を解《と》くためには……必要《ひつよう》である。」（P46・11）「人《ひと》から伝《つた》え聞《き》いた『物語《ものがたり》』と……必要《ひつよう》となる。」（P46・12）「『物語《ものがたり》』によって作《つく》られた常識《じょうしき》の陰《かげ》に……大切《たいせつ》だと思《おも》う。」（P46・14）「体《からだ》の仕組《しく》みや……必要《ひつよう》になる。」（P46・19）「同《おな》じように、……必《ひつ》要《よう》であろう。」（P46・20）などのように、何度《なんど》も同《おな》じような表現《ひょうげん》が用《もち》いられている。また、「だからこそ」（P47・10）「何《なに》より」（P47・12）のように強調表現《きょうちょうひょうげん》を用《もち》いている文章《ぶんしょう》には、筆者《ひっしゃ》の主張《しゅちょう》が表《あらわ》れていることが多《おお》いので着目《ちゃくもく》する必要《ひつよう》がある。

繰《く》り返《かえ》し使用《しよう》されている語句《ごく》や強調《きょうちょう》されている表現《ひょうげん》に着目《ちゃくもく》しよう。

③ ①②を踏《ふ》まえ、ゴリラなど野生動物《やせいどうぶつ》の事例《じれい》から、筆者《ひっしゃ》の主張《しゅちょう》に至《いた》る論理《ろんり》の展開《てんかい》を説明《せつめい》しよう。

答えの例

まず、導入部《どうにゅうぶ》で「物語《ものがたり》」というキーワードを出《だ》して本論《ほんろん》の方向性《ほうこうせい》を示《しめ》し、次《つぎ》にゴリラを例《れい》に挙《あ》げながら、「物語《ものがたり》」の正当性《せいとうせい》を検証《けんしょう》、否定《ひてい》した。さらに、ゴリラのドラミングに対《たい》する誤解《ごかい》（「物語《ものがたり》」）が広《ひろ》まったのは人間《にんげん》の性質《せいしつ》によるとして、論《ろん》を展開《てんかい》させ、最後《さいご》に悲劇《ひげき》を回避《かいひ》するために人間《にんげん》が取《と》るべき態度《たいど》を主張《しゅちょう》として導《みちび》き出《だ》している。

考え方

本文《ほんもん》は次《つぎ》のような構成《こうせい》になっていることを確認《かくにん》しよう。

＊[1]～[4]は意味段落《いみだんらく》の番号《ばんごう》

[1] 初《はじ》め～「……ことがある。」（P42・5）

2
↓ 序論《じょろん》・導入《どうにゅう》
「私《わたし》が研究《けんきゅう》している……」（P42・6）〜
「……話《はなし》である。」（P45・8）
↓ 本論《ほんろん》①・ゴリラの例《れい》

3
「ゴリラのドラミングに対《たい》する誤解《ごかい》が……」（P45・9）〜
「……大切《たいせつ》だと思《おも》う。」（P46・16）
↓ 本論《ほんろん》②・人間全体《にんげんぜんたい》への一般《いっぱん》化《か》

4
「ドラミングが戦《たたか》いの……」（P46・17）〜終《お》わり
↓ 結論《けつろん》・主張《しゅちょう》

考《かんが》えをもつ ❸ 筆者《ひっしゃ》の主張《しゅちょう》と論理《ろんり》の展開《てんかい》を評価《ひょうか》しよう。

① 自分《じぶん》の体験《たいけん》や見聞《みき》きした事例《じれい》を根拠《こんきょ》にして、筆者《ひっしゃ》の主張《しゅちょう》に共感《きょうかん》できるか否《いな》かをグループで話《はな》し合《あ》おう。

答えの例

私《わたし》は筆者《ひっしゃ》の主張《しゅちょう》に共感《きょうかん》する。私《わたし》も筆者《ひっしゃ》と同様《どうよう》に動物《どうぶつ》に関心《かんしん》があるので、その生態《せいたい》を知《し》ることを通《とお》してこれまで常識《じょうしき》として捉《とら》えていたこととは異《こと》なる「新《あたら》しい世界《せかい》」に出会《であ》っていきたい。先日《せんじつ》、ハイエナの生活《せいかつ》を紹介《しょうかい》しているテレビ番組《ばんぐみ》を見《み》た。それまで私《わたし》は、ハイエナを、他《ほか》の肉食動物《にくしょくどうぶつ》の捕《と》らえた獲物《えもの》を横取《よこど》りしたり、死肉《しにく》をあさったりする動物《どうぶつ》だと思《おも》い込《こ》んでいたので、彼《かれ》らに対《たい》して、ずる賢《がしこ》いイメージをもっていた。だが、実際《じっさい》には六割以上《ろくわりいじょう》の食物《しょくもつ》を自力《じりき》で入手《にゅうしゅ》しているということを知《し》って驚《おどろ》いた。対象物《たいしょうぶつ》をよく観察《かんさつ》し、研究《けんきゅう》することで、自分《じぶん》が抱《いだ》いていたイメージがくつがえされることはたくさんあると思《おも》う。これからは、自分《じぶん》が勝手《かって》に常識《じょうしき》としていたことを疑《うたが》い、常《つね》に検証《けんしょう》することを心《こころ》がけていきたい。

考え方

筆者《ひっしゃ》のいう「新《あたら》しい世界《せかい》」とは、「『物語《ものがたり》』の誤解《ごかい》を超《こ》えた先《さき》」（P46・17）にある、自分《じぶん》にとって「新《あたら》しい価値《かち》をもつ豊《ゆた》かな世界《せかい》」（P46・18）のことである。つまり、従来《じゅうらい》、常識《じょうしき》として考《かんが》えられていたものごとを疑《うたが》い、対象物《たいしょうぶつ》をよく観察《かんさつ》すること、あるいは、なぜそれに関《かん》する「物語《ものがたり》」や常識《じょうしき》が作《つく》られたのかを深《ふか》く考《かんが》え検証《けんしょう》することで、違《ちが》った価値《かち》を軸《じく》とする世界《せかい》が見《み》えてくるというのである。

② 次《つぎ》のような観点《かんてん》で、筆者《ひっしゃ》の論理《ろんり》の展開《てんかい》を評価《ひょうか》し、根拠《こんきょ》を明確《めいかく》にしながら、考《かんが》えたことを文章《ぶんしょう》にまとめよう。
● 主張《しゅちょう》に至《いた》る論理《ろんり》の展開《てんかい》は、わかりやすく適切《てきせつ》か。
● 読《よ》み手《て》の共感《きょうかん》を得《え》るのに有効《ゆうこう》か。

答えの例

② **読《よ》み深《ふか》める❷-③**で見《み》たように、本文《ほんもん》は、序論《じょろん》・本論《ほんろん》①・本論《ほんろん》②・結論《けつろん》という構成《こうせい》になっていて、筆者《ひっしゃ》の主張《しゅちょう》に至《いた》るまでの展開《てんかい》がわかりやすい。

本論《ほんろん》①でゴリラの事例《じれい》を示《しめ》し、誤解《ごかい》によって作《つく》られた「物語《ものがたり》」が悲劇《ひげき》をもたらすことをわかりやすく説明《せつめい》している。この説明《せつめい》があるため、本論《ほんろん》②で、人間全体《にんげんぜんたい》の話《はなし》になったときに、理解《りかい》しやすくなると思《おも》った。

考え方

読《よ》み深《ふか》める❷-③の解説《かいせつ》から、筆者《ひっしゃ》の論理《ろんり》の展開《てんかい》のしかたをもう一度《いちど》確認《かくにん》してみよう。

言葉を広げる

● **一般《いっぱん》に「物語《ものがたり》」という言葉《ことば》は、どんな意味《いみ》や文脈《ぶんみゃく》で使《つか》われるだろう。新聞《しんぶん》や本《ほん》から探《さが》し、筆者《ひっしゃ》の使《つか》い方《かた》と比《くら》べよう。**

答えの例

私《わたし》たちは普段《ふだん》、小説《しょうせつ》や童話《どうわ》などのことを「物語《ものがたり》」と呼《よ》んでいる。この場合《ばあい》の「物語《ものがたり》」は、文学作品《ぶんがくさくひん》を指《さ》している。人間《にんげん》が作《つく》ったものという意味《いみ》では、本文《ほんもん》の「物語《ものがたり》」も同《おな》じである。だが、筆者《ひっしゃ》の言《い》う「物語《ものがたり》」とは、人間《にんげん》の印象《いんしょう》に基《もと》づく誤解《ごかい》や常識《じょうしき》のことを意味《いみ》している点《てん》が一般的《いっぱんてき》な使《つか》い方《かた》とは異《こと》なる。

考え方

一般的《いっぱんてき》に「物語《ものがたり》」と言《い》えば、ある作者《さくしゃ》が書《か》いた文学作品《ぶんがくさくひん》を指《さ》す。人間《にんげん》が作《つく》りあげたという点《てん》では、筆者《ひっしゃ》が使用《しよう》する「物語《ものがたり》」も同《おな》じである。ただ、「人間《にんげん》がある印象《いんしょう》を基《もと》に『物語《ものがたり》』を作《つく》り……。」（P45・9）とあることからもわかるように、筆者《ひっしゃ》の言《い》う「作《つく》られた『物語《ものがたり》』」とは、人間《にんげん》の印象《いんしょう》が基《もと》になっているものなので、作者《さくしゃ》が作《つく》ろうとして作《つく》った「物語《ものがたり》」とは違《ちが》う。だからこそ、誤解《ごかい》や常識《じょうしき》として、その「物語《ものがたり》」がまかり通《とお》ってきたのである。

振り返る

● **「物語《ものがたり》」を作《つく》り、伝《つた》えたがる人間《にんげん》の性質《せいしつ》を踏《ふ》まえて、自分《じぶん》が今後《こんご》、意識《いしき》していきたいと思《おも》うことを話《はな》し合《あ》おう。**

答えの例

自分《じぶん》が常識《じょうしき》だと思《おも》っていたものが作《つく》られた「物語《ものがたり》」であるかもしれないと疑《うたが》うことを意識《いしき》したい。

考え方

常識《じょうしき》と思《おも》われたものが、自分《じぶん》の都合《つごう》のよい解釈《かいしゃく》による「物語《ものがたり》」である可能性《かのうせい》に注意《ちゅうい》しなければならないのである。

● **論理《ろんり》の展開《てんかい》を評価《ひょうか》するときには、どんな点《てん》に着目《ちゃくもく》するとよいか、自分《じぶん》の言葉《ことば》でまとめよう。**

答えの例

筆者《ひっしゃ》の主張《しゅちょう》を導《みちび》くために、適切《てきせつ》な事例《じれい》が挙《あ》げられているか。

考え方

論理《ろんり》の展開《てんかい》を評価《ひょうか》するときは、筆者《ひっしゃ》の主張《しゅちょう》がどのように導《みちび》かれているかを捉《とら》える必要《ひつよう》がある。

テスト直前《ちょくぜん》にチェック!

作《つく》られた「物語《ものがたり》」を超《こ》えて

教科書 42~49ページ

ゴリラのドラミングに対する誤解が広まったのは、人間がある印象を基に「物語」を作り、それを仲間に伝えたがる性質をもっているからだ。いつの頃からか①人間は言葉を発明して、自分が体験したことを語ることができるようになった。そのおかげで、人間は多くの知識を共有できるようになった。自分が体験していない地震や火事の出来事を人から聞くことによって、適切な対処の方法を知ることができる。まだ見たことのない動物と出会ったらどうすればいいか、それを知っている人から学ぶことができる。言葉は人間の社会に知識を蓄積し、新しい技術や工夫をもたらして、人間が飛躍的に発展する道を開いた。しかし一方で、言葉には自分の体験を脚色したり誇張したりする力もある。実際には見ていないことを、あたかも体験したかのように語ることもできるのだ。それは人の口から口へ、またたくうちに広がっていく。最初の話が誤解によって作られていると、その間違いに気がつかないうちに、それが②社会の常識になってしまうことがよくあるのだ。

こうした誤解に基づく「物語」は、人間の社会にも悲劇をもたらす。何気ない行為が誤解され、それがうわさ話として人から人へ伝わるうちに誇張されて、周りに嫌われてしまうことがある。まだ、同じ言葉で話し合い、誤解を解くことができる間柄なら、③大きな悲劇に発展することを抑えることができる。だが、言葉や文化の違う民族の間では、誤解が修復されないまま「物語」が独り歩きをして敵対意識を増幅しかねない。私がゴリラの調査で足を踏み入れるルワンダやコンゴなどでも紛争が絶えず、肌で戦いを感じる機会が何度もあった。今でも世界各地で争いや衝突が絶えないのを感じる機会が何度もあった。

1 ――線①「人間は言葉を発明して」とありますが、言葉の発明は人間にどのようなことをもたらしたと筆者は述べていますか。次から一つ選び、記号に○を付けなさい。

ア 新しい技術や工夫と、飛躍的に文明が発展する道。

イ 敵対意識を増幅しかねない、誤解に基づく「物語」。

ウ 世界各地で、絶え間なく繰り広げられる争いや衝突。

エ 飛躍的に発展する道と、争いや衝突などの悲劇。

2 ――線②「社会の常識」とありますが、本文《ほんもん》中でこれと同じ意味で用いられている言葉を、十字で書き抜きなさい。(記号も含む)

3 ――線③「大きな悲劇」とはどのようなことですか。具体的な内容を解答欄に合うように本文《ほんもん》中から十五字で書き抜きなさい。

こと。

4 筆者は、世界各地で争いや衝突が絶えないのは、なぜだと考えていますか。連続した二文を探し、初めと終わりの五字を書き抜きなさい。(句読点も含む)

初め

終わり

解くコツ 句読点も一字として数えよう。

は、互いに相手を悪として自分たちに都合のよい「物語」を作りあげ、それを世代間で継承し、果てしない戦いの心を抱き続けるからだ。どちらの側にいる人間も、その「物語」を真に受け、反対側に立って自分たちを眺めてみることをしない。

アフリカの森で暮らすゴリラの調査を通じて、私は人間の、自然や動物、そして人間自身を見る目がいかに誤解に満ちているかを知ることができた。その誤解を解くためには、相手の立場に立って、一つ一つの行動にどんな意味があるかを考えることが必要である。人から伝え聞いた「物語」と実際に自分が向かい合っている現象とを照らし合わせ、これまでの常識を疑ってみる態度も必要となる。「物語」によって作られた常識の陰に、しいたげられている生き物や人間がいないか、意味を取り違えて排除していることがないか、思いを巡らすことが大切だと思う。

ドラミングが戦いの宣言だという「物語」の誤解を超えた先には、④「ゴリラが人間とは別の表現を用いて平和を保っている」という私にとって新しい価値をもつ豊かな世界が広がっていた。体の仕組みや能力の違う動物の視点に立つためには、その動物が暮らしている自然をよく知ることが必要になる。同じように、この地球に生きるさまざまな人々に起きている「物語」の真実を知るためには、その人々が暮らしている文化や社会をよく理解することが必要であろう。

話を作り、伝える能力は、言葉をもった人間に多くの仲間と交流できる世界をもたらした。そのおかげで、人間は見知らぬ人々と出会ってもすぐに受け入れることができるし、遠く離れた場所で起こった出来事をいっしょに喜び、悲しむこともできる。現代はさまざまな文化や社会で暮らす人々が国境を越えて行き交う時代である。だからこそ、自分勝手な独りよがりな解釈を避け、常識を疑うこと、何より自分を相手の立場に置き換えて考えてみる視点が重要である。作られた「物語」を超えて、その向こうにある真実を知ろうとすることが、⑤新しい世界と出会うための鍵なのだ。

山極寿一「作られた『物語』を超えて」（光村図書『国語三年』45〜47ページ）

5 ——線④「『ゴリラが人間とは別の表現を用いて平和を保っている』」とありますが、これを説明したものとして適切なものを次から一つ選び、記号に○を付けなさい。

ア ゴリラには言葉がないが、相手の立場を思いやれるということ。
イ ゴリラは、ドラミングで他のゴリラに意志を伝えるということ。
ウ ゴリラには言葉がないので、誤解することがないということ。
エ ゴリラと人間は、体の仕組みや能力が違う動物であること。

解くコツ 直前の「誤解」について考えよう。

6 ——線⑤「新しい世界と出会う」とありますが、これを説明したものとして適切なものを次の中から一つ選び、記号に○を付けなさい。

ア 自然や動物、そして人間自身を見る誤解に満ちた目を正すことで、客観的な真実が述べられた「物語」を作り出せる。
イ 人間が話を作り、伝える能力を正しく使い、真実を見る目を養えば、より多くの仲間と交流できる世界がもたらされる。
ウ これまでの常識を疑い、他者を思いやって、「物語」の真実を知ろうとすれば、新しい価値をもつ豊かな世界が広がる。
エ 自然をよく知ることや、人々が暮らしている文化や社会をよく理解することによって、争いや衝突のない世界が広がる。

解くコツ 言い換えられる言葉を探そう。

◀答えは165ページ

思考《しこう》のレッスン　具体化《ぐたいか》・抽象化《ちゅうしょうか》

教科書 50~51ページ

教科書の課題

問題《もんだい》1　山田《やまだ》さんは、犬《いぬ》と猫《ねこ》との違《ちが》いについて、自分《じぶん》の経験《けいけん》を基《もと》に三《みっ》つの具体例《ぐたいれい》を挙《あ》げた。①～③をまとめる文《ぶん》として、どんなものが考《かんが》えられるだろうか。

答えの例

このように、犬《いぬ》は相手《あいて》によって態度《たいど》を変《か》えたりしながらも、人《ひと》と共《とも》に生活《せいかつ》し、言《い》うことを聞《き》くのに対《たい》し、猫《ねこ》は誰《だれ》に対《たい》しても同《おな》じ態度《たいど》で、人《ひと》の行動《こうどう》に従《したが》うことはなく、自分《じぶん》の思《おも》うままに生活《せいかつ》している。

考え方

具体例《ぐたいれい》の内容《ないよう》をつかみ、抽象的《ちゅうしょうてき》な言葉《ことば》でまとめる。

犬《いぬ》については、「父《ちち》の言《い》うことなら……私《わたし》の言《い》うことは聞《き》かない」「誰《だれ》かが二階《にかい》に……ついてくる」「ボールを……取《と》りにいく」とあるので、「相手《あいて》によって態度《たいど》を変《か》えたりしながらも、人《ひと》と共《とも》に生活《せいかつ》し、言《い》うことを聞《き》く」などとまとめる。

猫《ねこ》については、「誰《だれ》に対《たい》しても同《おな》じ態度《たいど》」「好《す》きなときにしか……行《い》かない」「ボールを……無視《むし》する」から、「人《ひと》の行動《こうどう》に従《したが》うことはなく、自分《じぶん》の思《おも》うままに生活《せいかつ》している」などとまとめる。

問題《もんだい》2　次《つぎ》の言葉《ことば》の意味《いみ》を、「例《たと》えば」という言葉《ことば》を使《つか》って、具体例《ぐたいれい》を挙《あ》げながら説明《せつめい》してみよう。

答えの例

① 平和《へいわ》とは、他《ほか》のことを心配《しんぱい》しないで生活《せいかつ》していられることだ。例《たと》えば、毎日学校《まいにちがっこう》へ行《い》って勉強《べんきょう》や部活《ぶかつ》に打《う》ち込《こ》む生活《せいかつ》のことだ。

② 新鮮《しんせん》とは、爽《さわ》やかで澄《す》んでいることだ。例《たと》えば、雨上《あめあ》がりの晴《は》れた空《そら》を見上《みあ》げて吸《す》い込《こ》む空気《くうき》のことをいう。

③ 温和《おんわ》とは、おだやかで優《やさ》しくいられる性質《せいしつ》のことだ。例《たと》えば、いつもにこにこしていて、声《こえ》を荒《あら》げることのない母《はは》の性格《せいかく》を指《さ》す。

④ 圧倒《あっとう》されるとは、比《くら》べものにならないほど勝《まさ》ったものに接《せっ》して恐《おそ》れたり驚《おどろ》いたりすることだ。例《たと》えば、奈良《なら》の大仏《だいぶつ》の大《おお》きさに驚《おどろ》き、自分《じぶん》の小《ちい》ささを感《かん》じる様子《ようす》のことだ。

考え方

抽象的《ちゅうしょうてき》な言葉《ことば》を具体例《ぐたいれい》によって説明《せつめい》する。自分《じぶん》の体験《たいけん》したことや、言葉《ことば》の意味《いみ》によく合《あ》う事例《じれい》を思《おも》い浮《う》かべて書《か》くとよい。

視野《しや》を広《ひろ》げて

2 説得力《せっとくりょく》のある構成《こうせい》を考《かんが》えよう／漢字《かんじ》に親《した》しもう2

教科書 52~60ページ

漢字のチェック

新出漢字

＊はここに出《で》てきた読《よ》み。

60 某（＊ボウ）
き　9画
- 意味：人《ひと》・物《もの》・所《ところ》・時《とき》などがはっきりしないときに使《つか》う言葉《ことば》。
- 言葉：某国《ぼうこく》・某氏《ぼうし》・某日《ぼうじつ》・某所《ぼうしょ》
- 使い方：某国《ぼうこく》の要人《ようじん》が訪《おとず》れる。

3級

60 泡（＊ホウ・＊あわ）
さんずい　8画
- 意味：あわ。あぶく。
- 言葉：気泡《きほう》・水泡《すいほう》
- 使い方：飲《の》み物《もの》から気泡《きほう》が出《で》る。

準2級

60 睦（＊ボク）
めへん　13画
- 意味：仲《なか》が良《よ》い。仲《なか》良《よ》く寄《よ》り合《あ》う。
- 言葉：親睦《しんぼく》・和睦《わぼく》
- 使い方：親睦会《しんぼくかい》に出席《しゅっせき》する。

2級

60 僚（＊リョウ）
にんべん　14画
- 意味：①友達《ともだち》。仲間《なかま》。②役人《やくにん》。
- 言葉：①僚友《りょうゆう》・同僚《どうりょう》　②官僚《かんりょう》
- 使い方：新《あたら》しい内閣《ないかく》の閣僚《かくりょう》になる。

準2級

60 巾（＊キン）
はば　3画
- 意味：①布《ぬの》。②布《ぬの》で作《つく》った被《かぶ》り物《もの》。
- 言葉：①巾着袋《きんちゃくぶくろ》・雑巾《ぞうきん》　②頭巾《ずきん》
- 使い方：三角巾《さんかくきん》をつけて調理《ちょうり》実習《じっしゅう》をする。

2級

60 臭（＊シュウ・くさい・＊におう）
みずから　9画
- 意味：くさい。におう。いやなにおい。
- 言葉：臭気《しゅうき》・悪臭《あくしゅう》・消臭《しょうしゅう》
- 使い方：炭《すみ》の効果《こうか》で臭《にお》いを消《け》す。

準2級

60 槽（＊ソウ）
きへん　15画
- 意味：液体《えきたい》を入《い》れる器《うつわ》。
- 言葉：水槽《すいそう》・油槽船《ゆそうせん》
- 使い方：浴槽《よくそう》にゆったりと身《み》を沈《しず》める。

準2級

60 懇（＊コン・（ねんごろ））
こころ　17画
- 意味：真心《まごころ》がこもっている。親《した》しい。
- 言葉：懇意《こんい》・懇願《こんがん》・懇親《こんしん》・懇談《こんだん》
- 使い方：懇意《こんい》にしている友人《ゆうじん》。

準2級

60 徹（＊テツ）
ぎょうにんべん　15画
- 意味：やりとおす。
- 言葉：徹底《てってい》・徹夜《てつや》・一徹《いってつ》・貫徹《かんてつ》
- 使い方：品質《ひんしつ》管理《かんり》を徹底《てってい》する。

準2級

新出音訓

60
倹 ＊ケン
にんべん　10画
意味　むだを省《はぶ》く。つつましい。
言葉　倹約《けんやく》・勤倹《きんけん》
使い方　小遣《こづか》いを倹約《けんやく》する。
3級

60
舶 ＊ハク
ふねへん　11画
意味　海《うみ》を渡《わた》る大《おお》きな船《ふね》。
言葉　船来《はくらい》・船舶《せんぱく》
使い方　兄《あに》に舶来《はくらい》のネクタイを贈《おく》る。
準2級

60
偵 ＊テイ
にんべん　11画
意味　様子《ようす》を調《しら》べる。探《さぐ》る。
言葉　偵察《ていさつ》・探偵《たんてい》・密偵《みってい》
使い方　探偵《たんてい》に友人《ゆうじん》の調査《ちょうさ》を依頼《いらい》する。
準2級

60
僧 ＊ソウ
にんべん　13画
意味　お坊《ぼう》さん。
言葉　僧侶《そうりょ》・僧衣《そうい》・高僧《こうそう》・禅僧《ぜんそう》
使い方　僧侶《そうりょ》の生活《せいかつ》は厳《きび》しい。
4級

60
侶 ＊リョ
にんべん　9画
意味　いっしょに連《つ》れ立《だ》つ人《ひと》。
言葉　伴侶《はんりょ》・僧侶《そうりょ》
使い方　僧侶《そうりょ》としての厳《きび》しい修行《しゅぎょう》に耐《た》える。
2級

60
倣 ＊ホウ（ならう）
にんべん　10画
意味　ならう。まねをする。
言葉　模倣《もほう》
使い方　模倣《もほう》は創造《そうぞう》の母《はは》といわれる。
3級

60
発端（ホッタン）

60
宗家（ソウケ）

60
寿命（ジュミョウ）

60
実兄（ジッケイ）

60
石高（コクだか）

解説

スピーチでは、次《つぎ》のような観点《かんてん》に注意《ちゅうい》する。
・全体《ぜんたい》の構成《こうせい》
・聞《き》き手《て》の興味《きょうみ》を引《ひ》く導入《どうにゅう》
・聞《き》き手《て》に応《おう》じた内容《ないよう》や表現《ひょうげん》
・意見《いけん》や主張《しゅちょう》を明確《めいかく》に
・説得力《せっとくりょく》のある根拠《こんきょ》

「漢字《かんじ》に親《した》しもう2」の答《こた》え

〈新《あたら》しく習《なら》う漢字《かんじ》〉

1 ①ぼうしょ　②あわだつ　③しんぼく　④どうりょう　⑤ぞうきん　⑥におい

2 ①(ア)遭　(イ)槽　②(ア)懇　(イ)墾　③(ア)徹　(イ)撤　④(ア)倹　(イ)険　⑤(ア)伯　(イ)舶

3 ①たんてい　②そうりょ　③もほう　④しゅんびん

〈新《あたら》しく習《なら》う音訓《おんくん》〉

4 ①ほったん・はつげん　②そうけ・しゅうは　③じゅみょう・めいれい　④じっけい・きょうだい　⑤こくだか・ほうせき

文法《ぶんぽう》への扉《とびら》1 すいかは幾《いく》つ必要《ひつよう》？

教科書 61ページ (212~214ページ)

教科書の課題

「すいかと桃《もも》を三《みっ》つ買《か》ってきて。」と頼《たの》まれて、買《か》い物《もの》に出《で》かけた男《おとこ》の子《こ》。結果《けっか》は左《ひだり》の絵《え》のとおりであった。母親《ははおや》は、どのように伝《つた》えるべきだったのだろう。

答えの例

母親《ははおや》は、「すいかを一《ひと》つと、桃《もも》を三《みっ》つ買《か》ってきて。」と伝《つた》えるべきだった。

考え方

すいかを三《みっ》つも買《か》ってきてしまった息子《むすこ》に対《たい》して、母親《ははおや》は「すいかは一《ひと》つでよかったのに。」と反応《はんのう》している。このやりとりからは、

- 母親《ははおや》が求《もと》めていたのは、すいか一《ひと》つと桃《もも》三《みっ》つだった。
- 母親《ははおや》の言葉《ことば》は複数《ふくすう》の解釈《かいしゃく》ができ、すいかと桃《もも》の個数《こすう》が明確《めいかく》に伝《つた》わらなかった。
- 息子《むすこ》は、すいかも桃《もも》もそれぞれ三《みっ》つ買《か》ってくればいいと誤解《ごかい》した。

という事情《じじょう》がつかめる。

解説

文章《ぶんしょう》を書《か》く際《さい》は、次《つぎ》のような点《てん》に気《き》をつけよう。

①文節《ぶんせつ》・連文節《れんぶんせつ》の対応《たいおう》を意識《いしき》する。

文節《ぶんせつ》どうしが自然《しぜん》につながるかどうかを確認《かくにん》する。

②意味《いみ》のまとまりを明確《めいかく》にする。

文節《ぶんせつ》の関係《かんけい》は、読点《とうてん》を打《う》ったり、文節《ぶんせつ》の順序《じゅんじょ》を入《い》れ替《か》えたりするとわかりやすくなることがある。

(例《れい》)「すいかと桃《もも》を三《みっ》つ買《か》ってきて。」
→「すいかと、桃《もも》を三《みっ》つ買《か》ってきて。」
→「桃《もも》を三《みっ》つと、すいかを買《か》ってきて。」

③呼応《こおう》の副詞《ふくし》の使《つか》い方《かた》に注意《ちゅうい》する。

(例《れい》) ●まるで…ようだ。 ●たぶん…だろう。

情報《じょうほう》社会《しゃかい》を生《い》きる　実用的《じつようてき》な文章《ぶんしょう》を読《よ》もう／報道文《ほうどうぶん》を比較《ひかく》して読《よ》もう

教科書62~68ページ

漢字のチェック

＊はここに出《で》てきた読《よ》み。

新出漢字

64　**彰**　＊ショウ
さんづくり　14画
彰彰彰彰彰彰彰彰
意味　はっきりとあらわす。明《あき》らかにする。
言葉　表彰《ひょうしょう》・顕彰《けんしょう》
使い方　優勝《ゆうしょう》して表彰台《ひょうしょうだい》に登《のぼ》る。
準2級

65　**旬**　＊ジュン　シュン
ひ　6画
旬旬旬旬旬旬
意味　十日間《とおかかん》。
言葉　初旬《しょじゅん》・上旬《じょうじゅん》・中旬《ちゅうじゅん》・下旬《げじゅん》・旬刊《じゅんかん》・旬《しゅん》の魚《さかな》
使い方　運動会《うんどうかい》は来月上旬《らいげつじょうじゅん》に行《おこな》われる。
4級

65　**薦**　＊セン　すすめる
くさかんむり　16画
薦薦薦薦薦薦薦薦
意味　すすめる。
言葉　推薦《すいせん》・自薦《じせん》・他薦《たせん》
使い方　兄《あに》は生徒会《せいとかい》の会長《かいちょう》に推薦《すいせん》された。
準2級

66　**拘**　＊コウ
てへん　8画
拘拘拘拘拘拘拘拘
意味　①捕《と》らえる。②こだわる。
言葉　①拘束《こうそく》・拘留《こうりゅう》　②拘泥《こうでい》
使い方　容疑者《ようぎしゃ》の身柄《みがら》を拘束《こうそく》する。
3級

66　**遇**　＊グウ
しんにょう　12画
遇遇遇遇遇遇遇遇
意味　①あう。思《おも》いがけなく出《で》あう。②もてなす。
言葉　①奇遇《きぐう》・遭遇《そうぐう》　②処遇《しょぐう》・待遇《たいぐう》・冷遇《れいぐう》
使い方　経験者《けいけんしゃ》を優遇《ゆうぐう》する。
3級

新出音訓

67　**准**　＊ジュン
にすい　10画
准准准准准准准准
意味　①許可《きょか》する。②次《つぎ》の位《くらい》にある。
言葉　①批准《ひじゅん》　②准教授《じゅんきょうじゅ》
使い方　文学部《ぶんがくぶ》の准教授《じゅんきょうじゅ》に就任《しゅうにん》する。
準2級

67　**貢**　＊コウ　（ク）　（みつぐ）
かい　10画
貢貢貢貢貢貢貢貢
意味　みつぐ。お金《かね》や品物《しなもの》を差《さ》し出《だ》す。みつぎもの。
言葉　貢献《こうけん》・朝貢《ちょうこう》
使い方　世界平和《せかいへいわ》に貢献《こうけん》する。
準2級

67　**献**　＊ケン　コン
いぬ　13画
献献献献献献献献
意味　①ささげる。②書《か》きとどめたもの。③酒《さけ》と料理《りょうり》を勧《すす》める。
言葉　①貢献《こうけん》・献血《けんけつ》　②文献《ぶんけん》　③献立《こんだて》・一献《いっこん》
使い方　夕食《ゆうしょく》の献立《こんだて》を考《かんが》える。
準2級

68　**懐**　＊カイ　（ふところ）　（なつかしい）　（なつかしむ）　（なつく）　（なつける）
りっしんべん　16画
懐懐懐懐懐懐懐懐
意味　①心《こころ》にいだく。②なつかしむ。③ふところ。
言葉　①懐疑的《かいぎてき》・述懐《じゅっかい》　②懐古《かいこ》　③懐中《かいちゅう》
使い方　懐疑的《かいぎてき》な見解《けんかい》を述《の》べる。
準2級

68　**併**　＊ヘイ　あわせる
にんべん　8画
併併併併併併併併
意味　①あわせる。②並《なら》ぶ。並《なら》べる。
言葉　①併合《へいごう》・合併《がっぺい》　②併記《へいき》・併置《へいち》
使い方　病院《びょういん》に研究所《けんきゅうじょ》を併設《へいせつ》する。
準2級

64　多岐（タキ）

教科書の課題

◆実用的《じつようてき》な文章《ぶんしょう》を読《よ》もう

① 木村《きむら》さんは、小学三年生《しょうがくさんねんせい》の妹《いもうと》のみどりさんと、町《まち》の「鋳物《いもの》展《てん》」へ出《で》かけた。木村《きむら》さんには大人用《おとなよう》のパンフレット、みどりさんには子供用《こどもよう》のパンフレットが渡《わた》された。

▼子供用《こどもよう》のパンフレットでは、どんな工夫《くふう》がされているだろうか。

●大人用《おとなよう》

鋳物作り体験コーナー

12 日（土）午後 1 時～

文鎮を作ります。砂を使って鋳型を作り，錫の鋳込み作業を行います。

※ 材料費…800 円

※ 対象年齢…小学３年生から（中学生以上は一人で参加可。小学生は保護者の付き添いが必要。）※ 参加希望者は，11 時までに総合受付で予約をしてください。

●子供用《こどもよう》

いもの作《づく》りを体験《たいけん》しよう！

12日《にち》（土《ど》）午後《ごご》1時《じ》～

世界《せかい》に一《ひと》つだけの「ぶんちん」を作《つく》るよ。

※ かかるお金《かね》…800 円《えん》

※ 小学《しょうがく》３年生《ねんせい》から参加《さんか》できるよ。

※ 参加《さんか》したい人《ひと》は,おうちの人《ひと》といっしょに11時《じ》までに総合受付《そうごううけつけ》に来《き》てね。

答えの例

●難《むずか》しい言葉《ことば》を使《つか》わずに説明《せつめい》している。

●難《むずか》しい漢字《かんじ》は平仮名《ひらがな》にしたり、読《よ》み仮名《がな》を付《つ》けたりしている。

●「……よ。」「……ね。」など、話《はな》しかけるように表現《ひょうげん》している。

●子供《こども》の目《め》を引《ひ》くようなデザインで、紙面《しめん》を工夫《くふう》している。

考え方

大人用《おとなよう》のパンフレットを基《もと》に、子供《こども》が読《よ》んでわかるようにするにはどんな工夫《くふう》が必要《ひつよう》かを考《かんが》えてみる。

② 購入《こうにゅう》したドライヤーの取扱説明書《とりあつかいせつめいしょ》を読《よ》んだ木村《きむら》さんとみどりさん。左《ひだり》は、電源《でんげん》プラグや電源《でんげん》コードについての注意書《ちゅういが》きである。

▼――線部《せんぶ》は、みどりさんがわからないと言《い》った部分《ぶぶん》である。どんなことが書《か》かれているか、みどりさんにわかるように説明《せつめい》しよう。

安全上のご注意 ① 実行しなければならないこと

①電源プラグや電源コードは

・電源は交流 100V・定格 15A 以上のコンセントを単独で使う。（日本国内専用）
・他の電源や延長コードの使用，タコ足配線などはしない。
・プラグは根元まで確実に差し込む。（火災・感電・けがの原因になる）
・電源プラグのほこりは定期的に取る。

答えの例

●このドライヤーを使《つか》うときは、日本国内《にっぽんこくない》でコンセントに他《ほか》の電器《でんき》製品《せいひん》をつながず、ドライヤーだけをつないで使《つか》うようにしてね。外国《がいこく》では使《つか》えないよ。

●このドライヤーは、コンセントに直接《ちょくせつ》つないで使《つか》ってね。コンセントに別《べつ》のコードをつないで、それにドライヤーをつないだり、コンセントの穴《あな》を増《ふ》やす道具《どうぐ》を使《つか》ったりしてはだめだよ。

考え方

「普段《ふだん》の生活《せいかつ》の中《なか》で、どういうふうに使《つか》えば安全《あんぜん》なのかがわかるように」伝《つた》えるというヒントを基《もと》に、情報《じょうほう》を整理《せいり》する。また、小学《しょうがっ》校三年生《こうさんねんせい》のみどりさんにもわかる言葉《ことば》に言《い》い換《か》える。

③　木村《きむら》さんは、インターネットで自転車《じてんしゃ》を購入《こうにゅう》しようと思《おも》っている。想定《そうてい》していた値段《ねだん》より安《やす》く、デザインも気《き》に入《い》ったので、家《か》族《ぞく》に相談《そうだん》したところ、「インターネットで購入《こうにゅう》するのはいいけれど、買《か》った後《あと》、失敗《しっぱい》したと思《おも》ったり、困《こま》ったりすることのないようにね。」と言《い》われた。

▼木村《きむら》さんが注意《ちゅうい》すべき情報《じょうほう》はどれだろう。該当部分《がいとうぶぶん》に——線《せん》を引《ひ》いてみよう。

▼あなたなら、その情報《じょうほう》を家族《かぞく》にどのように説明《せつめい》するだろうか。考《かんが》えてみよう。

26インチ
マウンテンバイク

オープン価格
14，700円
レッド　【発送の目安】3日〜1週間【送料無料】
レッド　数量：1　購入する

●6段変速ギア　●前後アルミ製リム　●1本足スタンド
●サイズ：長さ約170 cm × 幅58 cm × 高さ100 cm
●サドル高さ：78〜90 cm　●重量：約16.5kg
●タイヤサイズ：26インチ　●フレーム：スチール
●※製品は90%完成状態となっています。（届いた際，ペダル，ハンドルの組み立てが必要となります。）
●メーカーより直送につき，お支払いは［前入金］のみの対応となります。
●［代引・店頭引き渡し］はできませんので，ご了承ください。
●商品の返品はできません。
●当社におきまして防犯登録は行っておりません。
●防犯登録をご希望の方は，最寄りの「防犯登録協会」か，もしくは防犯登録を行う自転車店にお尋ねください。
●当社におきまして，アフターサービスは行いません。

答えの例

●——線《せん》を引《ひ》くところ

・届《とど》いた際《さい》、ペダル、ハンドルの組《く》み立《た》てが必要《ひつよう》となります。
・返品《へんぴん》はできません。
・防犯登録《ぼうはんとうろく》は行《おこな》っておりません。
・防犯登録《ぼうはんとうろく》をご希望《きぼう》の方《かた》は、……にお尋《たず》ねください。
・アフターサービスは行《おこな》いません。

●家族《かぞく》への説明《せつめい》

ペダルやハンドルの組《く》み立《た》ては、前《まえ》にもっていた自転車《じてんしゃ》でもやったことがあるから大丈夫《だいじょうぶ》だよ。防犯登録《ぼうはんとうろく》やアフターサービスは、近所《きんじょ》の自転車屋《じてんしゃや》さんでやってもらえるか確認《かくにん》してみるね。ただ、支払《しはら》い方法《ほうほう》が前入金《まえにゅうきん》のみで返品《へんぴん》もできないらしいので、そこが心配《しんぱい》かな。もし、画像《がぞう》と違《ちが》う商品《しょうひん》が届《とど》いたり、壊《こわ》れていたりしたらどうしたらよいか、いっしょに調《しら》べて欲《ほ》しいな。

考え方

家族《かぞく》からの「買《か》った後《あと》、失敗《しっぱい》したと思《おも》ったり、困《こま》ったりすることのないように」という忠告《ちゅうこく》を基《もと》に考《かんが》える。買《か》った後《あと》に取《と》り返《かえ》しのつかない点《てん》、情報《じょうほう》の明確《めいかく》でない点《てん》などを洗《あら》い出《だ》し、解決方《かいけつほう》法《ほう》を考《かんが》える。

実用的《じつようてき》な文章《ぶんしょう》では、伝《つた》える内容《ないよう》ももちろんだけれど、どんな相手《あいて》に伝《つた》えるのかを考《かんが》えることが大事《だいじ》なんだね。

そうだね。必要《ひつよう》な情報《じょうほう》を適切《てきせつ》な表現《ひょうげん》で伝《つた》えることが大事《だいじ》で、詳《くわ》しければよいというわけでもないんだね。

◆報道文《ほうどうぶん》を比較《ひかく》して読《よ》もう

▼次《つぎ》に示《しめ》した着眼点《ちゃくがんてん》（P68）を参考《さんこう》に、「見出《みだ》し」「リード文《ぶん》」「本文《ほんもん》」「写真《しゃしん》」の観点《かんてん》から、二《ふた》つの記事《きじ》を比《くら》べ、気《き》づいたことや考《かんが》えたことを表《ひょう》にまとめよう。

答えの例

	気《き》づいたこと・考《かんが》えたこと
見出《みだ》し	● Aは五輪《ごりん》ボランティア募集《ぼしゅう》を前向《まえむ》きに捉《とら》えている印象《いんしょう》。 ● Bは五輪《ごりん》ボランティアに問題《もんだい》があることを示《しめ》している印象《いんしょう》。
リード文《ぶん》	● Aはボランティアの規模《きぼ》の大《おお》きさと，募集《ぼしゅう》が始《はじ》まったことを伝《つた》えている。 ● Bはボランティアについて，期待《きたい》と批判《ひはん》の二《ふた》つの意見《いけん》があることを伝《つた》えている。 ● Bの方《ほう》が多面的《ためんてき》な報道《ほうどう》だと思《おも》う。
本文《ほんもん》	● Aはボランティアの募集元《ぼしゅうもと》や申《もう》し込《こ》み方法《ほうほう》などを詳《くわ》しく書《か》いている。 ● Bは，ボランティアに対《たい》する賛成《さんせい》・疑問《ぎもん》の声《こえ》を広《ひろ》く集《あつ》め，海外《かいがい》との比較《ひかく》などもしている。
写真《しゃしん》	● Aは笑顔《えがお》でちらしを配《くば》る場面《ばめん》。ボランティアへの積極的《せっきょくてき》な参加《さんか》を促《うなが》す意図《いと》を感《かん》じる。 ● Bには討論会《とうろんかい》の場面《ばめん》などがある。ボランティアについて考《かんが》えて欲《ほ》しいという意図《いと》を感《かん》じる。

考え方

「ここに注目《ちゅうもく》」（P68）も参考《さんこう》にしてまとめる。ボランティアの募《ぼ》集開始《しゅうかいし》を伝《つた》えている点《てん》は同《おな》じでも、見出《みだ》しや写真《しゃしん》などで印象《いんしょう》が大《おお》きく変《か》わることを捉《とら》える。どちらが正《ただ》しいということではなく、その記事《きじ》が伝《つた》えようとしていることを読《よ》み取《と》ることが大切《たいせつ》である。

3 言葉《ことば》とともに
俳句《はいく》の可能性《かのうせい》

宇多喜代子《うだきよこ》

教科書 70~73ページ

およその内容

俳句《はいく》の特徴《とくちょう》は、省略《しょうりゃく》された部分《ぶぶん》を、読《よ》む人《ひと》の自由《じゆう》な解釈《かいしゃく》で補《おぎな》って鑑賞《かんしょう》できるところにある。想像《そうぞう》をかきたてる個々別々《ここべつべつ》の言葉《ことば》をつないでいるのが、五《ご》・七《しち》・五《ご》の「定型《ていけい》」と季節《きせつ》を表《あらわ》す「季語《きご》」である。

●「どの子《こ》にも…」（飯田龍太《いいだりゅうた》）
季節《きせつ》は夏《なつ》、子供《こども》たちに涼《すず》しい風《かぜ》が吹《ふ》いている。子供《こども》とは誰《だれ》のことか、場所《ばしょ》はどこなのかなど自由《じゆう》に想像《そうぞう》できる句《く》である。

●「いくたびも…」（正岡子規《まさおかしき》）
重《おも》い病気《びょうき》で寝《ね》ている作者《さくしゃ》が積雪《せきせつ》の様子《ようす》を幾度《いくたび》も尋《たず》ねる。定型《ていけい》の制約《せいやく》の中《なか》で言《い》い尽《つ》くせない部分《ぶぶん》を補《おぎな》うために、切《き》れ字《じ》「けり」を用《もち》いている。

●「跳箱《とびばこ》の…」（友岡子郷《ともおかしきょう》）
跳《と》び箱《ばこ》に手《て》を突《つ》いた瞬間《しゅんかん》と、冬《ふゆ》の訪《おとず》れという無関係《むかんけい》な二《ふた》つを一《ひと》つにすることで、初冬《しょとう》の季節感《きせつかん》を出《だ》すことに成功《せいこう》している。

●「たんぽぽの…」（加藤楸邨《かとうしゅうそん》）
「ぽぽ」という響《ひび》きが生《い》きている。声《こえ》に出《だ》して読《よ》むことで言葉《ことば》が生《い》き生《い》きするように作《つく》られているのも、韻文《いんぶん》の特徴《とくちょう》である。

●「分《わ》け入《い》つても…」（種田山頭火《たねだ さんとうか》）
音律《おんりつ》の自由《じゆう》な「自由律俳句《じゆうりつはいく》」で、繰《く》り返《かえ》した言葉《ことば》のリズムが、山《やま》道《みち》を進《すす》む歩調《ほちょう》に重《かさ》なる。季語《きご》のない「無季俳句《むきはいく》」でもある。
これらの俳句《はいく》には作者《さくしゃ》の身近《みぢか》にあるものしか出《で》てこない。目《め》を留《と》めたものに対《たい》する挨拶《あいさつ》の気持《きも》ちがあれば、それが俳句《はいく》になる。できあがった俳句《はいく》は、作者《さくしゃ》だけの大切《たいせつ》な記録《きろく》となるだろう。

漢字のチェック

＊はここに出《で》てきた読《よ》み。

新出漢字

71

膝 ＊ひざ

にくづき　15画

意味　足《あし》の関節《かんせつ》。

言葉　膝頭《ひざがしら》。膝《ひざ》を交《まじ》える。

使い方　転《ころ》んで膝《ひざ》に擦《す》り傷《きず》ができてしまった。

2級

新出音訓

72

軽やか（かろやか）

重要語句のチェック

70ページ

分《わ》け隔《へだ》て　相手《あいて》によって、対《たい》し方《かた》を変《か》えること。文子供《こども》を**分《わ》け隔《へだ》て**なくかわいがる。

鑑賞《かんしょう》　芸術作品《げいじゅつさくひん》を深《ふか》く味《あじ》わう。文映画《えいが》を**鑑賞《かんしょう》**する。

くつろぐ　心《こころ》も体《からだ》も楽《らく》にして、ゆったりと休《やす》む。文やっぱり家《いえ》がいちばん**くつろげ**る。

かきたてる　気持《きも》ちをわき立《た》たせる。文好奇心《こうきしん》を**かきたてる**本《ほん》。

71ページ

くるぶし　足首《あしくび》の関節《かんせつ》で、内側《うちがわ》と外側《そとがわ》に突《つ》き出《で》たところ。文運動《うんどう》をして、**くるぶし**のところを痛《いた》めてしまった。

制約《せいやく》　ある決《き》まりや条件《じょうけん》をつけて、行動《こうどう》の自由《じゆう》を制限《せいげん》する。文時《じ》間《かん》の**制約**を受《う》ける。

断念《だんねん》　したいと思《おも》っていたことを諦《あきら》める。文悪天候《あくてんこう》のため登頂《とうちょう》を**断念《だんねん》**する。

感性《かんせい》　何《なに》かを感《かん》じ取《と》る力《ちから》。感受性《かんじゅせい》。文**感性《かんせい》**が鋭《するど》い人《ひと》。

72ページ

ひたすら　そのことばかりに集中《しゅうちゅう》する様子《ようす》。文**ひたすら**練習《れんしゅう》に励《はげ》む。

「鑑賞《かんしょう》」の同音意義語《どうおんいぎご》には、「観賞《かんしょう》」があるよ。「観賞《かんしょう》」は、「バラを観賞《かんしょう》する。」「観賞魚《かんしょうぎょ》」などのように使《つか》い、見《み》て楽《たの》しむ意味《いみ》を表《あらわ》すよ。

ここがポイント!

教科書《きょうかしょ》の「学習《がくしゅう》」の答《こた》えと考《かんが》え方《かた》

教科書 73ページ

捉《とら》える・読《よ》み深《ふか》める

1 情景《じょうけい》を想像《そうぞう》しながら、それぞれの俳句《はいく》を音読《おんどく》しよう。

答えの例

●「どの子《こ》にも…」
〈情景《じょうけい》〉今日《きょう》は夏《なつ》のある一日《いちにち》。公園《こうえん》だろうか、草原《そうげん》だろうか、あるいは海《うみ》だろうか、そこで子供《こども》たちが遊《あそ》んでいる。どの子《こ》にも分《わ》け隔《へだ》てなく、涼《すず》しく風《かぜ》が吹《ふ》き渡《わた》っている。

●「いくたびも…」
〈情景《じょうけい》〉外《そと》では雪《ゆき》が降《ふ》り続《つづ》いているが、病気《びょうき》で起《お》き上《あ》がれない自分《じぶん》は、何度《なんど》も人《ひと》に積雪《せきせつ》の深《ふか》さを尋《たず》ねている。

●「跳箱《とびばこ》の…」
〈情景《じょうけい》〉跳《と》び箱《ばこ》に手《て》を突《つ》いて空中《くうちゅう》に飛《と》び上《あ》がった。その一瞬《いっしゅん》、宙《ちゅう》で触《ふ》れた澄《す》んだ大気《たいき》に「冬《ふゆ》」を感《かん》じた。

●「たんぽぽの…」
〈情景《じょうけい》〉春《はる》、たんぽぽの絮毛《わたげ》が、風《かぜ》に吹《ふ》かれて「ぽぽ」と軽《かる》く次々《つぎつぎ》と空《そら》に舞《ま》い上《あ》がって飛《と》んでゆく。

●「分《わ》け入《い》っても…」

〈情景《じょうけい》〉分《わ》け入《い》っても分《わ》け入《い》っても、どこまでもこの青《あお》い山《やま》が続《つづ》いていて、歩《ある》き続《つづ》けてゆかねばならない。

考え方

季語《きご》によって示《しめ》される季節感《きせつかん》を基《もと》にして、言葉《ことば》の意味《いみ》やリズムから、情景《じょうけい》を自由《じゆう》に想像《そうぞう》し、イメージを広《ひろ》げてみよう。切《き》れ字《じ》の後《あと》にどんな余情《よじょう》が広《ひろ》がるかも考《かんが》えてみるとよい。

「たんぽぽ」の「ぽぽ」が、絮毛《わたげ》のふわっとした様子《ようす》を表《あらわ》しているんだね。どう読《よ》んだらいいのかな。

❷ 本文《ほんもん》を読《よ》み、俳句《はいく》についてまとめよう。

① 「季語《きご》」「有季定型《ゆうきていけい》」「歳時記《さいじき》」「切《き》れ字《じ》」「自由律俳句《じゆうりつはいく》」「無季俳《むきはい》句《く》」の意味《いみ》を確認《かくにん》しよう。

答えの例

- 季語《きご》…季節《きせつ》を示《しめ》す語《ご》。五《ご》・七《しち》・五《ご》の定型《ていけい》とともにさまざまな想像《そうぞう》をかきたてる句《く》の中《なか》の個々別々《こごべつべつ》の言葉《ことば》を一《ひと》つにつなぐ役割《やくわり》を果《は》たす。
- 有季定型《ゆうきていけい》…句《く》の柱《はしら》となる季語《きご》を用《もち》い、それを五《ご》・七《しち》・五《ご》の定型《ていけい》で表現《ひょうげん》するという、句《く》を作《つく》るうえでの約束《やくそく》。
- 歳時記《さいじき》…季語《きご》がまとめられた本《ほん》。解説《かいせつ》や例句《れいく》も付《つ》いている。
- 切《き》れ字《じ》…句《く》の切《き》れ目《め》に使《つか》う言葉《ことば》。定型《ていけい》の中《なか》では言《い》い尽《つ》くせないことを余情《よじょう》として表現《ひょうげん》する働《はたら》きをする。
- 自由律俳句《じゆうりつはいく》…五《ご》・七《しち》・五《ご》の定型《ていけい》にとらわれない、自由《じゆう》な音律《おんりつ》の俳句《はいく》。
- 無季俳句《むきはいく》…季語《きご》のない俳句《はいく》。

考え方

〈季語《きご》〉五《いつ》つの俳句《はいく》の季語《きご》と季節《きせつ》は次《つぎ》のとおり。

- 「どの子《こ》にも…」…（季語《きご》）涼《すず》し　（季節《きせつ》）夏《なつ》
- 「いくたびも…」…（季語《きご》）雪《ゆき》　（季節《きせつ》）冬《ふゆ》
- 「跳箱《とびばこ》の…」…（季語《きご》）冬《ふゆ》　（季節《きせつ》）冬《ふゆ》
- 「たんぽぽの…」…（季語《きご》）たんぽぽ　（季節《きせつ》）春《はる》
- 「分《わ》け入《い》っても…」…（季語《きご》）なし

〈有季定型《ゆうきていけい》〉「季語《きご》」があることが「有季《ゆうき》」、五《ご》・七《しち》・五《ご》という一定《いってい》の音数《おんすう》の決《き》まりがあることが「定型《ていけい》」である。

〈歳時記《さいじき》〉もともとは、中国《ちゅうごく》や日本《にっぽん》で、一年《いちねん》の行事《ぎょうじ》やその折々《おりおり》の風物《ふうぶつ》などを、季節《きせつ》あるいは月《つき》の順《じゅん》に挙《あ》げて解説《かいせつ》した書物《しょもつ》をいった。

〈切《き》れ字《じ》〉五《いつ》つの俳句《はいく》の切《き》れ字《じ》を挙《あ》げる。

- 「どの子《こ》にも…」…かな
- 「いくたびも…」…けり
- 「跳箱《とびばこ》の…」…なし
- 「たんぽぽの…」…けり
- 「分《わ》け入《い》っても…」…なし

代表的《だいひょうてき》な切《き》れ字《じ》は、「や・かな・けり・ぞ」。

〈自由律俳句《じゆうりつはいく》〉荻原井泉水《おぎわらせいせんすい》・尾崎放哉《おざきほうさい》らの作品《さくひん》。

② 本文中《ほんもんちゅう》から、筆者《ひっしゃ》のものの見方《みかた》や感《かん》じ方《かた》がよく表《あらわ》れている語句《ごく》や表現《ひょうげん》を抜《ぬ》き出《だ》して、意味《いみ》を確認《かくにん》してみよう。

答えの例

●「俳句《はいく》が散文《さんぶん》や報道記事《ほうどうきじ》などと違《ちが》うのは、省略《しょうりゃく》されている部分《ぶぶん》を、読《よ》む人《ひと》の自由《じゆう》な解釈《かいしゃく》で補《おぎな》って鑑賞《かんしょう》できるというところである。」（P70・6）

〈意味《いみ》〉「降《ふ》る雪《ゆき》のことを詳《くわ》しく説明《せつめい》したくても、『定型《ていけい》』という制約《せいやく》の中《なか》では全部《ぜんぶ》言《い》い尽《つ》くせない。」（P71・8）ともいっている。必然的《ひつぜんてき》に言《い》い尽《つ》くせない部分《ぶぶん》は読《よ》み手《て》が想像《そうぞう》で補《おぎな》うことになるのである。

●「『一瞬《いっしゅん》』を『冬《ふゆ》』という長《なが》い時間《じかん》につなぐことができるように、短《みじか》い字数《じすう》でいろいろなことが表現《ひょうげん》できるところに、俳句《はいく》の可能性《かのうせい》が秘《ひ》められている。」（P72・1）

〈意味《いみ》〉「詳《くわ》しい説明《せつめい》を省略《しょうりゃく》する俳句《はいく》には、一句《いっく》の柱《はしら》となる言葉《ことば》に『季語《きご》』を用《もち》い、それを五《ご》・七《しち》・五《ご》という『定型《ていけい》』で表現《ひょうげん》するという基本的《きほんてき》な約束《やくそく》がある。」（P70・11）ともいっている。短《みじか》い字数《じすう》で豊《ゆた》かな表現《ひょうげん》ができるように工夫《くふう》されたものが「有《ゆう》季定型《きていけい》」なのである。

●「ここに取《と》り上《あ》げた俳句《はいく》には特別《とくべつ》なものは一《ひと》つも出《で》てこない」（P72・12）

〈意味《いみ》〉俳句《はいく》は、約束《やくそく》ごとが多《おお》く難《むずか》しいものと思《おも》われがちだが、決《けっ》してそんなことはない。ありふれた身近《みぢか》なものが、全《すべ》て俳《はい》句《く》の主役《しゅやく》になり得《う》るというのである。

●「目《め》を留《と》めたものに『こんにちは。』という挨拶《あいさつ》の気持《きも》ちが伝《つた》われば、その気持《きも》ちはおのずと俳句《はいく》となる」（P72・16）

〈意味《いみ》〉俳句《はいく》は、身《み》の回《まわ》りの日常的《にちじょうてき》なものを題材《だいざい》にして、自由《じゆう》に気軽《きがる》に作《つく》ればよい。

●「できあがった俳句《はいく》は、その瞬間《しゅんかん》の気持《きも》ちを鮮《あざ》やかに映《うつ》し出《だ》した、作者《さくしゃ》だけの大切《たいせつ》な記録《きろく》となるだろう。」（P73・2）

〈意味《いみ》〉身近《みぢか》なものを題材《だいざい》にして、気軽《きがる》な感覚《かんかく》で作《つく》った俳句《はいく》は、その時々《ときどき》の気持《きも》ちを切《き》り取《と》った貴重《きちょう》な記念《きねん》になる。

考え方

「目《め》に留《と》めたものに『こんにちは。』という挨拶《あいさつ》の気持《きも》ちが伝《つた》われば……」などは、筆者特有《ひっしゃとくゆう》の感性《かんせい》にあふれた表現《ひょうげん》である。こうした言《い》い回《まわ》しからも、俳句《はいく》に対《たい》する読者《どくしゃ》の苦手意識《にがていしき》を取《と》り払《はら》いたいという筆者《ひっしゃ》の思《おも》いが伝《つた》わってくる。

筆者《ひっしゃ》の俳句《はいく》についての考《かんが》え方《かた》は、最後《さいご》の二《ふた》つの形式段落《けいしきだんらく》にまとめられているよ。
「うまく作《つく》ろう」と考《かんが》えることよりも、身近《みぢか》なものに関心《かんしん》をもつことのほうが大切《たいせつ》なんだね。

③ 本文《ほんもん》や「俳句《はいく》を味《あじ》わう」（74ページ）から、好《す》きな俳句《はいく》を一句《いっく》選《えら》び、短《みじか》い鑑賞文《かんしょうぶん》を書《か》こう。

答えの例

●「どの子《こ》にも…」
暑《あつ》い夏《なつ》の日《ひ》、涼《すず》しさを届《とど》けてくれる風《かぜ》。その風《かぜ》はどの子《こ》にも分《わ》け隔《へだ》てなく吹《ふ》く。誰《だれ》にでも同《おな》じように恵《めぐ》みを与《あた》えてくれる、自然《しぜん》の優《やさ》しさやおおらかさを感《かん》じる。

●「たんぽぽの…」
風《かぜ》に乗《の》って軽《かろ》やかに大空《おおぞら》へ舞《ま》い上《あ》がる絮毛《わたげ》の様子《ようす》を「ぽぽ」という擬態語《ぎたいご》で表現《ひょうげん》しているところがとても魅力的《みりょくてき》だ。声《こえ》に出《だ》して読《よ》んでみると、いかにも絮毛《わたげ》の様子《ようす》にふさわしいと感《かん》じる。

●「分《わ》け入《い》っても…」
「分《わ》け入《い》っても分《わ》け入《い》っても」と繰《く》り返《かえ》される言葉《ことば》が、どこまでもうっそうと続《つづ》く、息苦《いきぐる》しいほどの山《やま》の緑《みどり》を思《おも》い起《お》こさせる。ひたすら山《やま》を分《わ》け入《い》る、孤独《こどく》と力強《ちからづよ》さを感《かん》じさせる。

●「バスを待《ま》ち…」
「バスを待《ま》ち」という、毎日《まいにち》繰《く》り返《かえ》される時間《じかん》の中《なか》で季節《きせつ》の変化《へんか》に気《き》づいた瞬間《しゅんかん》を捉《とら》えている。どんなことに「春《はる》」を感《かん》じるか、イメージが広《ひろ》がる一句《いっく》だ。

●「飛《と》び込《こ》みの…」
「もう」泡《あわ》の中《なか》にいる、と表現《ひょうげん》することで、飛《と》び込《こ》む直前《ちょくぜん》の緊張《きんちょう》感《かん》や、飛《と》び込《こ》む一瞬《いっしゅん》の動《うご》きまでが表現《ひょうげん》されている。「真《ま》っ白《しろ》な泡《あわ》」が飛《と》び込《こ》みの勢《いきお》いや、水《みず》の感触《かんしょく》を伝《つた》えてくる。

●「金剛《こんごう》の…」
石《いし》の上《うえ》にひとつぶ残《のこ》る露《つゆ》を「金剛《こんごう》（＝ダイヤモンド）」になぞらえて表現《ひょうげん》している。自然《しぜん》が見《み》せる美《うつく》しさ、それを見《み》つける鋭《するど》い感性《かんせい》と、豊《ゆた》かな表現《ひょうげん》が一《ひと》つになった一句《いっく》だ。

●「流《なが》れ行《ゆ》く…」
川《かわ》を、思《おも》わぬ早《はや》さで流《なが》れている大根《だいこん》の葉《は》を、あれよあれよと見送《みおく》る、ほほえましい光景《こうけい》が目《め》に浮《う》かぶ。冬《ふゆ》の川《かわ》の水《みず》の冷《つめ》たさや、大根《だいこん》の葉《は》の青《あお》さ、冬《ふゆ》のきりりとした寒《さむ》さが伝《つた》わってくる。

●「咳《せき》をしても…」
咳《せき》をしても、気《き》づかってくれる者《もの》はいない。これほど短《みじか》い言葉《ことば》なのに、深《ふか》い寂《さび》しさや孤独《こどく》が見事《みごと》に表現《ひょうげん》されている。

考え方

鑑賞文《かんしょうぶん》とは、作品《さくひん》のもつ魅力《みりょく》を伝《つた》える文《ぶん》のこと。自分《じぶん》が読《よ》んでみて、「いいな」「すてきだな」「気《き》に入《い》ったな」と感《かん》じた句《く》を選《えら》び、どんなところにそう感《かん》じたのかを考《かんが》えてみよう。

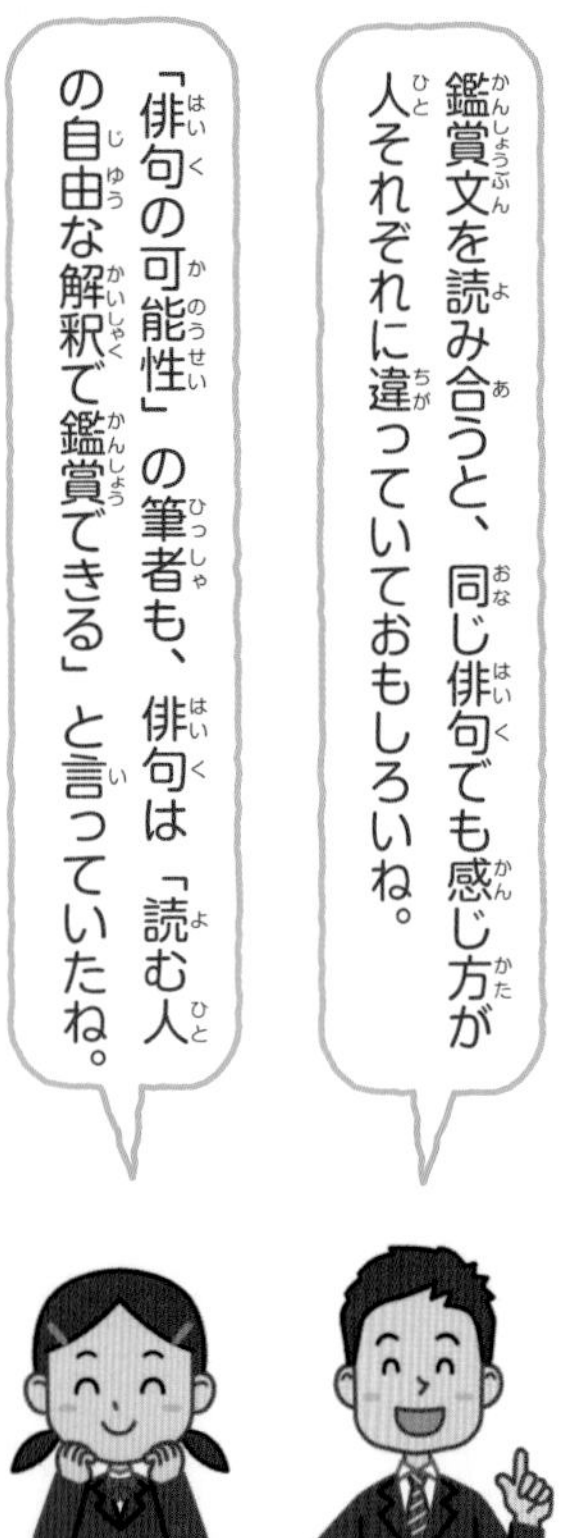

3 言葉《ことば》とともに 俳句《はいく》を味《あじ》わう

教科書 74ページ

●「赤《あか》い椿《つばき》…」（河東碧梧桐《かわひがしへきごとう》）
〈解説《かいせつ》〉赤《あか》い椿《つばき》、白《しろ》い椿《つばき》、と落《お》ちたことだ。その色《いろ》の鮮《あざ》やかさが印象的《いんしょうてき》な、写生的絵画《しゃせいてきかいが》のような句《く》と評《ひょう》されている。季語《きご》は「椿《つばき》」で、春《はる》。切《き》れ字《じ》は「けり」。

●「バスを待《ま》ち…」（石田波郷《いしだはきょう》）
〈解説《かいせつ》〉バスを待《ま》ちつつ、周囲《しゅうい》に目《め》をやると、春《はる》の到来《とうらい》を確信《かくしん》した。春《はる》の訪《おとず》れを感《かん》じたときの、光《ひかり》が差《さ》し込《こ》むような印象《いんしょう》の句《く》。季《き》語《ご》は「春《はる》」。切《き》れ字《じ》はなし。

●「萬緑《ばんりょく》の…」（中村草田男《なかむらくさたお》）
〈解説《かいせつ》〉見渡《みわた》すかぎりの深緑《しんりょく》の中《なか》で、我《わ》が子《こ》には歯《は》が生《は》え始《はじ》めたことだ。萬緑《ばんりょく》と、生《は》え始《はじ》めた歯《は》が生命力《せいめいりょく》を象徴《しょうちょう》すると同時《どうじ》に、緑《みどり》と白《しろ》の色彩《しきさい》の対比《たいひ》にもなっている。季語《きご》は「萬緑《ばんりょく》」で、夏《なつ》。切《き》れ字《じ》は「や」。

●「飛《と》び込《こ》みの…」（神野紗希《こうのさき》）
〈解説《かいせつ》〉高《たか》い飛《と》び込《こ》み台《だい》からジャンプしたかと思《おも》うと、もう泡《あわ》の中《なか》にいたことだ。ジャンプと着水《ちゃくすい》の一瞬《いっしゅん》を結《むす》びつけた、スピード感《かん》あふれる句《く》。季語《きご》は「飛《と》び込《こ》み」で、夏《なつ》。切《き》れ字《じ》はなし。

●「くろがねの…」（飯田蛇笏《いいだだこつ》）
〈解説《かいせつ》〉秋風《あきかぜ》に吹《ふ》かれて、黒《くろ》い鉄製《てっせい》の風鈴《ふうりん》が鳴《な》っている。「風鈴《ふうりん》」は夏《なつ》の季語《きご》だが、秋風《あきかぜ》が鳴《な》らした季節外《きせつはず》れの「秋《あき》の風鈴《ふうりん》」の音《おと》がかもしだす風情《ふぜい》を捉《とら》えている。季語《きご》は「秋《あき》」。切《き》れ字《じ》は「けり」。句切《くぎ》れなし。

●「金剛《こんごう》の…」（川端茅舎《かわばたぼうしゃ》）
〈解説《かいせつ》〉石《いし》の上《うえ》に一粒《ひとつぶ》の露《つゆ》がある。それはまるでダイヤモンドのように硬《かた》く、永遠《えいえん》に輝《かがや》き続《つづ》けるかに見《み》える。はかなく消《き》えるはずの「露《つゆ》」を金剛《こんごう》（ダイヤモンド）に見立《みた》てた句《く》。季《き》語《ご》は「露《つゆ》」で、秋《あき》。切《き》れ字《じ》は「や」。

●「冬菊《ふゆぎく》の…」（水原秋櫻子《みずはらしゅうおうし》）
〈解説《かいせつ》〉冬菊自身《ふゆぎくじしん》がひかりをまとい、輝《かがや》いているように見《み》える。季《き》語《ご》は「冬菊《ふゆぎく》」で、冬《ふゆ》。切《き》れ字《じ》はなし。「まとふ」は擬人法《ぎじんほう》。

●「流《なが》れ行《ゆ》く…」（高浜虚子《たかはまきょし》）
〈解説《かいせつ》〉誰《だれ》かが漬物《つけもの》にする大根《だいこん》を川《かわ》で洗《あら》っていたのだろう、大根《だいこん》の葉《は》が思《おも》わぬ早《はや》さで冷《つめ》たい冬《ふゆ》の川《かわ》を流《なが》れていった。季語《きご》は「大根《だいこん》」で、冬《ふゆ》。切《き》れ字《じ》は「かな」。句切《くぎ》れなし。

●「咳《せき》をしても…」（尾崎放哉《おざきほうさい》）
〈解説《かいせつ》〉咳《せ》き込《こ》んでも、自分《じぶん》を心配《しんぱい》してくれる人《ひと》などいない。咳《せき》の音《おと》がただ響《ひび》き、孤独《こどく》であることに気《き》づくという寂寥感《せきりょうかん》の漂《ただよ》う句《く》。無季《むき》、自由律《じゆうりつ》。切《き》れ字《じ》はなし。

テスト直前《ちょくぜん》にチェック！ 俳句《はいく》の可能性《かのうせい》／俳句《はいく》を味《あじ》わう

教科書 70～74ページ

どの子にも涼しく風の吹く日かな　飯田龍太《いいだりゅうた》

この句には、「どの子」とは誰なのか、風の吹いている場所はどこなのか、現在のことなのか、過去のことなのか、時間は午前なのか午後なのか、そのような説明が何も書かれていない。わかっているのは、①季節が夏であること、子供が複数いること、その子たちに涼しい風が分け隔てなく吹いているということだけである。

俳句が②散文や報道記事などと違うのは、省略されている部分を、読む人の自由な解釈で補って鑑賞できるというところである。この句を読んで、「どの子にも」とは自分のことだ、と思う人もあるだろうし、校庭の木陰でクラスメイトとくつろいでいるときのことだと思う人もあるだろう。幼児の頃、海辺で遊んだ体験を思い出す人もあるだろう。

そんな想像をかきたてる個々別々の言葉を一つにつないでいるのが、五・七・五という「［A］」と、「涼し」という夏を表す言葉、すなわち「［B］」である。詳しい説明を省略する俳句には、一句の柱となる言葉に「季語」を用い、それを五・七・五という「定型」で表現するという基本的な約束がある。この約束を「③有季定型」といい、俳句という韻文を支える大きな力となっている。「涼し」が夏の季語であることを知るには「④歳時記」を繰ればよい。

1 ――線①「季節が夏であること」がわかるのは、どの言葉があるからですか。俳句の中から三字で探し、書き抜きなさい。

2 ――線②「散文」と対になる言葉を、文章中から二字で探し、書き抜きなさい。

3 ［A］・［B］の空欄にはどのような言葉が入りますか。それぞれ二字で文章中の言葉を書き抜きなさい。

A

B

4 ――線③「有季定型」とは、どのような約束ですか。文章中の言葉を使って書きなさい。

5 ――線④「歳時記」の説明として適切なものを次から一つ選び、記号に○を付けなさい。

ア　昔の人が作った有名な俳句を集めたもの。

いくたびも雪の深さを尋ねけり　　正岡子規《まさおかしき》

雪が激しく降っている。重い病気で寝ている子規が、僅かに見える障子の穴からその様子を見ている。どのくらい積もったのか、確かめることができない子規は、病室を出入りする人に、積雪の様子を幾度も尋ねる。今、くるぶしくらいまで積もったよ、とか、膝が埋まるくらいになったよ、などと聞き、庭や道路や公園に積もった雪景色を想像する。

降る雪のことを詳しく説明したくても、「定型」という制約の中では全部言い尽くせない。そこを補うために工夫された方法の一つに「切れ字」がある。例えば、冒頭の句で、これ以上は言えないという断念を表しているのが、最後の「かな」であり、子規の句の「けり」である。

宇多喜代子「俳句の可能性」（光村図書『国語三年』70〜71ページ）

C　赤い椿《つばき》白い椿と落ちにけり　　河東碧梧桐《かわひがしへきごとう》

D　萬緑《ばんりょく》の中や吾子《あこ》の歯生え初むる　　中村草田男《なかむらくさたお》

E　咳《せき》をしても一人　　尾崎放哉《おざきほうさい》

「俳句を味わう」（光村図書『国語三年』74ページ）

イ　季語に解説や例句をつけてまとめたもの。

ウ　俳句の約束事について説明したもの。

エ　例句を挙げて俳句の作り方を示したもの。

6 よく出る！　「いくたびも……」の句の「切れ字」が表しているのはどのようなことですか。「雪」「断念」という言葉を使って書きなさい。

解くコツ　「切れ字」を説明した段落に着目する。

（　　　　　　　　　　）

7　C・Dの俳句について、次の各問いに答えなさい。

(1)　CとDには、色彩の対比が見られます。それぞれどんな色が対比されていますか。

C（　　　）と（　　　）　D（　　　）と（　　　）

(2)　Eのように、俳句の約束をあえてはみ出して作られている句のよび方を二つ、それぞれ五字以内で、漢字で書きなさい。

□□□□□
□□□□□

◀答えは165ページ

3 言葉《ことば》とともに 言葉《ことば》を選《えら》ぼう

教科書 76~77ページ

解説

言葉《ことば》は時《とき》とともに変化《へんか》する。そのため、同《おな》じ言葉《ことば》でも、それを使《つか》う相手《あいて》によっては、言《い》いたいことがうまく伝《つた》わらないことや、誤解《ごかい》を生《う》むことがある。言葉《ことば》の変化《へんか》について理解《りかい》することは、相手《あいて》によってふさわしい言葉《ことば》を選《えら》ぶ助《たす》けとなる。

[1] 言葉《ことば》の変化《へんか》について知《し》ろう

言葉《ことば》の変化《へんか》の主《おも》なものには、次《つぎ》の二《ふた》つがある。

① 時代《じだい》による言葉《ことば》の変化《へんか》

● 「うつくし」は、今《いま》から約千年前《やくせんねんまえ》には、「小《ちい》さくてかわいらしい」ことを表《あらわ》していた。このように、時《とき》の推移《すいい》によって意味《いみ》が変《か》わった言葉《ことば》がある。

② 世代《せだい》による言葉《ことば》の変化《へんか》

● 同《おな》じ時代《じだい》の人々《ひとびと》の間《あいだ》でも、世代《せだい》によって使《つか》う言葉《ことば》が違《ちが》うことがある。例《たと》えば、「かっぱ」と「レインコート」、「えりまき」と「マフラー」、「ジーパン」と「デニム」など。

● 同《おな》じ言葉《ことば》でも、世代《せだい》によって使《つか》い方《かた》が違《ちが》ったり、意味《いみ》する内容《ないよう》にずれがあったりする。例《たと》えば、「さくさく」という言葉《ことば》は、クッキーなどを歯切《はぎ》れよくかんだときの音《おと》として使《つか》う人《ひと》もいるし、パソコンの動作《どうさ》など、物事《ものごと》がはかどる様子《ようす》として使《つか》う人《ひと》もいる。

[2] 言葉《ことば》の変化《へんか》について話《はな》し合《あ》おう

本《ほん》の中《なか》に出《で》てきた言葉《ことば》や年配《ねんぱい》の人《ひと》との会話《かいわ》を手《て》がかりにして、時代《じだい》や世代《せだい》によって異《こと》なる言葉《ことば》にはどのようなものがあるかを、友達《ともだち》と話《はな》し合《あ》おう。

例《れい》

Aさん　宮沢賢治《みやざわけんじ》の「注文《ちゅうもん》の多《おお》い料理店《りょうりてん》」を読《よ》んでいると、「どうか帽子《ぼうし》と外套《がいとう》と靴《くつ》をおとり下《くだ》さい。」という文章《ぶんしょう》が出《で》てきたんだ。「外套《がいとう》」が何《なん》なのかよくわからなかったんだけど、読《よ》み進《すす》めると、「帽子《ぼうし》とオーバーコートを釘《くぎ》にかけ、靴《くつ》をぬいで」とあったので、「外套《がいとう》」が「オーバーコート」のことだとわかったよ。

Bさん　へえ、この作品《さくひん》が書《か》かれたときには「外套《がいとう》」という言《い》い方《かた》も「オーバーコート」という言《い》い方《かた》も両方使《りょうほうつか》われていたんだね。

Cさん　「オーバーコート」と言《い》われれば確《たし》かに何《なん》のことかわかるけれど、私《わたし》たちは普通《ふつう》「コート」と言《い》うよね？「外《がい》

套《とう》」も「オーバーコート」も昔《むかし》の言《い》い方《かた》って感《かん》じがするなあ。

外来語《がいらいご》の使用《しよう》がより多《おお》くなったことで、昔《むかし》と今《いま》とでは呼《よ》び名《な》などが異《こと》なる場合《ばあい》が多《おお》い。また、方言《ほうげん》なども世代《せだい》によって使《つか》い方《かた》が異《こと》なるかも知《し》れない。

3 相手《あいて》や場面《ばめん》によって、言葉《ことば》を選《えら》ぼう

話《はな》す相手《あいて》や場面《ばめん》を自由《じゆう》に設定《せってい》し、次《つぎ》の文章《ぶんしょう》をわかりやすく言《い》い換《か》えてみよう。

来月《らいげつ》、駅《えき》のそばのスタジアムでライブがあるよ。この町《まち》にゆかりのあるアーティストが一堂《いちどう》に会《かい》するんだって。夏季休暇中《かききゅうかちゅう》だし、僕《ぼく》は行《い》くつもりだけど、みんなもどう。オフィシャルサイトはもうオープンしているから、詳《くわ》しいことはネットで見《み》てみて。こんな機会《きかい》めったにないから、今《いま》から待《ま》ち遠《どお》しいね。

答えの例

●地域《ちいき》の老人《ろうじん》ホームで参加《さんか》を呼《よ》びかける場合《ばあい》

来月《らいげつ》、駅《えき》のそばの競技場《きょうぎじょう》で、この町《まち》にゆかりのある歌手《かしゅ》などが一堂《いちどう》に会《かい》する音楽祭《おんがくさい》が開《ひら》かれるそうです。こんな機会《きかい》はめったにないので、みなさんもお出《で》かけになってはいかがでしょうか。僕《ぼく》も夏休《なつやす》み中《ちゅう》なので行《い》ってみるつもりです。音楽祭《おんがくさい》についての詳《くわ》しい情報《じょうほう》は、インターネットで、音楽祭《おんがくさい》の公式《こうしき》ホームページをご覧ください。今《いま》から待《ま》ち遠《どお》しいですね。

●小学三年生《しょうがくさんねんせい》の弟《おとうと》を誘《さそ》う場合《ばあい》

来月《らいげつ》、駅《えき》のそばのスタジアムに歌手《かしゅ》の人《ひと》たちがいっぱい来《き》てコンサートをやるんだって。来《き》てくれるのは、この町《まち》に関係《かんけい》のある人《ひと》たちらしいよ。ちょうど夏休《なつやす》み中《ちゅう》だし、いっしょに見《み》に行《い》こうよ。こんなチャンスはあんまりないからね。詳《くわ》しいことはインターネットで調《しら》べられるからいっしょに見《み》てみようか。

考え方

元《もと》の文章《ぶんしょう》は、中学生《ちゅうがくせい》が、同世代《どうせだい》の友達《ともだち》に話《はな》している場面《ばめん》だと考《かんが》えられる。地域《ちいき》の老人《ろうじん》ホームでよびかける場合《ばあい》、相手《あいて》は自分《じぶん》たちよりも年配《ねんぱい》の世代《せだい》の人《ひと》たちである。比較的最近《ひかくてきさいきん》になって使《つか》われるようになった外来語《がいらいご》はなじみがないかも知《し》れない。また、年上《としうえ》の人《ひと》、家族《かぞく》ではない人《ひと》によびかけるのだから、ある程度丁寧《ていどていねい》な言葉《ことば》づかいのほうがよいだろう。小学三年生《しょうがくさんねんせい》の弟《おとうと》を誘《さそ》う場合《ばあい》、「ゆかりのある」「一堂《いちどう》に会《かい》する」といった表現《ひょうげん》は難《むずか》しいかも知《し》れない。相手《あいて》や場面《ばめん》にふさわしい語彙《ごい》・表現《ひょうげん》を考《かんが》えよう。

漢字のチェック

新出漢字

*はここに出《で》てきた読《よ》み。

侍

78

*ジ *さむらい

にんべん 8画

意味 ①さむらい。武士《ぶし》。②身分《みぶん》の高《たか》い人《ひと》のそばに仕《つか》える。

言葉 ①若侍《わかざむらい》 ②侍従《じじゅう》・侍女《じじょ》

使い方 国王《こくおう》の侍医《じい》を務《つと》める。

3級

宵

78

(ショウ) *よい

うかんむり 10画

意味 ①よい。日《ひ》が暮《く》れて間《ま》もない頃《ころ》。②夜《よる》。

言葉 ①宵《よい》の明星《みょうじょう》・宵闇《よいやみ》 ②宵越《よいご》し

使い方 宵闇《よいやみ》が迫《せま》る窓辺《まどべ》に立《た》つ。

準2級

滝

78

*たき

さんずい 13画

意味 たき。高《たか》い崖《がけ》などから流《なが》れ落《お》ちる水《みず》の流《なが》れ。

言葉 滝口《たきぐち》・滝《たき》つぼ

使い方 大量《たいりょう》の水《みず》が滝《たき》つぼに落《お》ちる。

3級

桑

78

(ソウ) *くわ

き 10画

意味 クワ。

言葉 桑畑《くわばたけ》・桑園《そうえん》

使い方 桑畑《くわばたけ》の広《ひろ》がる土地《とち》。

3級

訟

78

*ショウ

ごんべん 11画

意味 訴《うった》える。言《い》い争《あらそ》う。訴《うった》え。

言葉 訴訟《そしょう》

使い方 不動産《ふどうさん》を巡《めぐ》って訴訟《そしょう》を起《お》こす。

準2級

債

78

*サイ

にんべん 13画

意味 ①借《か》り。借《か》りを返《かえ》す義務《ぎむ》。②貸《か》し。③「債権《さいけん》」の略《りゃく》。

言葉 ①債務《さいむ》 ②債権者《さいけんしゃ》 ③国債《こくさい》・負債《ふさい》

使い方 大量《たいりょう》の国債《こくさい》を発行《はっこう》する。

3級

俸

78

*ホウ

にんべん 10画

意味 手当《てあて》。給料《きゅうりょう》。

言葉 俸給《ほうきゅう》・減俸《げんぽう》・年俸《ねんぽう》

使い方 毎年《まいとし》俸給《ほうきゅう》が上《あ》がる。

準2級

綻

78

*タン ほころびる

いとへん 14画

意味 ほころびる。ほころび。

言葉 破綻《はたん》

使い方 会社《かいしゃ》の経営《けいえい》が破綻《はたん》する。

2級

蔽［蔽］

78

*ヘイ

くさかんむり 15画

意味 覆《おお》う。覆《おお》いかぶさる。

言葉 隠蔽《いんぺい》・遮蔽《しゃへい》

使い方 事故《じこ》を隠蔽《いんぺい》する。

2級

捗［捗］

78

*チョク

てへん 11画

意味 はかどる。仕事《しごと》が早《はや》く進行《しんこう》する。

言葉 進捗《しんちょく》

使い方 工事《こうじ》の進捗状況《しんちょくじょうきょう》を確認《かくにん》する。

2級

卸

79

おろす *おろし

ふしづくり 9画

意味 問屋《とんや》が商品《しょうひん》を仕入《しい》れて、小売店《こうりてん》に売《う》る。

言葉 卸売《おろしう》り・卸値《おろしね》・棚卸《たなおろ》し

使い方 品物《しなもの》を小売店《こうりてん》に卸《おろ》す。

3級

教科書 78~79ページ

訴訟《そしょう》、破綻《はたん》、隠蔽《いんぺい》、進捗《しんちょく》……読《よ》み方《かた》も字《じ》も難《むずか》しいけれど、ニュースや新聞《しんぶん》でよく使《つか》われる言葉《ことば》だし、覚《おぼ》えたいな。意味《いみ》も調《しら》べておこう。
「債務者《さいむしゃ》」は、お金《かね》を借《か》りていて返《かえ》す義務《ぎむ》のある人《ひと》、「債権者《さいけんしゃ》」はお金《かね》を貸《か》していて取《と》り立《た》てる権利《けんり》のある人《ひと》だよ。

解説

◆和語《わご》・漢語《かんご》・外来語《がいらいご》・混種語《こんしゅご》

●和語《わご》…もともと日本《にっぽん》で使《つか》われていた語《ご》。平仮名《ひらがな》や訓読《くんよ》みで表《あらわ》される。日常《にちじょう》の基本的《きほんてき》な語《ご》が多《おお》く、親《した》しみやすい印象《いんしょう》がある。

(例《れい》) おにぎり・桜《さくら》・侍《さむらい》・星《ほし》・美《うつく》しい・豊《ゆた》か・休《やす》む・ゆっくり

●漢語《かんご》…中国《ちゅうごく》で作《つく》られたものと、日本《にっぽん》で作《つく》られたものがある。音読《おんよ》みで読《よ》む。硬《かた》い印象《いんしょう》があり、抽象的《ちゅうしょうてき》な意味《いみ》や、専門的《せんもんてき》な知識《ちしき》を表《あらわ》す語《ご》も多《おお》い。

(例《れい》) 食事《しょくじ》・花壇《かだん》・盆《ぼん》・厳寒《げんかん》・希望《きぼう》・純粋《じゅんすい》・理念《りねん》・客観《きゃっかん》・概念《がいねん》

●外来語《がいらいご》…漢語《かんご》以外《いがい》で、外国語《がいこくご》から新《あたら》しく取《と》り入《い》れられた語《ご》。片仮《かたか》名表記《なひょうき》が一般的《いっぱんてき》。新《あたら》しいものの呼称《こしょう》や感《かん》じ方《かた》、考《かんが》え方《かた》を表《あらわ》し、軽《けい》快《かい》なイメージがある。

(例《れい》) ポイント・スタンス・カジュアル・カフェ

●混種語《こんしゅご》…和語《わご》・漢語《かんご》・外来語《がいらいご》の組《く》み合《あ》わせによってできた言葉《ことば》。

(例《れい》) アニメ映画《えいが》（外来語《がいらいご》＋漢語《かんご》） 早歩《はやある》き大会《たいかい》（和語《わご》＋漢語《かんご》）
卒業《そつぎょう》アルバム（漢語《かんご》＋外来語《がいらいご》） 歯《は》ブラシ（和語《わご》＋外来語《がいらいご》）

生活《せいかつ》に生《い》かす　和語《わご》・漢語《かんご》・外来語《がいらいご》を使《つか》いこなそう

ある一《ひと》つの事柄《ことがら》が、和語《わご》・漢語《かんご》・外来語《がいらいご》で言《い》い表《あらわ》せる場合《ばあい》を比較《ひかく》してみよう。

例《たと》えば、速《はや》さ（和語《わご》）・速度《そくど》（漢語《かんご》）・スピード（外来語《がいらいご》）、昼飯《ひるめし》（和語《わご》）・昼食《ちゅうしょく》（漢語《かんご》）・ランチ（外来語《がいらいご》）、幸《しあわ》せ（和語《わご》）・幸福《こうふく》（漢《かん》語《ご》）・ハッピー（外来語《がいらいご》）などのように、同《おな》じ事柄《ことがら》を言《い》い表《あらわ》していても、それぞれの語《ご》のもつ印象《いんしょう》は異《こと》なる。どのような場面《ばめん》で、誰《だれ》に、どんな内容《ないよう》を伝《つた》えたいのか吟味《ぎんみ》して使《つか》い分《わ》けよう。

考え方

「手助《てだす》け」は和語《わご》、「支援《しえん》」は漢語《かんご》、「サポート」は外来語《がいらいご》である。それぞれの言葉《ことば》がもつ特徴《とくちょう》によって、印象《いんしょう》の伝《つた》わり方《かた》が微妙《びみょう》に異《こと》なってくる。

手助《てだす》け
サポート
支援《しえん》

商店街《しょうてんがい》を活性化《かっせいか》するには、皆《みな》さんの（　　）が必要《ひつよう》です。

読書生活《どくしょせいかつ》を豊《ゆた》かに
読書《どくしょ》を楽《たの》しむ／「私《わたし》の一冊《いっさつ》」を探《さが》しにいこう

教科書 80~91ページ

漢字のチェック

新出漢字

＊はここに出《で》てきた読《よ》み。

曇（83）
＊ドン ＊くもる
ひ　16画
- 意味　くもる。くもり。
- 言葉　曇《くも》り空《ぞら》・曇天《どんてん》
- 使い方　このところ曇天《どんてん》の日《ひ》が続《つづ》いている。

4級

嵐（83）
＊あらし
やま　12画
- 意味　激《はげ》しく吹《ふ》く風《かぜ》。激《はげ》しい風雨《ふうう》。
- 言葉　砂嵐《すなあらし》・山嵐《やまあらし》
- 使い方　激《はげ》しい砂嵐《すなあらし》に巻《ま》かれる。

2級

嗅［嗅］（84）
＊キュウ ＊かぐ
くちへん　12画
- 意味　かぐ。
- 言葉　嗅覚《きゅうかく》
- 使い方　食《た》べ物《もの》の匂《にお》いを嗅《か》ぎつける。

2級

盤（84）
＊バン
さら　15画
- 意味　①平《ひら》たい皿《さら》。②平《たい》らな台《だい》。③大《おお》きな岩《いわ》。
- 言葉　①円盤《えんばん》・吸盤《きゅうばん》・水盤《すいばん》 ②碁盤《ごばん》・旋盤《せんばん》 ③地盤《じばん》
- 使い方　地盤《じばん》が沈下《ちんか》する。

4級

渦（86）
（カ） ＊うず
さんずい　12画
- 意味　うず。うずの形《かたち》に似《に》たもの。
- 言葉　渦潮《うずしお》・渦巻《うずま》き・渦中《かちゅう》
- 使い方　人《ひと》の渦《うず》に巻《ま》き込《こ》まれる。

準2級

新出音訓

82　鋼（はがね）

解説

●読書《どくしょ》を楽《たの》しむ

・豊《ゆた》かな読書生活《どくしょせいかつ》を築《きず》いていくためには、自分《じぶん》で本《ほん》を読《よ》むことはもちろんだが、読《よ》んだ本《ほん》について友達《ともだち》に紹介《しょうかい》したり、感想《かんそう》を伝《つた》え合《あ》ったりすることも有効《ゆうこう》だ。こうした活動《かつどう》ができるように、まずは本《ほん》を読《よ》み終《お》えたら読書《どくしょ》ノートに記録《きろく》を残《のこ》す習慣《しゅうかん》をもつとよい。

・ブックトーク…テーマを決《き》め、そのテーマに関《かん》する多様《たよう》な分野《ぶんや》の本《ほん》を関連《かんれん》づけながら紹介《しょうかい》する。

・読書会《どくしょかい》…何人《なんにん》かで同《おな》じ本《ほん》を読《よ》み、疑問《ぎもん》や感想《かんそう》を出《だ》し合《あ》って話《はな》し合《あ》う。

・読書生活《どくしょせいかつ》をデザインする…読書《どくしょ》ノートや読書《どくしょ》の活動《かつどう》の記録《きろく》などを振《ふ》り返《かえ》って、自分《じぶん》の読書傾向《どくしょけいこう》を分析《ぶんせき》し、今後《こんご》に生《い》かす。

●本《ほん》を探《さが》す

本《ほん》を探《さが》すには、次《つぎ》のような方法《ほうほう》がある。

・文庫本《ぶんこぼん》の裏表紙《うらびょうし》の紹介文《しょうかいぶん》…その本《ほん》の内容《ないよう》や魅力《みりょく》が短《みじか》くまとめられている。
・図書館《としょかん》の展示《てんじ》…テーマを決《き》めておすすめの本《ほん》を紹介《しょうかい》していることがある。
・書店《しょてん》のポップ・パンフレット、新聞《しんぶん》や雑誌《ざっし》の書評《しょひょう》…普段《ふだん》から本《ほん》を読《よ》んでいる人《ひと》などが紹介《しょうかい》していることが多《おお》く、参考《さんこう》になる。
・著者《ちょしゃ》の言葉《ことば》…各種《かくしゅ》のメディアに、著者《ちょしゃ》のインタビューや寄稿文《きこうぶん》などが掲載《けいさい》されることがある。

教科書掲載部分の内容

羊《ひつじ》と鋼《はがね》の森《もり》（冒頭《ぼうとう》）

宮下奈都《みやしたなつ》

主人公《しゅじんこう》（僕《ぼく》）は、十七歳《じゅうななさい》の時高校《ときこうこう》の体育館《たいいくかん》で聞《き》いたピアノの音《おと》に、秋《あき》の夜《よる》に近《ちか》い時間《じかん》の森《もり》の匂《にお》いを感《かん》じた。

高二《こうに》の二学期《にがっき》、たまたま教室《きょうしつ》に残《のこ》っていた僕《ぼく》は、担任《たんにん》から来客《らいきゃく》を案内《あんない》するよう頼《たの》まれた。当時《とうじ》の僕《ぼく》は、したいこともなく時間《じかん》を持《も》て余《あま》していて、自分《じぶん》のことをどうでもいい人間《にんげん》だと思《おも》っていた。

時間《じかん》になり来客《らいきゃく》を迎《むか》えに行《い》くと、重《おも》そうなかばんを持《も》った板鳥《いたどり》という年配《ねんぱい》の男性《だんせい》が来《き》ており、その人《ひと》をピアノの前《まえ》まで案内《あんない》した。案内《あんない》を終《お》えて帰《かえ》ろうとした僕《ぼく》は、板鳥《いたどり》が鳴《な》らしたピアノの音《おと》に、ひどくなつかしい何《なに》か、何《なに》かとてもいいものを聞《き》いた気《き》がして、ピアノの方《ほう》へ戻《もど》った。僕《ぼく》に構《かま》わず板鳥《いたどり》は作業《さぎょう》を続《つづ》け、ピアノの蓋《ふた》を開《あ》けて鍵盤《けんばん》をたたいた。その音《おと》に森《もり》の匂《にお》いを感《かん》じた。

僕《ぼく》は板鳥《いたどり》が何《なに》をしているのかききたかったがきけなかった。きいてはいけないと思《おも》ったからだ。きいておけばよかったと思《おも》う。

僕《ぼく》はこのとき、ピアノという大《おお》きな黒《くろ》い楽器《がっき》を初《はじ》めて見《み》たような気《き》がした。音《おと》からは森《もり》の匂《にお》いがし、僕《ぼく》は時《とき》を忘《わす》れて板鳥《いたどり》がピアノを調律《ちょうりつ》していく様子《ようす》を見《み》ていた。

構成

1. 主人公《しゅじんこう》がピアノと出会《であ》った場面《ばめん》（初《はじ》め～P84上13）
2. 先生《せんせい》に来客《らいきゃく》の案内《あんない》を頼《たの》まれる（P84下1～P85上17）
3. 調律師《ちょうりつし》の板鳥《いたどり》をピアノへ案内《あんない》する（P85上18～P85下20）
4. ピアノの音《おと》を聞《き》き、帰《かえ》るのをやめる（P85下21～P86下5）
5. 質問《しつもん》をしたいができない（P86下6～P87上3）
6. 時《とき》を忘《わす》れて作業《さぎょう》を見守《みまも》る（P87上4～終《お》わり）

4 状況《じょうきょう》の中《なか》で

挨拶《あいさつ》——原爆《げんばく》の写真《しゃしん》によせて

石垣《いしがき》りん

教科書 94~97ページ

おおよその内容

1. **第一連《だいいちれん》**（初《はじ》め～P94・5）
広島《ひろしま》の原爆《げんばく》で死《し》んだ二十五万人《にじゅうごまんにん》の焼《や》けただれた顔《かお》のひとつ。

2. **第二連《だいにれん》**（P94・7）
この顔《かお》はすでにこの世《よ》に存在《そんざい》しない。

3. **第三連《だいさんれん》**（P94・9～P95・5）
現在《げんざい》の私《わたし》たちの健《すこ》やかな顔《かお》を見直《みなお》そう。

4. **第四連《だいよんれん》**（P95・7～8）
明日《あす》の表情《ひょうじょう》をさがすとりつぜんとする。

5. **第五連《だいごれん》**（P95・10～13）
おびただしい数《かず》の原爆《げんばく》を所持《しょじ》して地球《ちきゅう》が破滅《はめつ》の危機《きき》に瀕《ひん》しているというのに、なぜあなたは安《やす》らかに美《うつく》しいのか。

6. **第六連《だいろくれん》**（P96・1～7）
原爆《げんばく》の危険《きけん》は常《つね》に、近《ちか》くにある。それを見きわめねばならない。

7. **第七連《だいななれん》**（P96・9～終《お》わり）
広島《ひろしま》で死《し》んだ二十五万人《にじゅうごまんにん》のすべてが、今日《きょう》の私《わたし》たちのようにやすらかに美《うつく》しく油断《ゆだん》していた。

重要語句のチェック

94ページ

一九四五年八月六日《ねんはちがつむいか》　広島《ひろしま》に原子爆弾《げんしばくだん》が投下《とうか》された日《ひ》。時刻《じこく》は午《ご》前八時一五分《ぜんはちじじゅうごふん》で、「二十五万人《にじゅうごまんにん》」はこの詩《し》が作《つく》られた一九五二年当時《ねんとうじ》の推定被爆者数《すいていひばくしゃすう》に近《ちか》い。

95ページ

戦火《せんか》　戦争《せんそう》によって起《お》きた火事《かじ》。また、戦争《せんそう》そのもの。文 戦火《せんか》をまぬかれた下町《したまち》の家々《いえいえ》。

すこやかな　体《からだ》のどこにも悪《わる》いところがなく、健康《けんこう》である様子《ようす》。文 子供《こども》がすこやかに育《そだ》つ。

すがすがしい　爽《さわ》やかで気持《きも》ちがいい。文 すがすがしい朝《あさ》の空気《くうき》。

りつぜん　恐《おそ》れおののき震《ふる》える様子《ようす》。文 心《こころ》がりつぜんとする。

きわどい もう少《すこ》しで大変《たいへん》なことになる、ぎりぎりのところ。文 きわどい成績《せいせき》でなんとか合格《ごうかく》した。

96ページ

見《み》きわめる 物事《ものごと》の本質《ほんしつ》を追究《ついきゅう》して、明《あき》らかにする。文 料理《りょうり》の味《あじ》を見《み》きわめる。

えり分《わ》ける 選《えら》び分《わ》ける。文 不良品《ふりょうひん》をえり分《わ》ける。

油断《ゆだん》 気《き》を緩《ゆる》めて、必要《ひつよう》な注意《ちゅうい》をしないこと。文 油断《ゆだん》は禁物《きんもつ》だ。

ここがポイント！

教科書《きょうかしょ》の「学習《がくしゅう》」の 答《こた》えと考《かんが》え方《かた》

教科書97ページ

捉《とら》える・読《よ》み深《ふか》める

❶ 「顔《かお》」という表現《ひょうげん》を捉《とら》えよう。

詩《し》の中《なか》で繰《く》り返《かえ》し出《で》てくる「顔《かお》」が、それぞれどのような人《ひと》の「顔《かお》」を表現《ひょうげん》しているのか考《かんが》えてみよう。

答えの例

・「焼《や》けただれた顔《かお》」（第一連《だいいちれん》）

原爆《げんばく》の写真《しゃしん》に残《のこ》されている顔《かお》。かつて、広島《ひろしま》に投下《とうか》された原子爆弾《げんしばくだん》によってひどいやけどを負《お》った人《ひと》の顔《かお》。

・「向《む》き合《あ》った互《たがい》の顔《かお》」（第三連《だいさんれん》）

私《わたし》や私《わたし》の「友《とも》」の顔《かお》。写真《しゃしん》に残《のこ》されている広島《ひろしま》の惨事《さんじ》から遠《とお》く隔《へだ》たった現在《げんざい》の私《わたし》たちの顔《かお》。

・「すこやかな今日《きょう》の顔《かお》／すがすがしい朝《あさ》の顔《かお》」（第三連《だいさんれん》）

「向《む》き合《あ》った互《たがい》の顔《かお》」と同《おな》じ、現在《げんざい》の私《わたし》たちの顔《かお》。健康《けんこう》で、爽《さわ》やかな朝《あさ》を迎《むか》えることができている顔《かお》。かつての戦火《せんか》の跡《あと》もなく、平《へい》和《わ》な日常《にちじょう》を生《い》きている顔《かお》。

考え方

第一連《だいいちれん》の「焼《や》けただれた顔《かお》」と、第三連《だいさんれん》の「すこやかな今日《きょう》の顔《かお》／すがすがしい朝《あさ》の顔《かお》」が対比的《たいひてき》に描《えが》かれることで、写真《しゃしん》に残《のこ》された惨事《さんじ》と、平和《へいわ》な現在《げんざい》との隔《へだ》たりが強調《きょうちょう》されている。

❷ 表現《ひょうげん》の効果《こうか》を評価《ひょうか》しよう。

① 第六連《だいろくれん》にある「午前八時一五分《ごぜんはちじじゅうごふん》は／毎朝《まいあさ》やってくる」という表現《ひょうげん》に込《こ》められた意味《いみ》と、その効果《こうか》を考《かんが》えよう。

答えの例

地球上《ちきゅうじょう》には、おびただしい数《かず》の原子爆弾《げんしばくだん》が存在《そんざい》しており、かつての広島《ひろしま》のような惨事《さんじ》がいつなんどき私《わたし》たちにふりかかるかわからないということ。いつ広島《ひろしま》のような惨状《さんじょう》が起《お》きてもおかしくないということを警告《けいこく》する効果《こうか》がある。

考え方

詩《し》の「午前八時一五分《ごぜんはちじじゅうごふん》」は、広島《ひろしま》に原子爆弾《げんしばくだん》が投下《とうか》された時刻《じこく》であり、原子爆弾《げんしばくだん》によって人々《ひとびと》が突然生命《とつぜんせいめい》を奪《うば》われた恐怖《きょうふ》の瞬間《しゅんかん》を表《あらわ》している。広島《ひろしま》への原子爆弾《げんしばくだん》の投下《とうか》は過去《かこ》のことだが、「地球《ちきゅう》が原《げん》爆《ばく》を数百個所持《すうひゃっこしょじ》して」（第五連《だいごれん》）いる今《いま》、毎朝《まいあさ》やってくる「午前八《ごぜんはち》時一五分《じじゅうごふん》」に、再《ふたた》び同《おな》じようなことが起《お》こってもなんの不思議《ふしぎ》もない。そのような危機《きき》が目前《もくぜん》に迫《せま》っていることを、惨事《さんじ》の起《お》きた時刻《じこく》によって象徴《しょうちょう》している。

② 最終連《さいしゅうれん》に「やすらかに　美《うつく》しく　油断《ゆだん》していた。」とある。ここで使《つか》われている「油断《ゆだん》」の意味《いみ》とその効果《こうか》について考《かんが》えよう。

答えの例

当時《とうじ》の人《ひと》は、原子爆弾《げんしばくだん》によって生命《せいめい》を奪《うば》われる危険《きけん》など全《まった》く予《よ》想《そう》しておらず、日々《ひび》の生活《せいかつ》を当《あ》たり前《まえ》のように感《かん》じていたという意《い》味《み》。これは現代《げんだい》を生《い》きる私《わたし》たちにも通《つう》じていると警鐘《けいしょう》を鳴《な》らす効果《こうか》がある。

考え方

原子爆弾《げんしばくだん》の存在《そんざい》を知《し》らなかった「二一五万人《にじゅうごまんにん》」の「油断《ゆだん》」は、避《さ》けようのない仕方《しかた》のない油断《ゆだん》だといえる。しかし、現在《げんざい》の私《わたし》たちは、かつての「二一五万人《にじゅうごまんにん》」の犠牲《ぎせい》によって、原子爆弾《げんしばくだん》のもたらす悲劇《ひげき》と、その存在《そんざい》を知《し》っている。それにもかかわらず、私《わたし》たちはかつての「二一五万人《にじゅうごまんにん》」と同《おな》じように「やすらかに　美《うつく》しく」安心《あんしん》しきって生《せい》活《かつ》している。そのような私《わたし》たちへの強《つよ》い警告《けいこく》の思《おも》いが「油断《ゆだん》」という言葉《ことば》に込《こ》められている。

考《かんが》えをもつ ❸ 自分《じぶん》の意見《いけん》を述《の》べよう。

作者《さくしゃ》は、この詩《し》の中《なか》で、どのようなことを考《かんが》え、伝《つた》えようとしたのだろう。現代社会《げんだいしゃかい》の状況《じょうきょう》と重《かさ》ね合《あ》わせながら、自分《じぶん》の意見《いけん》を述《の》べてみよう。

答えの例

作者《さくしゃ》は、突然命《とつぜんいのち》を奪《うば》われた被爆者《ひばくしゃ》の不条理《ふじょうり》、現代《げんだい》の私《わたし》たちに迫《せま》る原爆《げんばく》の危機《きき》、そして、危機的状況《ききてきじょうきょう》を見《み》きわめる必要性《ひつようせい》を伝《つた》えようとしている。この詩《し》が発表《はっぴょう》されたのは、終戦《しゅうせん》から七年後《しちねんご》の一九五二（昭和二七《しょうわにじゅうしち》）年《ねん》である。被爆《ひばく》の影響《えいきょう》は長期《ちょうき》に及《およ》び、まだまだ傷《きず》は癒えていなかったはずだ。それなのに、地球上《ちきゅうじょう》には「数百個《すうひゃっこ》」の核兵《かくへい》器《き》が蓄《たくわ》えられていた。

核兵器《かくへいき》は現在《げんざい》も数多《かずおお》く存在《そんざい》している。私《わたし》たちは、広島《ひろしま》の惨事《さんじ》を繰《く》り返《かえ》すことのないよう、「戦争《せんそう》を絶対《ぜったい》に起《お》こさない」という意識《いしき》を強《つよ》くもつことが大切《たいせつ》だと思《おも》った。

考え方

詩《し》が作《つく》られた当時《とうじ》よりも、現在《げんざい》の状況《じょうきょう》は深刻《しんこく》になっている点《てん》を踏《ふ》まえ、作者《さくしゃ》の考《かんが》え方《かた》を発展《はってん》させていくとよい。

振り返る

● 詩《し》に使《つか》われている表現《ひょうげん》の効果《こうか》について、考《かんが》えたことを伝《つた》え合《あ》おう。

答えの例

・「しずかに耳《みみ》を澄《す》ませ」という命令形《めいれいけい》の表現《ひょうげん》には、悲惨《ひさん》な過去《かこ》を忘《わす》れてはいけない、現在《げんざい》の危機《きき》から目《め》をそらしてはいけない、という強《つよ》い訴《うった》えが込《こ》められていると感《かん》じた。

考え方

作者《さくしゃ》が表現技法《ひょうげんぎほう》を用《もち》いることで、どのような効果《こうか》をねらっているかに注目《ちゅうもく》する。作者《さくしゃ》は、私《わたし》たち自身《じしん》の置《お》かれている状況《じょうきょう》がいかに危険《きけん》であるかを強調《きょうちょう》している。

● 詩《し》に表現《ひょうげん》された内容《ないよう》について、感《かん》じたことや考《かんが》えたことを文章《ぶんしょう》にまとめよう。

答えの例

・「地球《ちきゅう》が原爆《げんばく》を数百個所持《すうひゃっこしょじ》して」いるのに「油断《ゆだん》」している、というのは、現代《げんだい》の日本《にっぽん》に生《い》きる私《わたし》たちの姿《すがた》そのものだと思《おも》う。「なぜそんなにも安《やす》らかに／あなたは美《うつく》しいのか」という問《と》いかけに、平和《へいわ》な毎日《まいにち》を当《あ》たり前《まえ》だと思《おも》っていた自分《じぶん》の危機感《ききかん》のなさを指摘《してき》された思《おも》いがした。

・核兵器《かくへいき》の問題《もんだい》だけでなく、世界《せかい》では今《いま》も戦争《せんそう》が起《お》きているし、環《かん》境問題《きょうもんだい》も深刻《しんこく》だ。この詩《し》が詠《よ》まれたとき以上《いじょう》に、私《わたし》たちが歩《ある》いている「生《せい》と死《し》のきわどい淵《ふち》」は危険《きけん》なのではないだろうか。

考え方

詩《し》の中《なか》の「友《とも》」や「私《わたし》」が、既《すで》に「戦火《せんか》の跡《あと》もとどめぬ」顔《かお》をして、「地球《ちきゅう》が原爆《げんばく》を数百個所持《すうひゃっこしょじ》して」いるにもかかわらず「油断《ゆだん》」している状況《じょうきょう》は、現代社会《げんだいしゃかい》にそのまま重《かさ》なる。状況《じょうきょう》は、より深刻化《しんこくか》しているのに、現代《げんだい》の私《わたし》たちは、危機的状況《ききてきじょうきょう》に無自覚《むじかく》なままである。この詩《し》が発表《はっぴょう》されてから、既《すで》に七十年近《ななじゅうねんちか》くたっているが、作者《さくしゃ》のメッセージは今《いま》なお強《つよ》い力《ちから》をもち続《つづ》けている。

テスト直前《ちょくぜん》にチェック!

挨拶《あいさつ》——原爆《げんばく》の写真《しゃしん》によせて

教科書 94~97ページ

挨拶——原爆の写真によせて　石垣《いしがき》りん

あ、
この焼けただれた顔は
一九四五年八月六日
その時広島にいた人
二五万の焼けただれのひとつ

すでに此《こ》の世にないもの

とはいえ
友よ
向き合った互《たが》いの顔を
も一度見直そう
戦火の跡もとどめぬ
すこやかな今日の顔
すがすがしい朝の顔を

その顔の中に明日の表情をさがすとき
私《わたし》はりつぜんとするのだ

地球が原爆を数百個所持して

1 第一連「焼けただれた顔」について答えなさい。

(1) これと対比して描かれているのはどのような顔ですか。全て書き抜きなさい。

（　　　　）

(2) これを説明した次の文章が完成するように、①は十一字、②③は二字で、詩の中から書き抜きなさい。

「焼けただれた顔」とは、（①　　　）、（②　　）に（③　　）が投下されたことによって死んでいった二五万人を象徴した表現である。

解くコツ　詩の中から書き抜いているか。

2 第三連「向き合った互いの顔」とありますが、これは誰と誰の顔のことですか。詩の中の言葉を用いて答えなさい。

（　　　　）

3 よく出る! 第四連「私はりつぜんとするのだ」とありますが、それはなぜですか。次から一つ選び、記号に○を付けなさい。

解くコツ　象徴していることを捉えているか。

ア　かつて広島で原子爆弾のためになくなった人々の焼けただれた顔の写真を見ていて、その苦しみが伝わってくるから。

イ　かつて広島で原子爆弾のためになくなった人々が、安らかな美しい日常を一瞬にして奪われたことに思い至ったから。

ウ　地球にはたくさんの原爆があって危険な状況が身近に迫ってい

生と死のきわどい淵《ふち》を歩くとき
なぜそんなにも安らかに
あなたは美しいのか

しずかに耳を澄ませ
何かが近づいてきはしないか
見きわめなければならないものは目の前に
えり分けなければならないものは
手の中にある
午前八時一五分は
毎朝やってくる

一九四五年八月六日の朝
一瞬にして死んだ二五万人の人すべて
いま在る
あなたの如《ごと》く　私の如く
やすらかに　美しく　油断していた。

石垣りん「挨拶——原爆の写真によせて」（光村図書『国語三年』94〜96ページ）

るのに、私たちの危機意識が薄いことに気付いたから。

エ　地球にはたくさんの原爆があって危険な状況が身近に迫っているからこそ、私たちは命を輝かせようとすると気付いたから。

4 よく出る！ **第六連「午前八時一五分は／毎朝やってくる」とありますが、これはどのような意味ですか。**

（　　　　　　　　）

5 **第七連「やすらかに　美しく　油断していた。」には、どんな思いが込められていますか。次から一つ選び、記号に○を付けなさい。**

ア　原爆のためになくなった人々が、注意力に欠け、日々を漫然と過ごしてしまっていたことを残念がる思い。

イ　ぬるま湯につかったような安心しきった生活を続けて、あらゆるものを疑って日々を過ごすべきだという思い。

ウ　おびただしい原爆が存在することを心に留め、それが使用されることがないよう警戒するべきだという思い。

エ　安らかに美しく生きることは人間本来の姿であるが、原爆もまた人間の作るもので、惨事はやむをえないという思い。

6 **この詩の「挨拶」という題名には、どのような意味がありますか。適切でないものを次から一つ選び、記号に○を付けなさい。**

解くコツ　適切でないものを選んでいるか。

ア　広島で原爆のためになくなった人々と向き合うこと。

イ　危機意識をもって生きようという自分自身の決意。

ウ　同じ今を生きる人々に危機意識をもてと促すこと。

エ　自分を大切に育ててくれた親に対する心からの感謝。

◀答えは165ページ

4 状況《じょうきょう》の中《なか》で

故郷《こきょう》

魯《ろ》(ルウ)迅《じん》(シュン)／竹内好《たけうちよしみ》訳《やく》

教科書 98~113ページ

あらすじ

「私《わたし》」は、家《いえ》を明《あ》け渡《わた》すために、二十年《にじゅうねん》ぶりに故郷《こきょう》へ帰《かえ》ってきたが、記憶《きおく》と違《ちが》う荒廃《こうはい》した光景《こうけい》に寂《さび》しさを感《かん》じる。

古《ふる》い我《わ》が家《や》に着《つ》くと、母《はは》がルントウの名《な》を口《くち》にした。三十年近《さんじゅうねんちか》く前《まえ》、短《みじか》い期間《きかん》だったが、いっしょに過《す》ごしたルントウの心《こころ》は神秘《しんぴ》の宝庫《ほうこ》で、「私《わたし》」の普段《ふだん》の遊《あそ》び仲間《なかま》とは大違《おおちが》いだった。

「私《わたし》」は女《おんな》に声《こえ》を掛《か》けられた。それは、かつて「豆腐屋小町《とうふやこまち》」とよばれた、筋向《すじむか》いのヤンおばさんだった。「私《わたし》」が思《おも》い出《だ》せずにいると、彼女《かのじょ》は嘲《あざけ》る調子《ちょうし》で嫌味《いやみ》を言《い》うのだった。

ある寒《さむ》い日《ひ》の午後《ごご》、「私《わたし》」はルントウと再会《さいかい》を果《は》たした。だが、「私《わたし》」のことを「旦那様《だんなさま》」とよぶルントウを前《まえ》に、「私《わたし》」は悲《かな》しむべき厚《あつ》い壁《かべ》が、二人《ふたり》の間《あいだ》を隔《へだ》ててしまったのを感《かん》じた。

故郷《こきょう》を離《はな》れる船《ふね》の中《なか》で、甥《おい》のホンルと、ルントウの息子《むすこ》シュイシヨンが今《いま》も心《こころ》を通《かよ》わせていることを思《おも》い、せめて若《わか》い世代《せだい》には新《あたら》しい生活《せいかつ》をもってほしいと望《のぞ》む。希望《きぼう》とは、望《のぞ》む者《もの》が多《おお》くなれば実現《じつげん》できるものなのである。

構成

1. 故郷《こきょう》に近《ちか》づく船《ふね》の中《なか》での「私《わたし》」の思《おも》い（初《はじ》め〜P99・3）
2. 母《はは》からルントウのことを聞《き》く（P99・4〜P99・20）
3. ルントウとの輝《かがや》かしい思《おも》い出《で》（P100・1〜P103・11）
4. ヤンおばさんとの再会《さいかい》（P103・12〜P105・18）
5. ルントウとの再会《さいかい》（P105・19〜P109・7）
6. 故郷《こきょう》を去《さ》る船《ふね》の中《なか》で抱《いだ》いた希望《きぼう》（P109・8〜終《お》わり）

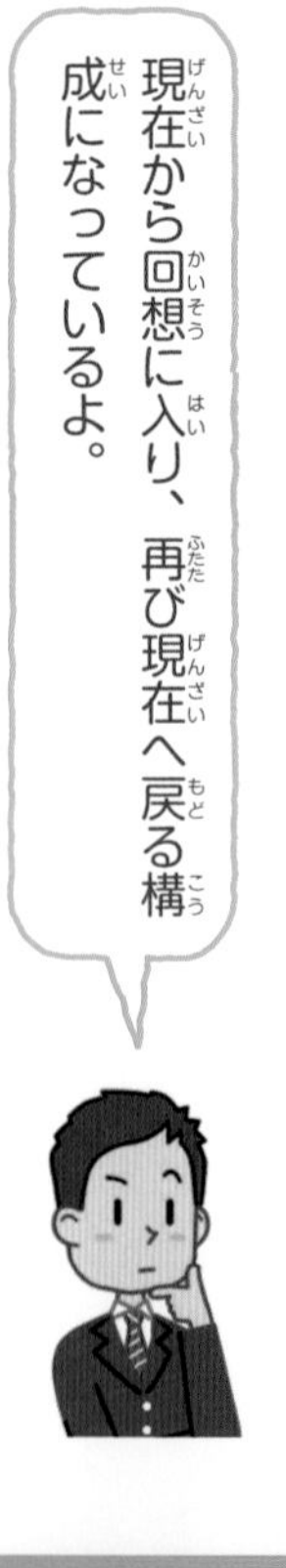

新出漢字

漢字のチェック

*はここに出《で》てきた読《よ》み。

99　**閑**　*カン
もんがまえ　12画
意味　①ひま。②静《しず》か。③いいかげん。
言葉　①閑職《かんしょく》　②閑散《かんさん》・閑静《かんせい》　③閑却《かんきゃく》
使い方　閑静《かんせい》な住宅街《じゅうたくがい》に住《す》む。
準2級

100　**紺**　*コン
いとへん　11画
意味　紫《むらさき》がかった青色《あおいろ》。こん色《いろ》。
言葉　濃紺《のうこん》
使い方　紺碧《こんぺき》の空《そら》が広《ひろ》がる。
3級

100　**雇**　*コ　やとう
ふるとり　12画
意味　賃金《ちんぎん》を払《はら》って人《ひと》を使《つか》う。
言葉　雇《やと》い主《ぬし》・雇用《こよう》・解雇《かいこ》
使い方　若者《わかもの》の雇用《こよう》を促進《そくしん》する。
3級

101　**艶**　（エン）　*つや
いろ　19画
意味　①色《いろ》。つや。②なまめかしい。
言葉　①艶耀《えんよう》　②艶歌《えんか》
使い方　彼女《かのじょ》の歌声《うたごえ》には艶《つや》がある。
2級

101　**溺**　［溺］　*テキ　おぼれる
さんずい　13画
意味　①水《みず》におぼれる。②あることにふける。
言葉　①溺死《できし》　②耽溺《たんでき》
使い方　犬《いぬ》を溺愛《できあい》する。
2級

102　**畜**　*チク
た　10画
意味　動物《どうぶつ》を飼《か》う。
言葉　畜産《ちくさん》・家畜《かちく》・牧畜《ぼくちく》
使い方　豊《ゆた》かな緑《みどり》の中《なか》で、牧畜《ぼくちく》を営《いとな》んでいる。
3級

103　**塀**　*ヘイ
つちへん　12画
意味　敷地《しきち》などの囲《かこ》いの壁《かべ》。
言葉　板塀《いたべい》・土塀《どべい》
使い方　高《たか》い塀《へい》に囲《かこ》まれた屋敷《やしき》。
準2級

104　**塗**　*ト　ぬる
つち　13画
意味　ぬりつける。
言葉　塗装《とそう》・塗布《とふ》・漆塗《うるしぬ》り
使い方　塗装《とそう》のはげたベンチ。
3級

105　**乏**　*ボウ　とぼしい
の　4画
意味　物《もの》などが足《た》りなくてまずしい。
言葉　貧乏《びんぼう》・欠乏《けつぼう》
使い方　鉄分《てつぶん》が欠乏《けつぼう》する。
3級

105　**駄**　*ダ
うまへん　14画
意味　①牛馬《ぎゅうば》に荷物《にもつ》を載《の》せる。②つまらない。
言葉　①駄賃《だちん》　②駄作《ださく》・駄目《だめ》
使い方　無駄《むだ》な出費《しゅっぴ》を省《はぶ》く。
準2級

106　**旦**　*タン　ダン
ひ　5画
意味　朝《あさ》・夜明《よあ》け
言葉　元旦《がんたん》
使い方　一年《いちねん》の計《けい》は元旦《がんたん》にあり。
2級

106　**那**　*ナ
おおざと　7画
意味　①なに。どの。②外国語《がいこくご》の「ナ」という音《おん》にあてた漢字《かんじ》。
言葉　①那辺《なへん》　②旦那《だんな》
使い方　出会《であ》った刹那《せつな》に心引《こころひ》かれる。
2級

110　**慕**　*ボ　したう
したごころ　14画
意味　したう。なつかしく思《おも》う。
言葉　慕情《ぼじょう》・敬慕《けいぼ》・恋慕《れんぼ》
使い方　会《あ》えない間《あいだ》に恋慕《れんぼ》の情《じょう》が募《つの》る。
3級

新出音訓

110

麻

*マ

あさ

あさ

11画

意味　①あさ。②しびれる。

言葉　①麻糸《あさいと》・麻布《あさぬの》　②麻酔《ますい》・麻薬《まやく》

使い方　全身麻酔《ぜんしんますい》で手術《しゅじゅつ》をする。

準2級

111

崇

*スウ

やま

11画

意味　①気高《けだか》い。②尊《とうと》ぶ。

言葉　①崇高《すうこう》　②崇拝《すうはい》・崇敬《すうけい》・尊崇《そんすう》

使い方　有名《ゆうめい》な作家《さっか》を崇敬《すうけい》する。

準2級

101

結わえる（ゆわえる）

105

財布（サイフ）

重要語句のチェック

＊はここでの意味《いみ》。

98ページ

候《こう》　季節《きせつ》としての趣《おもむき》が感《かん》じられる頃《ころ》。文**新緑《しんりょく》の候《こう》**、お変《か》わりなくお過《す》ごしのことと思《おも》います。

わびしい　①寂《さび》しくて心細《こころぼそ》い。文外国《がいこく》での**わびしい**一人暮《ひとりぐ》らし。＊②貧《まず》しく、粗末《そまつ》な様子《ようす》。文**わびしい**食事《しょくじ》。③なんとなく寂《さび》しく、もの静《しず》かである。文**わびしい**秋《あき》の夕暮《ゆうぐ》れ。

寂寥《せきりょう》　①ひっそりとして、もの寂《さび》しい様子《ようす》。文**寂寥《せきりょう》**とした枯《か》れ野《の》。＊②心《こころ》が満《み》たされず、寂《さび》しい様子《ようす》。類寂寞《せきばく》

込《こ》み上《あ》げる　ある感情《かんじょう》が高《たか》まって、抑《おさ》えきれなくなる。文怒《いか》りが**込《こ》み上《あ》げる**。

片時《かたとき》　ほんの僅《わず》かな時間《じかん》。文**片時《かたとき》**も忘《わす》れない。

心境《しんきょう》　気持《きも》ち。そのときの心《こころ》の様子《ようす》。文現在《げんざい》の**心境《しんきょう》**を語《かた》る。

一族《いちぞく》　同《おな》じ血筋《ちすじ》の人々《ひとびと》。文**一族《いちぞく》**が集《あつ》まる。類同族《どうぞく》・一門《いちもん》

99ページ

暮《く》らしを立《た》てる　収入《しゅうにゅう》を得《え》て生活《せいかつ》する。文音楽《おんがく》で**暮《く》らしを立《た》てる**。

異郷《いきょう》　生《う》まれた土地《とち》ではない、よその土地《とち》。文**異郷《いきょう》**の地《ち》。対故郷《こきょう》

折《おり》から　＊①ちょうどそのとき。文**折《おり》から**の風《かぜ》で桜《さくら》が散《ち》る。②……の時《とき》である。文暑《あつ》さ厳《きび》しい**折《おり》から**。

ひっそり閑《かん》　「ひっそり」を強《つよ》めた言《い》い方《かた》。非常《ひじょう》に静《しず》まり返《かえ》っている様子《ようす》。文真冬《まふゆ》の里山《さとやま》は**ひっそり閑《かん》**としている。

やるせない　悲《かな》しみや苦《くる》しみを晴《は》らすことができなくて、つらい。文**やるせない**寂《さび》しさを感《かん》じる。

処分《しょぶん》　①罰《ばっ》すること。文違反者《いはんしゃ》を**処分《しょぶん》**する。＊②始末《しまつ》すること。文古《ふる》い本《ほん》を**処分《しょぶん》**する。

しきりに　①何度《なんど》も。続《つづ》けて。文犬《いぬ》が**しきりに**ほえる。＊②熱心《ねっしん》に。文兄《あに》が**しきりに**薦《すす》める本《ほん》。

100ページ

脳裏《のうり》　頭《あたま》の中《なか》。文**脳裏《のうり》**に名案《めいあん》が浮《う》かんだ。

紺碧《こんぺき》　黒《くろ》みがかった濃《こ》い青色《あおいろ》。文**紺碧《こんぺき》**の空《そら》に輝《かがや》く星《ほし》。類紺青《こんじょう》

金色《こんじき》　「金色《きんいろ》」の文学的《ぶんがくてき》な言《い》い方《かた》。文**金色《こんじき》**に輝《かがや》く仏像《ぶつぞう》。

刺叉《さすまた》　長《なが》い柄《え》の先《さき》に、鋭《するど》い月形《つきがた》の金具《かなぐ》を付《つ》けた、昔《むかし》の武器《ぶき》。文**刺《さす》叉《また》**を構《かま》える。

暮《く》らし向《む》き　生活《せいかつ》や家計《かけい》の状態《じょうたい》。文**暮《く》らし向《む》き**がよくなる。

供物《くもつ》　神《かみ》や仏《ほとけ》に供《そな》えるもの。お供《そな》え。文**供物《くもつ》**を神《かみ》にささげる。

祭器《さいき》　お祭《まつ》りのときに使《つか》う器具《きぐ》。文**祭器《さいき》**を大切《たいせつ》に保管《ほかん》する。

吟味《ぎんみ》する　物《もの》の品質《ひんしつ》などがよいかどうかを、よく調《しら》べる。文家具《かぐ》を**吟味《ぎんみ》して**選《えら》ぶ。

参詣《さんけい》　神社《じんじゃ》や寺《てら》にお参《まい》りに行《い》くこと。文八幡宮《はちまんぐう》に**参詣《さんけい》**する。類参拝《さんぱい》

かたわら　①そば。すぐ横《よこ》。文ビルの**かたわら**に公園《こうえん》がある。＊②あることをしている一方《いっぽう》で。文ピアノを習《なら》う**かたわら**、作曲《さっきょく》も勉強《べんきょう》する。

節季《せっき》　①年《とし》の暮《く》れ。年末《ねんまつ》。文**節季《せっき》**はいつも慌《あわ》ただしい。＊②商店《しょうてん》が貸《か》し借《か》りの決算《けっさん》をする時期《じき》。文全員《ぜんいん》で協力《きょうりょく》して、**節季《せっき》**を乗《の》り切《き》る。

年貢《ねんぐ》　昔《むかし》、領主《りょうしゅ》によって田畑《たはた》や土地《とち》などにかけられた租税《そぜい》。文**年《ねん》貢《ぐ》**を納《おさ》める。

101ページ

溺愛《できあい》　むやみやたらに、かわいがること。文猫《ねこ》を**溺愛《できあい》**する。

願《がん》をかける　神仏《しんぶつ》に願《ねが》いごとをする。文神様《かみさま》に**願《がん》をかける**。

屑籾《くずもみ》　人《ひと》の食用《しょくよう》にならない籾《もみ》。「籾《もみ》」は、稲《いね》から取《と》ったばかりの、皮《かわ》の付《つ》いたままの米《こめ》。文鶏《にわとり》に**屑籾《くずもみ》**を与《あた》える。

102ページ

見当《けんとう》もつかない　およその見込《みこ》みさえつけられない。文実力伯仲《じつりょくはくちゅう》で、誰《だれ》が優勝《ゆうしょう》するか**見当《けんとう》もつかない**。

獰猛《どうもう》　荒々《あらあら》しく乱暴《らんぼう》で、恐《おそ》ろしい様子《ようす》。文**獰猛《どうもう》**な熊《くま》。

畜生《ちくしょう》　①人《ひと》に飼《か》われている鳥《とり》やけだもの。＊②相手《あいて》を罵《ののし》るとき、また、物事《ものごと》がうまくいかず、悔《くや》しいときなどに発《はっ》する言葉《ことば》。文**畜生《ちくしょう》**、うまくいかないな。

103ページ

高潮《たかしお》　台風《たいふう》などの影響《えいきょう》で海岸《かいがん》の水位《すいい》が上《あ》がり、大波《おおなみ》が押《お》し寄《よ》せてくる現象《げんしょう》。文**高潮《たかしお》**にはくれぐれも気《き》をつけてください。

宝庫《ほうこ》　①宝物《ほうもつ》を入《い》れる倉庫《そうこ》。文**宝庫《ほうこ》**の鍵《かぎ》をなくした。＊②いい物《もの》・貴重《きちょう》な物《もの》がたくさんある所《ところ》。文その島《しま》は水産物《すいさんぶつ》の**宝庫《ほうこ》**だ。

ことづける　人《ひと》に頼《たの》んで、用事《ようじ》を伝《つた》えたり、物《もの》を届《とど》けたりしてもらう。文手紙《てがみ》を**ことづける**。

電光《でんこう》のように　さっと頭《あたま》にひらめく様子《ようす》。「電光《でんこう》」は、いなびかりのこと。文良《よ》い案《あん》が、**電光《でんこう》のように**浮《う》かんだ。

104ページ

甲高《かんだか》い　声《こえ》の調子《ちょうし》がたいへん高《たか》い。文鳥《とり》の**甲高《かんだか》い**鳴《な》き声《ごえ》。

五十《ごじゅう》がらみ　およそ五十歳《ごじっさい》ぐらいの。「……がらみ」は、「およそ……ぐらい」という意味《いみ》の接尾語《せつびご》。文道《みち》で、**五十《ごじゅう》がらみ**の女性《じょせい》に道《みち》をきかれた。

筋向《すじむ》かい　斜《なな》めに向《む》かい合《あ》っていること。筋向《すじむ》こう。文**筋向《すじむ》かい**の家《いえ》。

105ページ

不服《ふふく》　納得《なっとく》できず、不満《ふまん》なこと。文**不服《ふふく》**そうな顔《かお》をする。類不平《ふへい》

蔑《さげす》む　馬鹿《ばか》にする。軽蔑《けいべつ》する。文**蔑《さげす》ん**だ目《め》で見《み》る。

嘲《あざけ》る　馬鹿《ばか》にして悪口《わるくち》を言《い》ったり、笑《わら》ったりする。文人《ひと》を**嘲《あざけ》る**ような物言《ものい》いをする。類あざ笑《わら》う

冷笑《れいしょう》　馬鹿《ばか》にして笑《わら》うこと。文失敗《しっぱい》して**冷笑《れいしょう》**を浴《あ》びた。

苦笑《くしょう》　不快《ふかい》を隠《かく》して無理《むり》に笑《わら》うこと。文欠点《けってん》をつかれて**苦笑《くしょう》**する。

微笑《びしょう》 にっこりすること。ほほ笑《え》むこと。文**微笑《びしょう》**を浮《う》かべる。

失笑《しっしょう》 思《おも》わず吹《ふ》きだすこと。文人々《ひとびと》の**失笑《しっしょう》**を買《か》う。

財布《さいふ》のひもを締《し》める 倹約《けんやく》して、なかなか金《かね》を使《つか》わない。文老後《ろうご》を考《かんが》えて、**財布《さいふ》のひもを締《し》める**。対財布《さいふ》のひもを緩《ゆる》める

行《い》きがけの駄賃《だちん》 ことのついでに、他《ほか》のことをするたとえ。文**行《い》きがけの駄賃《だちん》**にくりを拾《ひろ》う。

106ページ

似《に》もつかない 全《まった》く似《に》ていない。文昨日《きのう》とは**似《に》もつかない**態度《たいど》に驚《おどろ》く。

きせる 刻《きざ》みたばこを詰《つ》めて吸《す》う道具《どうぐ》。文祖父《そふ》の愛用《あいよう》した**きせる**。

血色《けっしょく》 顔《かお》や肌《はだ》の色《いろ》つや。文**血色《けっしょく》**がよい。

思案《しあん》 いろいろと思《おも》い考《かんが》えること。文ここが**思案《しあん》**のしどころ。

数珠《じゅず》つなぎ 人《ひと》や物《もの》が、数珠玉《じゅずだま》のようにたくさんつながること。文車《くるま》が**数珠《じゅず》つなぎ**になっている。

うやうやしい 相手《あいて》を敬《うやま》い、礼儀正《れいぎただ》しく振《ふ》る舞《ま》う様子《ようす》。文**うやうやしく**おじぎをする。

107ページ

他人行儀《たにんぎょうぎ》 親《した》しい間柄《あいだがら》なのに、他人《たにん》のようによそよそしくしたり、遠慮《えんりょ》したりすること。文**他人行儀《たにんぎょうぎ》**な態度《たいど》。

わきまえ 物事《ものごと》のよしあしを、正《ただ》しく判断《はんだん》すること。文善悪《ぜんあく》の**わきまえ**もない。

108ページ

はにかむ 恥《は》ずかしそうにする。文**はにかんで**下《した》を向《む》く。

物騒《ぶっそう》 ＊①危険《きけん》なことが起《お》こりそうな状態《じょうたい》。文**物騒《ぶっそう》**な世《よ》の中《なか》。②危《あぶ》ないこと。文**物騒《ぶっそう》**な物《もの》を持《も》っている。

作柄《さくがら》 農作物《のうさくぶつ》のでき具合《ぐあい》。文今年《ことし》の稲《いね》の**作柄《さくがら》**を予測《よそく》する。

元《もと》が切《き》れる 売《う》り値《ね》が原価《げんか》より安《やす》くなる。文この値《ね》では**元《もと》が切《き》れる**。

すべ すべき方法《ほうほう》。しかた。文なす**すべ**もない。類手段《しゅだん》

境遇《きょうぐう》 その人《ひと》の置《お》かれている立場《たちば》。身《み》の上《うえ》。文貧《まず》しい**境遇《きょうぐう》**。

凶作《きょうさく》 天候《てんこう》などの影響《えいきょう》で、農作物《のうさくぶつ》のできが非常《ひじょう》に悪《わる》いこと。文**凶作《きょうさく》**のため生活《せいかつ》が苦《くる》しい。類不作《ふさく》 対豊作《ほうさく》・満作《まんさく》

匪賊《ひぞく》 略奪《りゃくだつ》・強盗《ごうとう》・殺人《さつじん》などを行《おこな》う集団《しゅうだん》。

寄《よ》ってたかって 多《おお》くの人《ひと》が寄《よ》り集《あつ》まって。文**寄《よ》ってたかって**悪口《わるくち》を言《い》うのはやめよう。

でくのぼう 自分《じぶん》では何《なに》もできず、役《やく》に立《た》たない人《ひと》。文彼《かれ》は**でくのぼう**で使《つか》いものにならない。

109ページ

とりとめのない まとまりがない。要領《ようりょう》を得《え》ない。文**とりとめのない**ことばかり言《い》うな。

110ページ

胸《むね》をつかれる 驚《おどろ》かされる。はっと気《き》づかされる。文母《はは》の突然《とつぜん》の涙《なみだ》に、**胸《むね》をつかれる**。

胸《むね》が締《し》めつけられる 苦《くる》しい思《おも》いをする。文友人《ゆうじん》の落《お》ち込《こ》み方《かた》を見《み》て、**胸《むね》が締《し》めつけられる**思《おも》いだ。

胸《むね》がすく すかっとする。せいせいする。文**胸《むね》がすく**ような勝利《しょうり》。

胸《むね》に迫《せま》る 強《つよ》い感情《かんじょう》が込《こ》み上《あ》げてくる。文**胸《むね》に迫《せま》る**思《おも》い。

名残惜《なごりお》しい 心《こころ》が残《のこ》って別《わか》れるのがつらい。文**名残惜《なごりお》しくて**いつまでも見送《みおく》る。

気《き》がめいる 気分《きぶん》がふさいで元気《げんき》がなくなる。文**気《き》がめいる**よう

な出来事《できごと》。

気《き》がもめる 心配《しんぱい》で、じっとしていられない。やきもきする。文妹《いもうと》が転《ころ》ばないかと**気《き》がもめる**。

気《き》が置《お》けない 気《き》を遣《つか》わず、気軽《きがる》に打《う》ち解《と》けられる。文**気《き》が置《お》けない**友達《ともだち》。

気《き》が気《き》でない 気《き》になって落《お》ち着《つ》いていられない。文台風《たいふう》が近《ちか》づいていて**気《き》が気《き》でない**。

打《う》ちひしがれる ショックを受《う》けてしょんぼりする。文権力《けんりょく》に**打《う》ちひしがれる**。

111ページ

野放図《のほうず》 しまりがない様子《ようす》。したい放題《ほうだい》にする様子《ようす》。文**野放図《のほうず》**な人《ひと》。

ここがポイント! 教科書《きょうかしょ》の「学習《がくしゅう》」の答《こた》えと考《かんが》え方《かた》

教科書 112~113ページ

捉《とら》える ❶ 作品《さくひん》の設定《せってい》を捉《とら》えよう。

現在《げんざい》の場面《ばめん》と「私《わたし》」の回想《かいそう》の場面《ばめん》を確認《かくにん》しよう。また、「私《わたし》」と他《ほか》の登場人物《とうじょうじんぶつ》との関係《かんけい》を整理《せいり》してみよう。

答えの例

◆現在《げんざい》の場面《ばめん》と「私《わたし》」の回想《かいそう》の場面《ばめん》

- 「私《わたし》」の回想《かいそう》の場面《ばめん》…P100・1~P103・11
- 現在《げんざい》の場面《ばめん》…「『私《わたし》』の回想《かいそう》の場面《ばめん》」以外《いがい》の場面《ばめん》。

◆「私《わたし》」と他《ほか》の登場人物《とうじょうじんぶつ》との関係《かんけい》

- 母《はは》…「私《わたし》」の母《はは》。一族《いちぞく》が長《なが》く住《す》み、今度他人《こんどたにん》に明《あ》け渡《わた》すことになった家《いえ》の、最後《さいご》の整理《せいり》をしている。
- ホンル…「私《わたし》」の甥《おい》。八歳《はっさい》。「私《わたし》」とは初対面《しょたいめん》。のちに少年時代《しょうねんじだい》の「私《わたし》」に重《かさ》ねられる。
- ヤンおばさん…「私《わたし》」の家《いえ》の筋向《すじむ》かいの豆腐屋《とうふや》のおばさん。昔《むかし》は「豆腐屋小町《とうふやこまち》」とよばれ、彼女《かのじょ》のおかげで商売《しょうばい》も繁盛《はんじょう》していた。見忘《みわす》れてしまった「私《わたし》」に嫌味《いやみ》を言《い》う。
- ルントウ…「私《わたし》」の家《いえ》の「マンユエ」という立場《たちば》の奉公人《ほうこうにん》であった人物《じんぶつ》の息子《むすこ》。いっしょに過《す》ごしたのは短期間《たんきかん》だが、子供《こども》の頃《ころ》の「私《わたし》」とは兄弟《きょうだい》のような仲《なか》で、「私《わたし》」の憧《あこが》れの対象《たいしょう》であった。
- シュイション…ルントウの五番目《ごばんめ》の子供《こども》。のちに少年時代《しょうねんじだい》のルントウに重《かさ》ねられる。

考え方

〈現在《げんざい》の場面《ばめん》と「私《わたし》」の回想《かいそう》の場面《ばめん》〉

この物語《ものがたり》は現在《げんざい》の場面《ばめん》を中心《ちゅうしん》として進《すす》むのだが、回想《かいそう》の場面《ばめん》を挿《そう》入《にゅう》することで現在《げんざい》の「私《わたし》」の心情《しんじょう》を浮《う》き彫《ぼ》りにしている。特《とく》に詳《くわ》しく描《えが》かれているのは、ルントウとの少年時代《しょうねんじだい》の思《おも》い出《で》である。ここは必《かなら》ず押《お》さえておきたい。再会《さいかい》を果《は》たした現在《げんざい》は、苛酷《かこく》な現実社会《げんじつしゃかい》に打《う》ちのめされ、立場《たちば》をわきまえた大人《おとな》に成《な》り果《は》てているルントウだが、思《おも》い出《で》の中《なか》の彼《かれ》は、海《うみ》や大地《だいち》や動物《どうぶつ》と無邪気《むじゃき》にたわむれる「神秘《しんぴ》の宝庫《ほうこ》」であり、世界《せかい》の狭《せま》い「私《わたし》」にとって「小英雄《しょうえいゆう》」ともいうべき存在《そんざい》だったのである。

〈「私《わたし》」と他《ほか》の登場人物《とうじょうじんぶつ》との関係《かんけい》〉

主《おも》な登場人物《とうじょうじんぶつ》は、母《はは》・ホンル・ヤンおばさん・ルントウ・シュイションである。これらの人物《じんぶつ》と「私《わたし》」との関係《かんけい》を、本文《ほんもん》のそれぞれの叙述《じょじゅつ》に着目《ちゃくもく》してつかめばよい。登場人物《とうじょうじんぶつ》を確認《かくにん》できると、物語《ものがたり》の流《なが》れがよりつかみやすくなる。

読《よ》み深《ふか》める② 場面《ばめん》や登場人物《とうじょうじんぶつ》の設定《せってい》に着目《ちゃくもく》して読《よ》み取《と》ろう。

① 回想《かいそう》の場面《ばめん》と現在《げんざい》の場面《ばめん》とを比《くら》べ、描写《びょうしゃ》がどのように変化《へんか》しているか、それがわかる部分《ぶぶん》を抜《ぬ》き出《だ》そう。

・故郷《こきょう》の様子《ようす》　・ルントウ　・ヤンおばさん

答えの例

◆故郷《こきょう》の様子《ようす》

〈回想《かいそう》の場面《ばめん》〉

●「私《わたし》の故郷《こきょう》は、もっとずっとよかった。」（P98・7）

〈現在《げんざい》の場面《ばめん》〉

●「苫《とま》の隙間《すきま》から外《そと》をうかがうと、鉛色《なまりいろ》の空《そら》の下《した》、わびしい村々《むらむら》が、いささかの活気《かっき》もなく、あちこちに横《よこ》たわっていた。」（P98・3）

◆ルントウ

〈回想《かいそう》の場面《ばめん》〉

●「艶《つや》のいい丸顔《まるがお》で、小《ちい》さな毛織《けお》りの帽子《ぼうし》をかぶり、きらきら光《ひか》る銀《ぎん》の首輪《くびわ》をはめていた。それは父親《ちちおや》の溺愛《できあい》ぶりを示《しめ》すもので、どうか息子《むすこ》が死《し》なないようにと神仏《しんぶつ》に願《がん》をかけて、その首輪《くびわ》でつなぎ止《と》めてあるのだ。彼《かれ》は人見知《ひとみし》りだったが、私《わたし》にだけは平気《へいき》で、そばに誰《だれ》もいないとよく口《くち》をきいた。」（P101・3）

〈現在《げんざい》の場面《ばめん》〉

●「背丈《せたけ》は倍《ばい》ほどになり、昔《むかし》の艶《つや》のいい丸顔《まるがお》は、今《いま》では黄《き》ばんだ色《いろ》に変《か》わり、しかも深《ふか》いしわが畳《たた》まれていた。目《め》も、彼《かれ》の父親《ちちおや》がそうであったように、周《まわ》りが赤《あか》く腫《は》れている。私《わたし》は知《し》っている。海《うみ》辺《べ》で耕作《こうさく》する者《もの》は、一日中《いちにちじゅう》潮風《しおかぜ》に吹《ふ》かれるせいで、よくこうなる。頭《あたま》には古《ふる》ぼけた毛織《けお》りの帽子《ぼうし》、身《み》には薄手《うすで》の綿入《わたい》れ一枚《いちまい》、全身《ぜんしん》ぶるぶる震《ふる》えている。紙包《かみづつ》みと長《なが》いきせるを手《て》に提《さ》げている。その手《て》も、私《わたし》の記憶《きおく》にある血色《けっしょく》のいい、丸々《まるまる》した手《て》ではなく、太《ふと》い、節《ふし》くれだった、しかもひび割《わ》れた、松《まつ》の幹《みき》のような手《て》である。」（P106・2）

◆ヤンおばさん

〈回想《かいそう》の場面《ばめん》〉

●「そういえば子供《こども》の頃《ころ》、筋向《すじむ》かいの豆腐屋《とうふや》に、ヤンおばさんという人《ひと》が一日中座《いちにちじゅうすわ》っていて、『豆腐屋小町《とうふやこまち》』とよばれていたっけ。

しかし、その人《ひと》ならおしろいを塗《ぬ》っていたし、頬骨《ほおぼね》もこんなに出《で》ていないし、唇《くちびる》もこんなに薄《うす》くはなかったはずだ。それに一日中《いちにちじゅう》座《すわ》っていたのだから、こんなコンパスのような姿勢《しせい》は、見《み》ようにも見《み》られなかった。」（P104・15）

〈現在《げんざい》の場面《ばめん》〉

●「私《わたし》の前《まえ》には、頬骨《ほおぼね》の出《で》た、唇《くちびる》の薄《うす》い、五十《ごじゅう》がらみの女《おんな》が立《た》っていた。両手《りょうて》を腰《こし》にあてがい、スカートをはかないズボン姿《すがた》で足《あし》を開《ひら》いて立《た》ったところは、まるで製図用《せいずよう》の脚《あし》の細《ほそ》いコンパスそっくりだった。」（P104・7）

考え方

「故郷《こきょう》の様子《ようす》」については、作品中《さくひんちゅう》の情景描写《じょうけいびょうしゃ》から読《よ》み取《と》ることができる。特《とく》に現在《げんざい》の寂《さび》れたたたずまいの描写《びょうしゃ》は、物理的《ぶつりてき》な現実《げんじつ》とともに、その背景《はいけい》にある当時《とうじ》の中国《ちゅうごく》の苛酷《かこく》な社会状況《しゃかいじょうきょう》、ひいては故《こ》郷《きょう》に別《わか》れを告《つ》げに来《き》た「私《わたし》」の心情《しんじょう》をも反映《はんえい》している。

ルントウの変化《へんか》は、この作品《さくひん》の中核《ちゅうかく》をなすもので、しっかり押《お》さえておきたい。子供《こども》の頃《ころ》は海《うみ》・大地《だいち》・生《い》き物《もの》との触《ふ》れ合《あ》いにわくわくと心躍《こころおど》らせて日々《ひび》を楽《たの》しんでいた「小英雄《しょうえいゆう》」「神秘《しんぴ》の宝庫《ほうこ》」であった彼《かれ》だが、今《いま》や苛酷《かこく》な現実《げんじつ》の中《なか》で生活《せいかつ》に追《お》われ心身《しんしん》ともに打《う》ちのめされた一人《ひとり》の大人《おとな》に変《か》わり果《は》ててしまっている。

ヤンおばさんのエピソードは、故郷《こきょう》の変化《へんか》のいわばシンボルであり、次《つぎ》のルントウとの再会《さいかい》に際《さい》して受《う》ける衝撃《しょうげき》の伏線《ふくせん》にもなっていて重要《じゅうよう》であるが、変化《へんか》については過去《かこ》と対比的《たいひてき》にまとめられているので、つかみやすいだろう。

情景描写《じょうけいびょうしゃ》から風景《ふうけい》を想像《そうぞう》して読《よ》もう。

② 「ルントウ」と再会《さいかい》した場面《ばめん》で「私《わたし》」が感《かん》じた「悲《かな》しむべき厚《あつ》い壁《かべ》」（106ページ18行目《ぎょうめ》）とは何《なに》か、考《かんが》えよう。

答えの例

当時《とうじ》の中国《ちゅうごく》の社会《しゃかい》の圧力《あつりょく》や理不尽《りふじん》さによって生《う》まれた格差《かくさ》によってできた元主人《もとしゅじん》と使用人《しようにん》という隔絶《かくぜつ》した関係《かんけい》を「悲《かな》しむべき厚《あつ》い壁《かべ》」と感《かん》じている。

考え方

二人《ふたり》の関係《かんけい》の変化《へんか》を最《もっと》も象徴的《しょうちょうてき》に表《あらわ》しているのは、やはり再会《さいかい》の場面《ばめん》である。

●「『ああルンちゃん――よく来《き》たね……。』……悲《かな》しむべき厚《あつ》い壁《かべ》が、二人《ふたり》の間《あいだ》を隔《へだ》ててしまったのを感《かん》じた。」（P106・11〜18）

「私《わたし》」はルントウを前《まえ》にして、頭《あたま》の中《なか》の言葉《ことば》をなぜか口《くち》に出《だ》せない。そしてルントウも「喜《よろこ》びと寂《さび》しさの色《いろ》」を顔《かお》に出《だ》して唇《くちびる》を動《うご》かすが、それは声《こえ》にならない。そしてついには、かつて兄弟《きょうだい》のような仲《なか》であった「私《わたし》」をうやうやしく「旦那様《だんなさま》」とよぶのである。「私《わたし》」は二人《ふたり》の間《あいだ》を隔《へだ》ててしまった「悲《かな》しむべき厚《あつ》い壁《かべ》」にひどく驚《おどろ》く。

では、「壁《かべ》」を生《う》んだものは何《なん》だろうか。ルントウは、自《みずか》らの暮《く》らしぶりをこのように語《かた》る。

●「とてもとても。今《いま》では六番目《ろくばんめ》の子《こ》も役《やく》に立《た》ちますが、……そうかといって売《う》らなければ、腐《くさ》らせるばかりで……。」（P108・10〜13）

そしてルントウが出《で》ていった後《あと》、母《はは》と「私《わたし》」はため息《いき》をつき、「子《こ》だくさん、凶作《きょうさく》、重《おも》い税金《ぜいきん》、兵隊《へいたい》、匪賊《ひぞく》、役人《やくにん》、地主《じぬし》」が「寄《よ》ってたかって」ルントウを「でくのぼうみたいな人間《にんげん》」に変《か》えてしまったと嘆《なげ》くのである。

つまり、「私《わたし》」とルントウを隔《へだ》てた「壁《かべ》」の背後《はいご》には、当時《とうじ》の中国《ちゅうごく》の抱《かか》えていたさまざまな社会《しゃかい》の圧力《あつりょく》や理不尽《りふじん》さがあったのである。

③ 最後《さいご》の場面《ばめん》で「私《わたし》」が抱《いだ》く「希望《きぼう》」や、望《のぞ》む社会《しゃかい》とはどのようなものか。「私《わたし》」と「ルントウ」、「ホンル」と「シュイション」の関係《かんけい》などを踏《ふ》まえて捉《とら》えよう。また、「私《わたし》」の考《かんが》え方《かた》について自分《じぶん》はどう考《かんが》えるか、話《はな》し合《あ》おう。

答えの例

むだの積《つ》み重《かさ》ねで魂《たましい》をすり減《へ》らすのではなく、打《う》ちひしがれて心《こころ》が麻痺《まひ》するのでもなく、やけを起《お》こして野放図《のほうず》に走《はし》るのでもない、新《あたら》しい生活《せいかつ》をもつことで、互《たが》いに隔絶《かくぜつ》せず心《こころ》が一《ひと》つになるような社会《しゃかい》を望《のぞ》んでいる。「私《わたし》」の考《かんが》え方《かた》は、若《わか》い世代《せだい》に希望《きぼう》を託《たく》すばかりで自分《じぶん》は変《か》わろうとしていないように思《おも》えた。

考え方

最後《さいご》の三《みっ》つの形式段落《けいしきだんらく》を基《もと》に考《かんが》えたい。

「私《わたし》」は甥《おい》のホンルとルントウの息子《むすこ》シュイションの世代《せだい》に望《のぞ》みをかけるのである。

「私《わたし》」が思《おも》い描《えが》くのは、「互《たが》いに隔絶《かくぜつ》することのない」（P110・18）社会《しゃかい》である。それは自分《じぶん》たちの経験《けいけん》しなかった新《あたら》しい生活《せいかつ》でしか実現《じつげん》できない社会《しゃかい》であると、「私《わたし》」は考《かんが》えている。希望《きぼう》は「手製《てせい》の偶像《ぐうぞう》にすぎぬ」とも思《おも》うが、歩《ある》く人《ひと》が多《おお》くなれば道《みち》はできるのだと「私《わたし》」はそこに光《ひかり》を見《み》いだしている。

「私《わたし》」は、自分《じぶん》たちの世代《せだい》の生活《せいかつ》は全《すべ》て否定《ひてい》しているね。

「……は（も）願《ねが》わない。」という形《かたち》で、反対《はんたい》に自分《じぶん》の望《のぞ》む社会《しゃかい》を表現《ひょうげん》しているね。

考《かんが》えをもつ ❸ 作品《さくひん》を批評《ひひょう》してみよう。

読《よ》み深《ふか》めたことを踏《ふ》まえ、この作品《さくひん》のもつ特性《とくせい》や価値《かち》について批《ひ》評《ひょう》しよう。下段《げだん》の「学習《がくしゅう》の窓《まど》」などを参考《さんこう》に、観点《かんてん》を決《き》めてまとめてみよう。

答えの例

◆人物《じんぶつ》の生《い》き方《かた》や描《えが》かれ方《かた》の観点《かんてん》から

私《わたし》の思《おも》い出《で》の中《なか》の「ルントウ」や「ヤンおばさん」は、健康的《けんこうてき》で明《あか》るく、美《うつく》しい姿《すがた》だが、現実《げんじつ》には、外見《がいけん》からも生活《せいかつ》の苦労《くろう》がわかるような様子《ようす》であり、私《わたし》への接《せっ》し方《かた》も昔《むかし》とは違《ちが》って身分《みぶん》や境遇《きょうぐう》の違《ちが》いを突《つ》きつけてくるものである。この対比《たいひ》が、現在《げんざい》の厳《きび》しい社会情勢《しゃかいじょうせい》や生活苦《せいかつく》、心身《しんしん》の疲労《ひろう》などを浮《う》かび上《あ》がらせ、「私《わたし》」の故郷《こきょう》に対《たい》するやるせない気持《きも》ちを強調《きょうちょう》する役割《やくわり》を果《は》たしている。

確《たし》かに、思《おも》い出《で》は美《うつく》しく、現実《げんじつ》は厳《きび》しいものだろう。とはいえ、ホンルやシュイションたちに望《のぞ》みを託《たく》すばかりで、自分《じぶん》が積極的《せっきょくてき》に変《か》わろうと考《かんが》えていない「私《わたし》」の態度《たいど》は、少《すこ》し残念《ざんねん》に感《かん》じた。

◆表現《ひょうげん》の効果《こうか》の観点《かんてん》から

この作品《さくひん》では、会話《かいわ》で「……」が多《おお》く使《つか》われている。この表現《ひょうげん》は、発言者《はつげんしゃ》がその場面《ばめん》でかかえている複雑《ふくざつ》な心理《しんり》を表《あらわ》している。

この作品《さくひん》の登場人物《とうじょうじんぶつ》たちは、それぞれに生活《せいかつ》に悩《なや》みや苦《くる》しみをもっている。さらに、生活《せいかつ》が苦《くる》しいと言《い》っても、「私《わたし》」と「ルントウ」や「ヤンおばさん」の間《あいだ》にはかなり境遇《きょうぐう》に違《ちが》いがある。自分《じぶん》がどちらの立場《たちば》だったとしても、やはり、その場面《ばめん》で何《なに》を言《い》うべきか、簡《かん》単《たん》には決《き》められないと思《おも》う。

考え方

読《よ》み深《ふか》める❷-①では、回想《かいそう》の場面《ばめん》と現在《げんざい》の場面《ばめん》が対比的《たいひてき》に描《えが》かれていることがわかった。②では、「私《わたし》」と「ルントウ」との関係《かんけい》の変化《へんか》を通《とお》して、時代《じだい》や社会背景《しゃかいはいけい》の問題《もんだい》が浮《う》かび上《あ》がった。③では、「私《わたし》」が望《のぞ》む新《あら》たな社会《しゃかい》について考《かんが》えた。これらをよく表《あらわ》している場面《ばめん》について、「人物《じんぶつ》」「表現《ひょうげん》」などの観点《かんてん》からまとめてみよう。

言葉を広げる

● 作品《さくひん》から色彩《しきさい》を表《あらわ》す言葉《ことば》を抜《ぬ》き出《だ》し、そこに込《こ》められた意味《いみ》や作《さく》品《ひん》に与《あた》える印象《いんしょう》を考《かんが》えよう。

考え方

「紺碧《こんぺき》」「金色《こんじき》」「緑《みどり》」など、「私《わたし》」の思《おも》い出《で》の中《なか》で「ルントウ」が登場《とうじょう》する場面《ばめん》の色彩《しきさい》は、鮮《あざ》やかで美《うつく》しい。一方《いっぽう》、現在《げんざい》の故郷《こきょう》は「鉛《なまり》色《いろ》」という暗《くら》い色彩《しきさい》の中《なか》に描《えが》かれている。色彩《しきさい》の対比《たいひ》も、思《おも》い出《で》の美《うつく》しさと現実《げんじつ》の厳《きび》しさを強調《きょうちょう》する役割《やくわり》を果《は》たしている。

振り返る

● 友達《ともだち》の批評《ひひょう》を読《よ》んで、自分《じぶん》の捉《とら》え方《かた》との共通点《きょうつうてん》や相違点《そういてん》などを基《もと》に、考《かんが》えが深《ふか》まったことを発表《はっぴょう》してみよう。

● 今後《こんご》、小説《しょうせつ》を読《よ》んで自分《じぶん》の考《かんが》えをもつために、大切《たいせつ》にしたい観点《かんてん》を挙《あ》げてみよう。

考え方

「批評《ひひょう》」は、作品《さくひん》の特性《とくせい》や価値《かち》を論《ろん》じたり、評価《ひょうか》したりすることであり、感想《かんそう》とは異《こと》なる。描《えが》かれている内容《ないよう》をそのまま受《う》け入《い》れるのではなく、それがどのような意味《いみ》をもつのか、自分《じぶん》はそのような考《かんが》え方《かた》に対《たい》して納得《なっとく》できるか、できないとしたら、どのような点《てん》にか、というように、批判的《ひはんてき》な観点《かんてん》をもって読《よ》むと、単《たん》に物語《ものがたり》を楽《たの》しむというだけでなく、自分《じぶん》の考《かんが》えを深《ふか》める機会《きかい》になる。

テスト直前《ちょくぜん》にチェック！

故郷《こきょう》①

教科書 98〜113ページ

明くる日、鳥を捕ってくれと頼むと、彼は、

「だめだよ。大雪が降ってからでなきゃ。おいらとこ、砂地に雪が降るだろ。そうしたら、雪をかいて、少し空き地をこしらえるんだ。それから、大きな籠を持ってきて、短いつっかい棒をかって、屑籾《くずもみ》をまくんだ。そうすると、小鳥が来て食うから、そのとき遠くの方から、棒に結わえてある縄を引っ張るんだ。そうすると、みんな籠から逃げられないんだ。なんだっているぜ。タオチー（稲鶏）だの、チアオチー（角鶏）だの、はとだの、ランペイ（藍背）だの……。」

それからは雪の降るのが待ち遠しくなった。

ルントウはまた言うのだ。

「今は寒いけどな、夏になったら、おいらとこへ来るといいや。おいら、昼間は海へ貝殻拾いに行くんだ。赤いのも、青いのも、なんでもあるよ。①『鬼おどし』もあるし、『観音様の手』もあるよ。晩には、父ちゃんとすいかの番に行くのさ。おまえも来いよ。」

「どろぼうの番？」

「そうじゃない。通りがかりの人が、喉が渇いて、すいかを取って食ったって、そんなの、おいらとこじゃ、どろぼうなんて思やしない。番をするのは、穴熊や、はりねずみや、チャーさ。月のある晩に、いいかい、ガリガリって音がしたら、チャーがすいかをかじってるんだ。そうしたら、手に刺叉《さすまた》を持って、忍び寄っ

1 ――線①「『鬼おどし』もあるし、『観音様の手』もあるよ。」とありますが、「鬼おどし」「観音様の手」とは、何のことですか。本文中から二字で書き抜きなさい。

解くコツ　文章中から書き抜けているか。

2 ――線②「危険な経歴」とありますが、どういうことを指していますか。次から一つ選び、記号に○を付けなさい。

ア　すいかが畑で育てられており、喉の渇いた通りがかりの人がそれを取って食べてしまいかねない危険があること。

イ　どろぼうからすいか畑を守るために、穴熊やはりねずみやチャーを飼って、畑を見張らせていること。

ウ　すいかが畑で育てられており、それを動物が狙っているので、夜に人間が刺叉を持って番をしていること。

エ　人間が刺叉で突いても、獰猛ですばしっこいチャーはそれをかわして逃げてしまうので、すいかをうまく守れないこと。

3 よく出る！ ――線③「神秘の宝庫」とありますが、ここではどういうことですか。次から一つ選び、記号に○を付けなさい。

ア　どうにも信じがたいほどの、自然のさまざまな脅威との格闘の経験を、まだ少年のルントウが豊富に積んでいること。

イ　「私」にはない、自然のさまざまなものについての知識やそれらと触れ合った経験を、ルントウが豊富にもっていること。

ウ　「私」にはない、自然との関わりのエピソードをおもしろく語

て……。」

そのとき私は、その「チャー」というのがどんなものか、見当もつかなかった――今でも見当はつかない――が、ただなんとなく、小犬のような、そして獰猛《どうもう》な動物だという感じがした。

「かみつかない？」

「刺叉があるじゃないか。忍び寄って、チャーを見つけたら突くのさ。あん畜生、利口だから、こっちへ走ってくるよ。そうして、股をくぐって逃げてしまうよ。なにしろ、毛が油みたいに滑っこくて……。」

こんなにたくさん珍しいことがあろうなど、それまで私は思ってもみなかった。海には、そのような五色の貝殻があるものなのか。すいかには、こんな②危険な経歴があるものなのか。私はすいかといえば、果物屋に売っているものとばかり思っていた。

「おいらとこの砂地では、高潮の時分になると『跳ね魚』がいっぱい跳ねるよ。みんな、かえるみたいな足が二本あって……。」

ああ、ルントウの心は③神秘の宝庫で、私の遊び仲間とは大違いだ。こんなことは、私の友達は何も知ってはいない。ルントウが海辺にいるとき、彼らは私と同様、④高い塀に囲まれた中庭から四角な空を眺めているだけなのだ。

惜しくも正月は過ぎて、ルントウは家へ帰らねばならなかった。別れがつらくて、私は声を上げて泣いた。ルントウも台所の隅に隠れて、嫌がって泣いていたが、とうとう父親に連れてゆかれた。その後、彼は父親にことづけて、貝殻を一包みと、美しい鳥の羽を何本か届けてくれた。私も一、二度何か贈り物をしたが、それきり顔を合わす機会はなかった。

魯迅／竹内　好　訳「故郷」（光村図書『国語三年』101～103ページ）

って聞かせる話術が、ルントウによく身に付いていること。

エ　どうにも信じがたい、自然との関わりについての架空のエピソードを、ルントウの想像力が生み出しているらしいこと。

4 よく出る！ ――線④「高い塀に囲まれた中庭から四角な空を眺めているだけなのだ。」について答えなさい。

(1) これは、「私」のどのような環境をたとえたのですか。

（　　　　　　　　　　）

(2) 本文には、(1)で答えたような環境で育った「私」の思い込みが書かれています。その一文を探し、初めの五字を書き抜きなさい。

解くコツ　初めの五字を書き抜けているか。

□□□□□

5 少年の頃の「私」とルントウの交流はどのようでしたか。次から二つ選び、記号に○を付けなさい。

ア　ある夏、海辺のルントウの家に招待されて遊んだ。

イ　離れてから、贈り物をし合ったことがあった。

ウ　これ以後、二人は年末年始に遊ぶのが常であった。

エ　この年末年始の後は、顔を合わす機会がなかった。

オ　その後、一、二度顔を合わせる機会があった。

◀答えは166ページ

テスト直前《ちょくぜん》にチェック！

故郷《こきょう》②

教科書 98~113ページ

船はひたすら前進した。両岸の緑の山々は、たそがれの中で薄墨色に変わり、次々と船尾に消えた。

私といっしょに窓辺にもたれて、暮れてゆく外の景色を眺めていたホンルが、ふと問いかけた。

「伯父《おじ》さん、僕たち、いつ帰ってくるの。」

「帰ってくる？　どうしてまた、行きもしないうちに、帰るなんて考えたんだい。」

「だって、シュイションが僕に、家へ遊びに来いって。」

大きな黒い目をみはって、彼はじっと考え込んでいた。

①私も、私の母も、はっと胸をつかれた。そして、話がまたルントウのことに戻った。母はこう語った。例の豆腐屋小町のヤンおばさんは、私の家で片づけが始まってから、毎日必ずやって来たが、おととい、灰の山から碗《わん》や皿を十個余り掘り出した。あれこれ議論の末、それはルントウが埋めておいたにちがいない、灰を運ぶとき、いっしょに持ち帰れるから、という結論になった。ヤンおばさんは、この発見を手柄顔に、「犬じらし」（これは私たちのところで鶏を飼うのに使う。木の板に柵を取り付けた道具で、中に食べ物を入れておくと、鶏は首を伸ばしてついばむことができるが、犬にはできないので、見てじれるだけである。）をつかんで飛ぶように走り去った。纏足《てんそく》用の底の高い靴で、よくもと思うほど速かったそうだ。

古い家はますます遠くなり、故郷の山や水もますます遠くなる。だが②名残《なごり》惜しい気はしない。自分の周りに目に見えぬ高い壁があって、

1 よく出る！ ——線①「私も、私の母も、はっと胸をつかれた。」とありますが、それはなぜですか。次の文に合うように文章中の言葉を書きなさい。

ホンルと［　　　　　　］の関係が、「私」と［　　　　］の関係に重なって感じられたから。

2 ——線②「名残惜しい気はしない。」とありますが、「私」がそのように感じるのはなぜですか。

（　　　　）

3 ——線③「距離は全く遠くなった」とありますが、これと同じ状況を表す動詞を文章中から四字で書き抜きなさい。

［　　　　］

4 よく出る！ ——線④「希望」とは、どのようなものですか。次から一つ選び、記号に○を付けなさい。

ア　若い世代が、互いに隔たってしまわないために、魂をすり減らす生活を共に耐え忍んでゆくこと。

イ　若い世代が、一つ心でいたいがために、打ちひしがれて心が麻痺する生活を共に切り抜けてゆくこと。

ウ　若い世代が、厳しい社会的現実の中で、やけを起こして野放図

その中に自分だけ取り残されたように、気がめいるだけである。すいか畑の銀の首輪の小英雄の面影は、元は鮮明このうえなかったのが、今では急にぼんやりしてしまった。これもたまらなく悲しい。

　母とホンルとは寝入った。

　私も横になって、船の底に水のぶつかる音を聞きながら、今、自分は、自分の道を歩いているとわかった。思えば私とルントウとの③距離は全く遠くなったが、若い世代は今でも心が通い合い、現にホンルはシュイションのことを慕っている。せめて彼らだけは、私と違って、互いに隔絶することのないように……とはいっても、彼らが一つ心でいたいがために、私のように、むだの積み重ねで魂をすり減らす生活を共にすることは願わない。また、ルントウのように、打ちひしがれて心が麻痺《ひ》する生活を共にすることも願わない。また、他の人のように、やけを起こして野放図に走る生活を共にすることも願わない。④希望をいえば、彼らは新しい生活をもたなくてはならない。私たちの経験しなかった新しい生活を。

　希望という考えが浮かんだので、⑤私はどきっとした。たしかルントウが香炉と燭台《しょくだい》を所望したとき、私は、相変わらずの⑥偶像崇拝だな、いつになったら忘れるつもりかと、心ひそかに彼のことを笑ったものだが、今私のいう希望も、やはり手製の偶像にすぎぬのではないか。ただ、彼の望むものはすぐ手に入り、私の望むものは手に入りにくいだけだ。

　まどろみかけた私の目に、海辺の広い緑の砂地が浮かんでくる。その上の紺碧《こんぺき》の空には、金色《こんじき》の丸い月が懸かっている。思うに希望とは、もともとあるものともいえぬし、ないものともいえない。⑦それは地上の道のようなものである。もともと地上には道はない。歩く人が多くなれば、それが道になるのだ。

魯迅／竹内　好　訳「故郷」（光村図書『国語三年』109～111ページ）

に走る生活を重ねつつ生きること。
エ　若い世代が、互いに隔たってしまうことのないような、「私」たちの経験しなかった新しい生活をもつこと。

5　——線⑤「私はどきっとした。」とありますが、それはなぜですか。次から一つ選び、記号に○を付けなさい。
ア　「希望」という言葉に触れて、急にうれしくなったから。
イ　「希望」を実現することの困難さをひどく痛感したから。
ウ　「希望」がルントウの崇拝する偶像と同じだと思ったから。
エ　「希望」を抱く資格が自分にはないことを知ったから。

6　よく出る！　——線⑥「偶像崇拝」のここでの意味として適切なものを次から一つ選び、記号に○を付けなさい。
ア　よくできた神仏の像だけを崇拝の対象にすること。
イ　一人よがりに、神仏のように価値があると信じること。
ウ　ご利益のある神仏だけをあがめたてまつること。
エ　神仏の像を祭ることを決してしないこと。

7　——線⑦「それは地上の道のようなものである。」の「それ」は「希望」を指しますが、「希望」のどのようなところが「道」のようだといえるのですか。

（　　　　　　　　）

くわしく解くコツ　本文の内容に沿って答えているか。

◀答えは166ページ

4 状況《じょうきょう》の中《なか》で 聞《き》き上手《じょうず》になろう

教科書 114~115ページ

解説

話《はな》し手《て》、聞《き》き手《て》、聴衆《ちょうしゅう》に分《わ》かれて対談《たいだん》を行《おこな》い、相手《あいて》や場《ば》に応《おう》じた適切《てきせつ》な話《はな》し方《かた》や、相手《あいて》の内面《ないめん》に迫《せま》る質問《しつもん》のしかたを学《まな》ぼう。

1 対談《たいだん》の準備《じゅんび》をする

聞《き》き手《て》は、話《はな》し手《て》から話《はなし》を引《ひ》き出《だ》し、聴衆《ちょうしゅう》にも楽《たの》しんでもらうことを意識《いしき》して準備《じゅんび》をする。そのために、話《はな》し手《て》から話題《わだい》を聞《き》いておき、中心《ちゅうしん》となる質問《しつもん》を用意《ようい》したり、話《はなし》の展開《てんかい》を予想《よそう》したりしておく。

●話《はな》し手《て》に対《たい》して…話《はな》し手《て》の思《おも》いや内面《ないめん》に迫《せま》るために、何《なに》を聞《き》き出《だ》せばよいか考《かんが》える。

●聴衆《ちょうしゅう》に対《たい》して…話題《わだい》について聴衆《ちょうしゅう》がどのくらい知《し》っているか、また、話題《わだい》についてどのような興味《きょうみ》をもっているか予想《よそう》して、質問《しつもん》の内容《ないよう》などを考《かんが》える。

2 対談《たいだん》を行《おこな》う

話《はな》し手《て》、聞《き》き手《て》、聴衆《ちょうしゅう》は、それぞれ次《つぎ》のようなことを意識《いしき》しながら参加《さんか》するとよい。

●話《はな》し手《て》…自分《じぶん》が話《はな》したい内容《ないよう》に関《かん》して質問《しつもん》をされたら、そのことを伝《つた》えてから話《はな》すと、聞《き》き手《て》や聴衆《ちょうしゅう》に伝《つた》わりやすくなる。

●聞《き》き手《て》…話《はな》し手《て》だけでなく聴衆《ちょうしゅう》の反応《はんのう》も見《み》ながら、臨機応変《りんきおうへん》に質問《しつもん》する。

●聴衆《ちょうしゅう》…最後《さいご》に講評《こうひょう》ができるように、自分《じぶん》が興味《きょうみ》をもった話《はなし》や共感《きょうかん》できる点《てん》、疑問点《ぎもんてん》などをメモするなどしながら聞《き》く。

3 学習《がくしゅう》を振《ふ》り返《かえ》る

話《はな》し手《て》、聞《き》き手《て》、聴衆《ちょうしゅう》のそれぞれの立場《たちば》から、気《き》づいたことや感《かん》じたことを話《はな》し合《あ》う。

●話《はな》し手《て》の思《おも》いや内面《ないめん》を引《ひ》き出《だ》した質問《しつもん》は何《なん》だったか。

●自分《じぶん》が聞《き》き手《て》ならどんな質問《しつもん》をするか、話《はな》し手《て》だったらどう答《こた》えるか。

自分《じぶん》が話《はな》したことの中《なか》からポイントを見《み》つけて質問《しつもん》してもらうと、話《はな》しやすいね。

4

状況《じょうきょう》の中《なか》で

【推敲《すいこう》】論理《ろんり》の展開《てんかい》を整《ととの》える

教科書 116ページ

教科書の課題

上《うえ》の文章《ぶんしょう》（P116上段《じょうだん》）を①～④に従《したが》って、整《ととの》えてみよう。

① ——線部《せんぶ》を、事実《じじつ》を表《あらわ》す文《ぶん》と考《かんが》えを表《あらわ》す文《ぶん》の二《ふた》つに分《わ》けよう。

② ❷を二《ふた》つの段落《だんらく》に分《わ》けよう。

③ ❷には、論《ろん》の展開《てんかい》に直接関《ちょくせつかか》わらず、省《はぶ》いた方《ほう》がよい一文《いちぶん》がある。その一文《いちぶん》を指摘《してき》しよう。

④ ❸を、意見《いけん》がより伝《つた》わるように、根拠《こんきょ》を踏《ふ》まえて書《か》き改《あらた》めよう。

答えの例

① 〈事実《じじつ》を表《あらわ》す文《ぶん》〉…ユネスコの調査《ちょうさ》によると、現在《げんざい》、世界《せかい》で約《やく》二千五百《にせんごひゃく》の言語《げんご》・方言《ほうげん》が消滅《しょうめつ》の危機《きき》にあり、その中《なか》には、日本《にっぽん》の方言《ほうげん》も幾《いく》つか含《ふく》まれている。

〈考《かんが》えを表《あらわ》す文《ぶん》〉…私《わたし》は、方言《ほうげん》をその危機《きき》から救《すく》い、守《まも》ることが必要《ひつよう》だと考《かんが》える。

② 〈一《ひと》つ目《め》〉「一《ひと》つ目《め》の力《ちから》は……」～「……いろどってくれる。」

〈二《ふた》つ目《め》〉「二《ふた》つ目《め》の力《ちから》は……」～「……多《おお》かったという。」

③ この言葉《ことば》が使《つか》われた「富山《とやま》きときと空港《くうこう》」からは、ソウルや北《ペ》京《キン》などに向《む》かう便《びん》もある。

④ このように、方言《ほうげん》には、物事《ものごと》を豊《ゆた》かに表現《ひょうげん》する力《ちから》や、人々《ひとびと》をつなぐ力《ちから》がある。だから、私《わたし》は方言《ほうげん》を守《まも》りたいと考《かんが》える。

考え方

① 文章《ぶんしょう》を書《か》くときは、事実《じじつ》と自分《じぶん》の考《かんが》えを区別《くべつ》して書《か》こう。また、その事実《じじつ》はどこで知《し》ったことなのかも明《あき》らかにしなければならない。同《おな》じように、他人《たにん》の意見《いけん》を引用《いんよう》するときは、引用元《いんようもと》の資料《しりょう》（本《ほん》など）を明《あき》らかにし、調査結果《ちょうさけっか》を用《もち》いるときは、調査《ちょうさ》の対象《たいしょう》や方法《ほうほう》なども明《あき》らかにしておく必要《ひつよう》がある。

② 物事《ものごと》を列挙《れっきょ》するときは、「一《ひと》つ目《め》は……、二《ふた》つ目《め》は……」としたり、「まず……、次《つぎ》に……、最後《さいご》に……」などのように書《か》いたりすると、文章《ぶんしょう》が整《ととの》う。

③ 方言《ほうげん》のもつ力《ちから》とは無関係《むかんけい》の内容《ないよう》である。ここは、方言《ほうげん》を守《まも》りたいという意見《いけん》の根拠《こんきょ》として適切《てきせつ》な具体例《ぐたいれい》を挙《あ》げるとよい。

④ 他《ほか》に、「このように、方言《ほうげん》は、共通語《きょうつうご》では表現《ひょうげん》しきれない微妙《びみょう》な様子《ようす》を表《あらわ》して私《わたし》たちの生活《せいかつ》をいろどってくれるし、人々《ひとびと》の気持《きも》ちを共有《きょうゆう》するのに役立《やくだ》っている。だから、私《わたし》は方言《ほうげん》を守《まも》りたいと考《かんが》える。」などのようにしてもよい。

言葉《ことば》2 慣用句《かんようく》・ことわざ・故事成語《こじせいご》

教科書 117~118ページ

漢字のチェック

*はここに出《で》てきた読《よ》み。

新出漢字

猿（118） *エン *さる
けものへん 13画
猿猿猿猿猿猿猿猿猿猿猿猿猿
意味　さる。
言葉　猿芝居《さるしばい》・猿知恵《さるちえ》・類人猿《るいじんえん》
使い方　他人《たにん》の猿《さる》まねはやめよう。
準2級

駒（118） *こま
うまへん 15画
駒駒駒駒駒駒駒駒駒駒駒駒駒駒駒
意味　①こま。②子馬《こうま》。③若者《わかもの》。
言葉　①手駒《てごま》 ②若駒《わかごま》 ③荒駒《あらごま》
使い方　将棋《しょうぎ》の駒《こま》を動《うご》かす。
2級

虎（118） *コ とら
とらがしら 8画
虎虎虎虎虎虎虎虎
意味　とら。
言葉　虎穴《こけつ》・虎毛《とらげ》・白虎《びゃっこ》
使い方　猛虎《もうこ》を調教《ちょうきょう》する。
2級

呉（118） *ゴ
くち 7画
呉呉呉呉呉呉呉
意味　昔《むかし》の中国《ちゅうごく》の国名《こくめい》の一《ひと》つ。
言葉　呉音《ごおん》・呉越同舟《ごえつどうしゅう》・呉服《ごふく》
使い方　老舗《しにせ》の呉服屋《ごふくや》さんで買《か》い物《もの》をする。
準2級

新出音訓

118　虎穴（コケツ）

教科書の課題

●次《つぎ》の慣用句《かんようく》を使《つか》って短文《たんぶん》を作《つく》ろう。

答えの例

●役目《やくめ》を果《は》たして、私《わたし》は肩《かた》の荷《に》が下《お》りた。
●約束《やくそく》の時間《じかん》に遅《おく》れそうで、気《き》が気《き》でない。
●春《はる》の夜《よ》の桜《さくら》の美《うつく》しさに、私《わたし》たちはほっと息《いき》をのんだ。

●次《つぎ》のことわざや故事成語《こじせいご》の意味《いみ》を調《しら》べよう。

答えの例

●灯台下暗《とうだいもとくら》し…身近《みぢか》なことはかえってわかりにくいこと。
●ひょうたんから駒《こま》が出《で》る…ふざけて言《い》ったことが実現《じつげん》する。
●虎穴《こけつ》に入《い》らずんば虎子《こじ》を得《え》ず…危険《きけん》を冒《おか》さなければ、望《のぞ》みのものは得《え》られない。
●呉越同舟《ごえつどうしゅう》…仲《なか》の悪《わる》い者《もの》どうしが、同《おな》じ場所《ばしょ》や境遇《きょうぐう》にいること。

「呉《ご》」と「越《えつ》」は、中国《ちゅうごく》にあった国《くに》の名前《なまえ》だよ。二《ふた》つの国《くに》は敵《てき》どうしで、お互《たが》いを憎《にく》み合《あ》っていたんだ。「同舟《どうしゅう》」は同《おな》じ船《ふね》に乗《の》ることだね。

漢字《かんじ》2 漢字《かんじ》の造語力《ぞうごりょく》／漢字《かんじ》に親《した》しもう3

教科書 119~122ページ

漢字のチェック

新出漢字

＊はここに出《で》てきた読《よ》み。

120 遍 ＊ヘン
しんにょう　12画
- 意味：①広《ひろ》く行《ゆ》き渡《わた》る。②回数《かいすう》を数《かぞ》える言葉《ことば》。
- 言葉：①遍在《へんざい》・普遍《ふへん》　②一遍《いっぺん》
- 使い方：世界中《せかいじゅう》を遍歴《へんれき》する。
- 準2級

120 契 ＊ケイ（ちぎる）
だい　9画
- 意味：ちぎる。約束《やくそく》する。
- 言葉：契約《けいやく》
- 使い方：野球選手《やきゅうせんしゅ》が二年間《にねんかん》の契約《けいやく》を結《むす》ぶ。
- 3級

120 猶 ＊ユウ
けものへん　12画
- 意味：先《さき》に延《の》ばす。ぐずぐずする。
- 言葉：猶予《ゆうよ》
- 使い方：もはや一刻《いっこく》の猶予《ゆうよ》もならない。
- 準2級

120 廃 ＊ハイ　すたれる　すたる
まだれ　12画
- 意味：①すたれる。使《つか》われなくなる。②捨《す》てる。やめる。
- 言葉：①廃品《はいひん》・廃物《はいぶつ》・荒廃《こうはい》　②廃案《はいあん》・廃業《はいぎょう》・廃止《はいし》・全廃《ぜんぱい》
- 使い方：不要品《ふようひん》を廃棄《はいき》する。
- 準2級

120 伎 ＊キ
にんべん　6画
- 意味：わざ。腕前《うでまえ》。
- 言葉：歌舞伎《かぶき》
- 使い方：歌舞伎《かぶき》を鑑賞《かんしょう》する。
- 2級

121 憩 ＊ケイ　いこい（いこう）
こころ　16画
- 意味：ひと息《いき》つく。休《やす》む。
- 言葉：休憩《きゅうけい》・小憩《しょうけい》
- 使い方：公園《こうえん》は市民《しみん》の憩《いこ》いの場《ば》だ。
- 3級

121 耗 ＊モウ（コウ）
すきへん　10画
- 意味：減《へ》ってなくなる。減《へ》らす。
- 言葉：消耗《しょうもう》・損耗《そんもう》
- 使い方：消《け》しゴムは消耗品《しょうもうひん》だ。
- 準2級

121 隷 ＊レイ
れいづくり　16画
- 意味：①付《つ》き従《したが》う。しもべ。②漢字《かんじ》の書体《しょたい》の一《ひと》つ。
- 言葉：①隷属《れいぞく》・奴隷《どれい》　②隷書《れいしょ》
- 使い方：小国《しょうこく》が大国《たいこく》に隷従《れいじゅう》する。
- 4級

121 克 ＊コク
にんにょう　7画
- 意味：①かつ。打《う》ちかつ。②よく。十分《じゅうぶん》に。
- 言葉：①克服《こくふく》・克己《こっき》　②克明《こくめい》
- 使い方：病気《びょうき》を克服《こくふく》する。
- 3級

121 甚 ＊はなはだ　＊はなはだしい（ジン）
かん　9画
- 意味：はなはだ。はなはだしい。程度《ていど》を超《こ》えている。
- 言葉：甚大《じんだい》・激甚《げきじん》
- 使い方：あの騒音《そうおん》は甚《はなは》だ迷惑《めいわく》だ。
- 準2級

121 侮 ＊ブ（あなどる）
にんべん　8画
- 意味：あなどる。見下《みくだ》す。馬鹿《ばか》にする。
- 言葉：侮辱《ぶじょく》・軽侮《けいぶ》
- 使い方：他人《たにん》に侮辱《ぶじょく》され、怒《いか》りを覚《おぼ》える。
- 準2級

121

憤

*フン
（いきどおる）

りっしんべん
15画

意味　①いきどおる。②奮《ふる》い立《た》つ。

言葉　①憤慨《ふんがい》・憤然《ふんぜん》・悲憤《ひふん》　②発憤《はっぷん》

使い方　政治家《せいじか》の汚職事件《おしょくじけん》に憤激《ふんげき》する。

準2級

121

庸

*ヨウ

まだれ
11画

意味　①普通《ふつう》。偏《かたよ》らない。②雇《やと》う。③昔《むかし》の税《ぜい》の一《ひと》つ。

言葉　①中庸《ちゅうよう》・凡庸《ぼんよう》　②登庸《とうよう》　③租庸調《そようちょう》

使い方　中庸《ちゅうよう》を得《え》た意見《いけん》。

準2級

121

逐

*チク

しんにょう
10画

意味　①追《お》いかける。追《お》い払《はら》う。②一《ひと》つずつ順《じゅん》を追《お》う。

言葉　①駆逐《くちく》・放逐《ほうちく》　②逐一《ちくいち》・逐次《ちくじ》・逐年《ちくねん》

使い方　経過《けいか》を逐一《ちくいち》報告《ほうこく》する。

準2級

121

庶

*ショ

まだれ
11画

意味　もろもろ。数《かず》が多《おお》い。いろいろな。

言葉　庶民《しょみん》・庶務《しょむ》・庶子《しょし》

使い方　庶民《しょみん》の声《こえ》に耳《みみ》を傾《かたむ》ける。

準2級

121

祥

*ショウ

しめすへん
10画

意味　めでたいこと。めでたいしるしの表《あらわ》れ。

言葉　発祥《はっしょう》・不祥事《ふしょうじ》

使い方　不祥事《ふしょうじ》を引《ひ》き起《お》こす。

準2級

121

罷

*ヒ

あみがしら
15画

意味　①やめる。中止《ちゅうし》する。②役目《やくめ》をやめさせる。

言葉　①罷業《ひぎょう》　②罷免《ひめん》

使い方　大臣《だいじん》を罷免《ひめん》する。

準2級

121

鎮

*チン
（しずめる）
（しずまる）

かねへん
18画

意味　①しずめる。しずまる。②重《おも》し。

言葉　①鎮圧《ちんあつ》・鎮火《ちんか》・鎮座《ちんざ》・鎮静《ちんせい》　②文鎮《ぶんちん》

使い方　頭痛《ずつう》がするので鎮痛剤《ちんつうざい》を飲《の》む。

3級

121

漸

*ゼン

さんずい
14画

意味　ようやく。しだいに。少《すこ》しずつ。

言葉　漸減《ぜんげん》・漸次《ぜんじ》・漸進《ぜんしん》

使い方　合格者《ごうかくしゃ》が漸増《ぜんぞう》する。

準2級

121

隆

*リュウ

こざとへん
11画

意味　①高《たか》い。高《たか》くする。②盛《さか》ん。盛《さか》んになる。

言葉　①隆起《りゅうき》　②隆盛《りゅうせい》・興隆《こうりゅう》

使い方　筋骨隆々《きんこつりゅうりゅう》とした青年《せいねん》。

3級

121

叙

*ジョ

また
9画

意味　①順序《じゅんじょ》立《だ》てて述《の》べる。②位《くらい》を付《つ》ける。

言葉　①叙述《じょじゅつ》・叙情詩《じょじょうし》・自叙伝《じじょでん》　②叙勲《じょくん》

使い方　事実《じじつ》を淡々《たんたん》と叙述《じょじゅつ》する。

準2級

121

逮

*タイ

しんにょう
11画

意味　追《お》いつく。追《お》いかけて捕《つか》まえる。

言葉　逮捕《たいほ》

使い方　犯人《はんにん》を逮捕《たいほ》する。

3級

121

嬢

*ジョウ

おんなへん
16画

意味　若《わか》い女《おんな》の人《ひと》。娘《むすめ》。

言葉　お嬢《じょう》さん・令嬢《れいじょう》

使い方　彼女《かのじょ》が山田家《やまだけ》のご令嬢《れいじょう》だ。

3級

121

枢

*スウ

きへん
8画

意味　物事《ものごと》の大切《たいせつ》なところ。

言葉　枢機《すうき》・枢軸《すうじく》・中枢《ちゅうすう》

使い方　通信《つうしん》は社会《しゃかい》の中枢《ちゅうすう》をなす。

準2級

121

衷

*チュウ

ころも
9画

意味　①どちらにも偏《かたよ》らないこと。②真心《まごころ》。心《こころ》の中《なか》。

言葉　①折衷《せっちゅう》　②衷心《ちゅうしん》・苦衷《くちゅう》

使い方　衷心《ちゅうしん》より哀悼《あいとう》の意《い》を表《ひょう》する。

準2級

122 辣
*ラツ

からい　14画

- 意味：①ぴりりと辛《から》い。②厳《きび》しい。むごい。
- 言葉：①辛辣《しんらつ》　②辣腕《らつわん》
- 使い方：辛辣《しんらつ》に批判《ひはん》されて落《お》ち込《こ》む。

2級

122 鬱
*ウツ

においざけ　29画

- 意味：①草木《くさき》がこんもりと茂《しげ》る。②物事《ものごと》が盛《さか》んな様子《ようす》。③滞《とどこお》る。④気《き》が塞《ふさ》ぐ。
- 言葉：①鬱蒼《うっそう》　②鬱勃《うつぼつ》　③鬱血《うっけつ》　④憂鬱《ゆううつ》
- 使い方：明日《あす》はテストがあるので憂鬱《ゆううつ》だ。

2級

122 褒
*（ホウ）ほめる

ころも　15画

- 意味：ほめる。ほめたたえる。
- 言葉：褒賞《ほうしょう》・褒章《ほうしょう》・褒美《ほうび》
- 使い方：勇気《ゆうき》ある行動《こうどう》を褒《ほ》める。

準2級

122 恣
*シ

こころ　10画

- 意味：勝手気《かってき》まま。欲《ほ》しいまま。
- 言葉：恣意《しい》・恣行《しこう》
- 使い方：アンケート結果《けっか》を恣意的《しいてき》に分析《ぶんせき》する。

2級

122 羞
*シュウ

ひつじ　11画

- 意味：恥《は》じる。恥《は》じらい。
- 言葉：羞恥《しゅうち》・含羞《がんしゅう》
- 使い方：彼《かれ》には羞恥心《しゅうちしん》がない。

2級

122 匠
*ショウ

はこがまえ　6画

- 意味：①職人《しょくにん》。先生《せんせい》。②技芸《ぎげい》に優《すぐ》れた人《ひと》。③物《もの》を作《つく》る工夫《くふう》。
- 言葉：①師匠《ししょう》　②巨匠《きょしょう》　③意匠《いしょう》
- 使い方：意匠《いしょう》を凝《こ》らした作品《さくひん》。

3級

122 賦
*フ

かいへん　15画

- 意味：①割《わ》り当《あ》てて、取《と》り立《た》てる。②割《わ》り当《あ》てる。
- 言葉：①賦課《ふか》・賦役《ふえき》・月賦《げっぷ》　②賦与《ふよ》・天賦《てんぷ》
- 使い方：決定権《けっていけん》が賦与《ふよ》される。

4級

121 粛
*シュク

ふでづくり　11画

- 意味：①慎《つつし》む。心《こころ》を引《ひ》き締《し》める。②厳《きび》しく戒《いまし》める。
- 言葉：①粛然《しゅくぜん》・自粛《じしゅく》・静粛《せいしゅく》　②粛正《しゅくせい》・粛清《しゅくせい》・厳粛《げんしゅく》
- 使い方：綱紀《こうき》を粛正《しゅくせい》する。

準2級

121 剛
*ゴウ

りっとう　10画

- 意味：①こわい。かたい。②力《ちから》や性格《せいかく》が強《つよ》い。
- 言葉：①金剛《こんごう》　②剛健《ごうけん》・強剛《きょうごう》
- 使い方：我《わ》が校《こう》は質実剛健《しつじつごうけん》の校風《こうふう》だ。

準2級

121 謄
*トウ

げん　17画

- 意味：写《うつ》す。原本《げんぽん》をそのまま写《うつ》し取《と》る。
- 言葉：謄写《とうしゃ》・謄本《とうほん》
- 使い方：役所《やくしょ》で戸籍謄本《こせきとうほん》を取《と》る。

準2級

121 曽
*ソウ *ゾ

ひらび　11画

- 意味：①かつて。以前《いぜん》。③世代《せだい》を重《かさ》ねる。
- 言葉：①未曽有《みぞう》　②曽祖父《そうそふ》
- 使い方：未曽有《みぞう》の大惨事《だいさんじ》が起《お》こる。

2級

122 塞
サイ*ソク　ふさぐ　ふさがる

つち　13画

- 意味：①とりで。②ふさぐ。ふさがる。
- 言葉：①要塞《ようさい》　②閉塞《へいそく》
- 使い方：爆音《ばくおん》に耳《みみ》を塞《ふさ》ぐ。

2級

122 葛［葛］
*カツ（くず）

くさかんむり　11画

- 意味：①植物《しょくぶつ》のくず。②つる草《くさ》の総称《そうしょう》。
- 言葉：葛藤《かっとう》・東京都葛飾区《とうきょうとかつしかく》
- 使い方：二《ふた》つの選択肢《せんたくし》の間《あいだ》で葛藤《かっとう》する。

2級

122 藤
*トウ　ふじ

くさかんむり　18画

- 意味：ふじの木《き》。
- 言葉：藤色《ふじいろ》・藤棚《ふじだな》
- 使い方：美《うつく》しい藤色《ふじいろ》の着物《きもの》。

2級

122
扶
*フ

てへん 7画

扶 扶 扶 扶 扶 扶 扶

意味 力《ちから》を貸《か》す。助《たす》ける。手《て》で支《ささ》える。

言葉 扶助《ふじょ》・扶養《ふよう》

使い方 生活《せいかつ》を扶助《ふじょ》する。

準2級

122
寡
*カ

うかんむり 14画

寡 寡 寡 寡 寡 寡 寡 寡 寡

意味 ①少《すく》ない。②夫婦《ふうふ》の一方《いっぽう》が死《し》に、残《のこ》されたほう。

言葉 ①寡言《かげん》・寡黙《かもく》・多寡《たか》 ②寡婦《かふ》

使い方 その件《けん》は寡聞《かぶん》にして存《ぞん》じません。

準2級

122
宜
*ギ

うかんむり 8画

宜 宜 宜 宜 宜 宜 宜 宜

意味 よろしい。都合《つごう》がよい。

言葉 時宜《じぎ》・適宜《てきぎ》・便宜《べんぎ》

使い方 仕事《しごと》の便宜《べんぎ》を図《はか》ってもらう。

準2級

122
寮
*リョウ

うかんむり 15画

寮 寮 寮 寮 寮 寮 寮 寮 寮

意味 寄宿舎《きしゅくしゃ》。学生《がくせい》や勤《つと》め人《にん》が共同《きょうどう》で生活《せいかつ》する場所《ばしょ》。

言葉 学生寮《がくせいりょう》・寮長《りょうちょう》・寮生《りょうせい》・寮母《りょうぼ》

使い方 学生寮《がくせいりょう》から大学《だいがく》に通《かよ》う。

準2級

122
宰
*サイ

うかんむり 10画

宰 宰 宰 宰 宰 宰 宰 宰 宰 宰

意味 仕事《しごと》を取《と》りしきる。仕事《しごと》を取《と》りしきる人《ひと》。

言葉 宰相《さいしょう》・主宰《しゅさい》

使い方 劇団《げきだん》の主宰者《しゅさいしゃ》になる。

準2級

新出音訓

120 上せる（のぼせる）

121 机上（キジョウ）

121 静脈（ジョウミャク）

121 胸算用（むなザンヨウ）

121 お蔵入り（おくらいり）

121 耳目（ジモク）

121 値千金（あたいセンキン）

122 滋養（ジヨウ）

122 縄文（ジョウモン）

121 筆舌（ヒッゼツ）

121 面目（メンボク）

121 助太刀（すけだち）

122 才媛（サイエン）

ここがポイント！

教科書《きょうかしょ》の「練習問題《れんしゅうもんだい》」の答《こた》えと考《かんが》え方《かた》

教科書 120～121ページ

答えの例

1

①理性《りせい》…物事《ものごと》を筋道《すじみち》立《た》てて考《かんが》え、判断《はんだん》する能力《のうりょく》。

②倫理《りんり》…人《ひと》としてあるべき生《い》き方《かた》や道徳《どうとく》。

③普遍《ふへん》…全《すべ》てのものに当《あ》てはまること。

④契約《けいやく》…売買《ばいばい》や貸《か》し借《か》りの約束《やくそく》を交《か》わすこと。

⑤利潤《りじゅん》…企業《きぎょう》などが得《え》る利益《りえき》。
⑥猶予《ゆうよ》…物事《ものごと》を決行《けっこう》する時《とき》を先《さき》に延《の》ばすこと。

2
①消費《しょうひ》・期限《きげん》→消費《しょうひ》できる期限《きげん》。
②産業《さんぎょう》・廃棄《はいき》・物《ぶつ》→産業活動《さんぎょうかつどう》によって廃棄《はいき》された物《もの》。
③食料《しょくりょう》・自給《じきゅう》・率《りつ》→食料《しょくりょう》を国内《こくない》で自給《じきゅう》している率《りつ》（割合《わりあい》）。
④循環《じゅんかん》・型《がた》・社会《しゃかい》→資源《しげん》の循環利用《じゅんかんりよう》を目《め》ざす型《かた》の社会《しゃかい》。
⑤生物《せいぶつ》・多様《たよう》・性《せい》→生物《せいぶつ》が多様《たよう》に存在《そんざい》するという性質《せいしつ》（こと）。
⑥重要《じゅうよう》・無形《むけい》・文化《ぶんか》・財《ざい》→重要《じゅうよう》な無形《むけい》の文化的《ぶんかてき》な財産《ざいさん》。

3
①しょうもう・**ク**　②れいぞく・**ケ**　③こくめい・**ウ**
④ぶじょく・**イ**　⑤ぼんよう・**キ**　⑥ほうちく・**エ**
⑦しょみん・**カ**　⑧ひめん・**オ**　⑨ちんあつ・**ア**

4
①じょうみゃく・動　②きち・未　③ぜんぞう・減
④へいさ・開　⑤りゅうき・没　⑥じょじょう・事
⑦たいほ・放　⑧れいじょう・息

5
①謄本・こせきとうほん　②剛健・しつじつごうけん
③一致・まんじょういっち　④折衷・わようせっちゅう
⑤神経・ちゅうすうしんけい　⑥粛正・こうきしゅくせい

6
①頭《あたま》の中《なか》だけの考《かんが》えで、実際《じっさい》には役《やく》に立《た》たない案《あん》や意見《いけん》。文君《きみ》の考《かんが》えは**机上《きじょう》の空論《くうろん》**にすぎない。
②心《こころ》の中《なか》でざっと計算《けいさん》すること。文どのくらい大変《たいへん》か私《わたし》は**胸算《むなざん》用《よう》**した。
③予定《よてい》していたものが中止《ちゅうし》になること。文その企画《きかく》は**お蔵入《くらい》り**になった。
④文章《ぶんしょう》や言葉《ことば》ではうまく表現《ひょうげん》できない。文彼《かれ》の悪行《あくぎょう》は**筆舌《ひつぜつ》に尽《つ》くしがたい**。
⑤人々《ひとびと》の関心《かんしん》や注意《ちゅうい》を集《あつ》める。文世間《せけん》の**耳目《じもく》を集《あつ》める**快挙《かいきょ》を兄《あに》は成《な》し遂《と》げる。
⑥今《いま》までに一度《いちど》もなかったこと。非常《ひじょう》に珍《めずら》しいこと。文**未曽有《みぞう》**の地震《じしん》が起《お》きる。
⑦名誉《めいよ》を高《たか》める。文今大会《こんたいかい》の優勝《ゆうしょう》で僕《ぼく》は**面目《めんぼく》を施《ほどこ》した**。
⑧大変価値《たいへんかち》が高《たか》い様子《ようす》。文今日《きょう》の勝利《しょうり》は**値千金《あたいせんきん》**だ。
⑨いたるところの港《みなと》や海岸《かいがん》。全国《ぜんこく》いたるところ。文**津津浦浦《つつうらうら》**から名産品《めいさんひん》が集《あつ》まった。
⑩助《たす》けるために力《ちから》を貸《か》すこと。また、その人《ひと》。文この戦《たたか》いに**助《すけ》太刀《だち》**は無用《むよう》だ。

考え方
熟語《じゅくご》を構成《こうせい》している漢字《かんじ》や熟語《じゅくご》を文章《ぶんしょう》に変《か》えてみると手《て》がかりになる。出《て》てきた言葉《ことば》は、意味《いみ》や使《つか》い方《かた》を辞書《じしょ》で調《しら》べてみよう。

「漢字《かんじ》に親《した》しもう3」の答《こた》え

〈新《あたら》しく習《なら》う漢字《かんじ》〉

1 ①へいそくかん　②かっとう　③しんらつ　④ゆううつ
⑤ほめる　⑥しいてき

2 ①羞恥　②意匠　③天賦　④扶養　⑤寡黙

3 ①てきぎ　②がくせいりょう　③しゅさい　④せいじゃく

〈新《あたら》しく習《なら》う音訓《おんくん》〉

4 ①じょう　②さいえん
③てんじょう　④じょうもんどき

5 自《みずか》らの考《かんが》えを

人工知能《じんこうちのう》との未来《みらい》／人間《にんげん》と人工知能《じんこうちのう》と創造性《そうぞうせい》

教科書
124~129
ページ

人工知能《じんこうちのう》との未来《みらい》

羽生善治《はぶよしはる》

およその内容

人工知能《じんこうちのう》が社会《しゃかい》に浸透《しんとう》し始《はじ》めた今《いま》、それに人間《にんげん》がどう向《む》き合《あ》うかが課題《かだい》となる。

今後《こんご》の社会《しゃかい》の在《あ》り方《かた》を考《かんが》えるとき、人工知能《じんこうちのう》を搭載《とうさい》した将棋《しょうぎ》ソフトを使《つか》う棋士《きし》が直面《ちょくめん》している違和感《いわかん》が参考《さんこう》になるかも知《し》れない。

一《ひと》つ目《め》は、人工知能《じんこうちのう》の思考過程《しこうかてい》がブラックボックスになっていることだ。情報《じょうほう》をどのように処理《しょり》してその結論《けつろん》に至《いた》ったのかという、意思決定《いしけってい》の過程《かてい》がわからないものを社会《しゃかい》に受《う》け入《い》れることには、多《おお》くの人《ひと》が不安《ふあん》を覚《おぼ》えるだろう。

二《ふた》つ目《め》は、人工知能《じんこうちのう》には「恐怖心《きょうふしん》がない」ということだ。人工知能《じんこうちのう》の判断《はんだん》はただただ過去《かこ》のデータに基《もと》づくため、人間《にんげん》が不安《ふあん》や違和感《いわかん》を覚《おぼ》えるような判断《はんだん》でも平然《へいぜん》と下《くだ》してしまう。価値《かち》や倫理《りんり》を共有《きょうゆう》していない相手《あいて》と安心《あんしん》して社会生活《しゃかいせいかつ》を営《いとな》むのは難《むずか》しいのではないか。

人工知能《じんこうちのう》は膨大《ぼうだい》なデータと強大《きょうだい》な計算力《けいさんりょく》で最適解《さいてきかい》を導《みちび》き出《だ》す。それに対《たい》し人間《にんげん》は経験《けいけん》に基《もと》づく「美意識《びいしき》」を働《はたら》かせて物事《ものごと》を判断《はんだん》する。人工知能《じんこうちのう》が社会《しゃかい》の意思決定《いしけってい》に関与《かんよ》するようになると、人間《にんげん》の「美意識《びいしき》」が受《う》け入《い》れがたい判断《はんだん》をするかも知《し》れない。また、その判断《はんだん》が絶対的《ぜったいてき》に正《ただ》しいともいえない。したがって、人間《にんげん》は人工知能《じんこうちのう》の判断《はんだん》をどこまで参考《さんこう》にすべきかを思考《しこう》し、判断《はんだん》していく必要《ひつよう》がある。人工知能《じんこうちのう》を「仮想敵《かそうてき》」のように位置《いち》づけてリスクを危惧《きぐ》するのではなく、対応《たいおう》のしかたを考《かんが》えていくほうが現実的《げんじつてき》であろう。

また、人工知能《じんこうちのう》をうまく活用《かつよう》すれば人間《にんげん》の大《おお》きな力《ちから》となるはずだ。人工知能《じんこうちのう》に全《すべ》ての判断《はんだん》を委《ゆだ》ねるのではなく、人工知能《じんこうちのう》から新《あら》たな視座《しざ》を得《え》て、思考《しこう》の幅《はば》を広《ひろ》げていく発想《はっそう》をもつほうが、建設的《けんせつてき》だといえるだろう。人工知能《じんこうちのう》が学習《がくしゅう》するいっぽうで人間《にんげん》も人工知能《じんこうちのう》から学《まな》ぶ。これが、人間《にんげん》と人工知能《じんこうちのう》が共生《きょうせい》する時代《じだい》の新《あたら》しい関係《かんけい》だと考《かんが》える。

解説

◆羽生善治《はぶよしはる》

筆者《ひっしゃ》の羽生善治《はぶよしはる》氏《し》は埼玉県出身《さいたまけんしゅっしん》の将棋棋士《しょうぎきし》。一九八五年《ねん》、中学三年生《ちゅうがくさんねんせい》でプロ棋士《きし》となる。二〇一七年《ねん》には史上初《しじょうはつ》の永世七冠《えいせいななかん》を達成《たっせい》。二〇一八年《ねん》に国民栄誉賞《こくみんえいよしょう》を授与《じゅよ》された。

◆人工知能《じんこうちのう》

人間《にんげん》と同様《どうよう》の知的《ちてき》な行動《こうどう》を機械《きかい》で実現《じつげん》する技術《ぎじゅつ》。人工知能研究《じんこうちのうけんきゅう》は、「意識《いしき》（心《こころ》）」や「知能《ちのう》」とは何《なに》か、といった哲学的《てつがくてき》な問題《もんだい》をも含《ふく》む幅《はば》の広《ひろ》い研究領域《けんきゅうりょういき》である。

人間《にんげん》と人工知能《じんこうちのう》と創造性《そうぞうせい》

松原仁《まつばらひとし》

およその内容

人工知能研究《じんこうちのうけんきゅう》は、コンピュータやロボットなどの人工物《じんこうぶつ》に、人間《にんげん》のような知能《ちのう》をもたせることを目《め》ざしている。

筆者《ひっしゃ》は、人間《にんげん》の知能《ちのう》とは何《なに》かを知《し》るために、人工知能《じんこうちのう》と創造性《そうぞうせい》の関係《かんけい》について研究《けんきゅう》している。創造性《そうぞうせい》とは新《あたら》しいことを思《おも》いつく能力《のうりょく》であり、人間《にんげん》であれば誰《だれ》もがもっている。筆者《ひっしゃ》は、人工知能《じんこうちのう》にショートショートを書《か》かせる試《こころ》みをしている。

コンピュータに小説《しょうせつ》を書《か》かせてみると、今《いま》までにないことを思《おも》いつくだけであれば、人間《にんげん》よりもコンピュータのほうが得意《とくい》であることがわかる。人間《にんげん》の思《おも》いつきは、知識《ちしき》や経験《けいけん》に影響《えいきょう》を受《う》けるため、偏《かたよ》りが出《で》るが、コンピュータは偏《かたよ》りのないものをたくさん生《う》み出《だ》すことができるからだ。

いっぽうで、たくさんある作品《さくひん》の中《なか》から優《すぐ》れたものを選《えら》ぶ「評《ひょう》価《か》」の作業《さぎょう》は、人間《にんげん》は無意識《むいしき》のうちにできるが、コンピュータには難《むずか》しい。

このように、人間《にんげん》とコンピュータは得意《とくい》なことが異《こと》なるので、それぞれが得意《とくい》なことを分担《ぶんたん》し、共同《きょうどう》して物事《ものごと》に当《あ》たるのがよい。人《じん》工知能《こうちのう》はこれからも進歩《しんぽ》するが、コンピュータが苦手《にがて》とし、人間《にんげん》が得意《とくい》とすることは依然《いぜん》として残《のこ》る。したがって、コンピュータが進《しん》化《か》するのと同《おな》じように、人間《にんげん》も「評価《ひょうか》」の能力《のうりょく》を伸《の》ばしていく必要《ひつよう》がある。そのためには、さまざまな経験《けいけん》を積《つ》み、バランスの取《と》れた知識《ちしき》をもち、よい・悪《わる》いを判断《はんだん》する力《ちから》を養《やしな》うことが大切《たいせつ》だ。

解説

◆松原仁《まつばらひとし》

筆者《ひっしゃ》の松原仁《まつばらひとし》氏《し》は東京都《とうきょうと》出身《しゅっしん》の人工知能研究者《じんこうちのうけんきゅうしゃ》。サッカーや将棋《しょうぎ》などのゲームをコンピュータにさせる技術《ぎじゅつ》を研究《けんきゅう》するゲーム情報学《じょうほうがく》の日本《にっぽん》における先駆的研究者《せんくてきけんきゅうしゃ》の一人《ひとり》。その研究《けんきゅう》には、「人工知能《じんこうちのう》との未来《みらい》」の筆者《ひっしゃ》、羽生善治《はぶよしはる》氏《し》をはじめとしたプロ棋士《きし》たちも協力《きょうりょく》している。

◆人工知能《じんこうちのう》に小説《しょうせつ》を書《か》かせる試《こころ》み

二〇一二年《ねん》九月《くがつ》に始《はじ》まった「気《き》まぐれ人工知能《じんこうちのう》プロジェクト　作《さっ》家《か》ですのよ」。本文《ほんもん》の筆者《ひっしゃ》、松原仁《まつばらひとし》氏《し》が全体統括《ぜんたいとうかつ》を務《つと》める。星新一《ほししんいち》氏《し》が著《あらわ》したショートショート全作品《ぜんさくひん》（約千点《やくせんてん》）の特徴《とくちょう》を分析《ぶんせき》し、ショートショートを書《か》く方法《ほうほう》を研究《けんきゅう》し、それらをプログラムとしてまとめる試《こころ》み。二〇一六年《ねん》の第三回日経《だいさんかいにっけい》「星新一賞《ほししんいちしょう》」に、このプロジェクトなどから、人工知能《じんこうちのう》を使《つか》って書《か》かれた作品四編《さくひんよんへん》が応募《おうぼ》し、その一部《いちぶ》が一次審査《いちじしんさ》を通過《つうか》した。

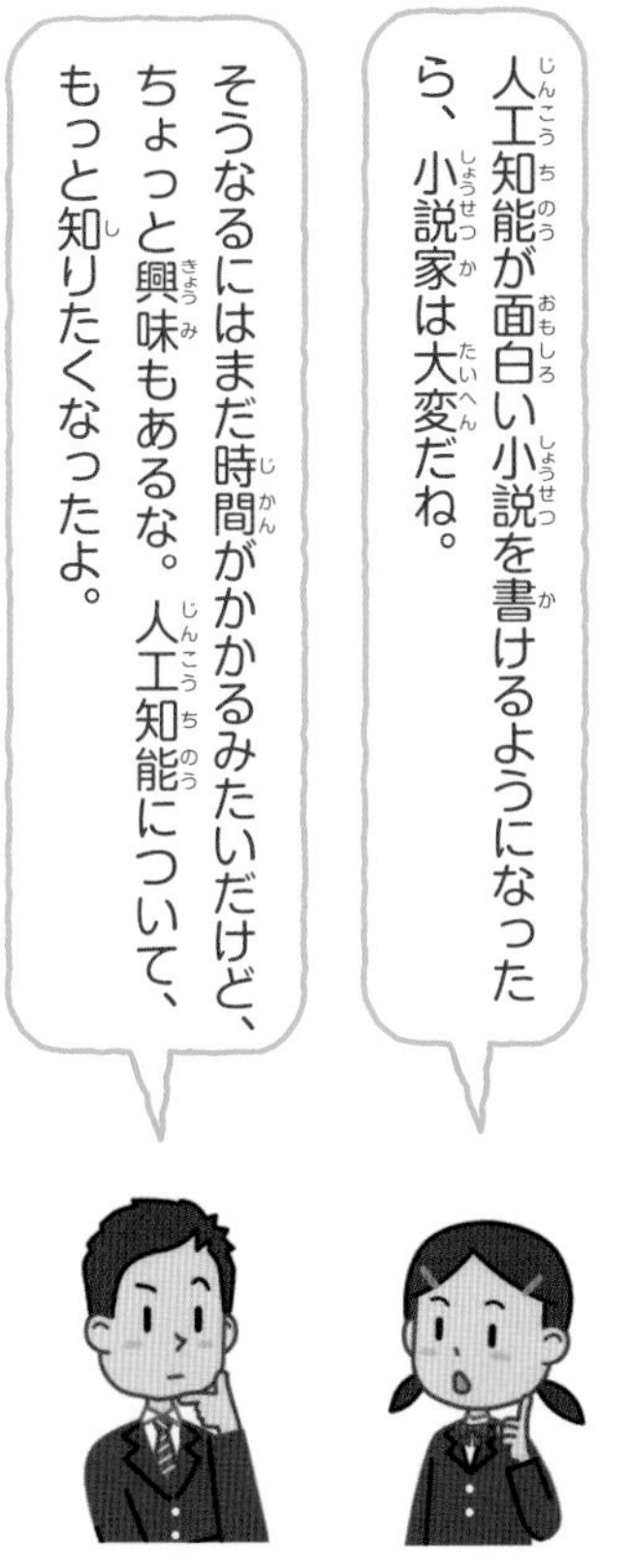

漢字のチェック

＊はここに出《で》てきた読《よ》み。

新出漢字

124

棋 ＊キ

きへん　12画

意味　碁《ご》、または将棋《しょうぎ》のこと。

言葉　棋士《きし》・将棋《しょうぎ》

使い方　プロの棋士《きし》と対戦《たいせん》する。

3級

重要語句のチェック

＊はここでの意味《いみ》。

124ページ

知性《ちせい》　物事《ものごと》を考《かんが》えたり、判断《はんだん》したりする能力《のうりょく》。知的《ちてき》な心《こころ》の働《はたら》き。文豊《ゆた》かな**知性《ちせい》**の持《も》ち主《ぬし》。

前提《ぜんてい》　ある事柄《ことがら》が成《な》り立《た》つために必要《ひつよう》な条件《じょうけん》。文晴《は》れることを**前《ぜん》提《てい》**に予定《よてい》を立《た》てる。

浸透《しんとう》　①液体《えきたい》が染《し》み込《こ》むこと。文雨水《あまみず》が壁《かべ》に**浸透《しんとう》**する。＊②ある考《かんが》え方《かた》や習慣《しゅうかん》などが、広《ひろ》く行《い》き渡《わた》ること。文民主主義《みんしゅしゅぎ》が世《よ》の中《なか》に**浸透《しんとう》**する。

将棋《しょうぎ》ソフト　コンピュータを使《つか》って将棋《しょうぎ》の対戦《たいせん》や、分析《ぶんせき》などができるプログラムのこと。将棋《しょうぎ》ＡＩともいう。

事象《じしょう》　実際《じっさい》に起《お》こる出来事《できごと》。目《め》に見《み》える物事《ものごと》。文社会的《しゃかいてき》な**事象《じしょう》**。

違和感《いわかん》　しっくりいかない感《かん》じ。なじまない感《かん》じ。文城《しろ》の後《うし》ろに見《み》える高層《こうそう》ビルに**違和感《いわかん》**がある。

ブラックボックス　内部《ないぶ》で行《おこな》われている処理《しょり》などが明《あき》らかでないこと。

局面《きょくめん》　＊①碁《ご》や将棋《しょうぎ》の勝《か》ち負《ま》けの様子《ようす》。文プロ棋士《きし》によって、**局《きょく》面《めん》**の解説《かいせつ》が行《おこな》われた。②物事《ものごと》の成《な》り行《ゆ》き。文難《むずか》しい**局面《きょくめん》**を迎《むか》える。

受容《じゅよう》　受《う》け入《い》れること。文外国文化《がいこくぶんか》を**受容《じゅよう》**する。

倫理《りんり》　人間《にんげん》として行《おこな》わなければならない、正《ただ》しい道《みち》。道徳《どうとく》。文**倫《りん》理《り》**観《かん》は時代《じだい》や地域《ちいき》によって異《こと》なる。

125ページ

つちかう　養《やしな》い、育《そだ》てる。文友情《ゆうじょう》を**つちかう**。

美意識《びいしき》　美《び》を美《び》として感《かん》じ取《と》る感覚《かんかく》。文**美意識《びいしき》**に欠《か》けている。

関与《かんよ》　仕事《しごと》や事件《じけん》などに、かかわりをもつこと。文重要《じゅうよう》な計画《けいかく》に**関与《かんよ》**する。

絶対的《ぜったいてき》　比《くら》べられるものがない様子《ようす》。文**絶対的《ぜったいてき》**な権力《けんりょく》をもつ。対相対的《そうたいてき》

むしろ　二《ふた》つのうちどちらかを選《えら》ぶとすれば、あとに挙《あ》げたもののほうがよいという気持《きも》ちを表《あらわ》す。どちらかといえば。文ぼくは魚料理《さかなりょうり》よりも、**むしろ**肉料理《にくりょうり》のほうが好《す》きだ。

リスク　危険《きけん》。損害《そんがい》を受《う》ける恐《おそ》れ。文**リスク**があっても、挑戦《ちょうせん》する。

視座《しざ》　物事《ものごと》を認識《にんしき》するときの立場《たちば》。文独特《どくとく》の**視座《しざ》**をもつ。類視点《してん》

セカンドオピニオン　よりよい決定《けってい》をするために求《もと》める、第二《だいに》の意見《いけん》。文病気《びょうき》の治療方針《ちりょうほうしん》について**セカンドオピニオン**を得《え》る。

委《ゆだ》ねる　すっかり任《まか》せる。文判断《はんだん》を会長《かいちょう》に**委《ゆだ》ねる**。

建設的《けんせつてき》 物事《ものごと》を今《いま》よりもよくしていこうとする様子《ようす》。文 **建設的《けんせつてき》**な意見《いけん》。

ケース ①箱《はこ》。入《い》れ物《もの》。文 人形《にんぎょう》の**ケース**。＊②場合《ばあい》。出来事《できごと》の例《れい》。文 こんなことはめったにない**ケース**だ。

顕著《けんちょ》 特《とく》に目立《めだ》つ様子《ようす》。文 記録《きろく》は**顕著《けんちょ》**に伸《の》びた。

126ページ

似《に》たり寄《よ》ったり たいして違《ちが》いがないこと。文 どちらの服《ふく》も**似《に》たり寄《よ》ったり**で、迷《まよ》うだけ無駄《むだ》な気《き》がする。

127ページ

頻度《ひんど》 同《おな》じことが繰《く》り返《かえ》して起《お》こる度合《どあ》い。文 この問題《もんだい》は入学試《にゅうがくし》験《けん》に出《で》る**頻度《ひんど》**が高《たか》い。

見込《みこ》み ①たぶん、こうなるだろうと思《おも》うこと。見通《みとお》し。文 **見込《みこ》み**が外《はず》れる。＊②将来《しょうらい》の望《のぞ》み。文 **見込《みこ》み**のある人物《じんぶつ》。

水準《すいじゅん》 物事《ものごと》のよい悪《わる》い、能力《のうりょく》の高《たか》い低《ひく》いなどの基準《きじゅん》となるもの。レベル。文 生活《せいかつ》**水準《すいじゅん》**が高《たか》い。

依然《いぜん》 もとのまま。相変《あいか》わらず。文 台風《たいふう》の影響《えいきょう》で、電車《でんしゃ》は**依然《いぜん》**止《と》まったままだ。

ここがポイント！

教科書《きょうかしょ》の「学習《がくしゅう》」の答《こた》えと考《かんが》え方《かた》

教科書 128～129ページ

捉《とら》える ❶ 文章《ぶんしょう》の要旨《ようし》を捉《とら》えよう。

人工知能《じんこうちのう》の存在《そんざい》が人間《にんげん》や社会《しゃかい》の在《あ》り方《かた》に大《おお》きく関《かか》わってくる、これからの時代《じだい》に大切《たいせつ》なことは何《なん》だろうか。それぞれの筆者《ひっしゃ》の意見《いけん》を捉《とら》え、要旨《ようし》をまとめよう。

答えの例

◆人工知能《じんこうちのう》との未来《みらい》

人工知能《じんこうちのう》の思考過程《しこうかてい》がブラックボックスになっていることと、人《にん》間《げん》と倫理《りんり》や価値《かち》を共有《きょうゆう》していないことは、人間社会《にんげんしゃかい》に人工知能《じんこうちのう》を受《う》け入《い》れる際《さい》の不安要素《ふあんようそ》である。しかし、人工知能《じんこうちのう》を「仮想敵《かそうてき》」のように恐《おそ》れたり、全《すべ》ての判断《はんだん》を委《ゆだ》ねたりするよりも、それをどこまで参考《さんこう》にするかを人間《にんげん》の側《がわ》が判断《はんだん》し、人工知能《じんこうちのう》から新《あら》たな思考《しこう》やものの見方《みかた》をつむいでいく発想《はっそう》をもつほうが建設的《けんせつてき》である。人工知能《じんこうちのう》が学習《がくしゅう》するのと同様《どうよう》に、人間《にんげん》も人工知能《じんこうちのう》から学《まな》ぶのが、これからの時《じ》代《だい》の新《あたら》しい関係《かんけい》である。

◆人間《にんげん》と人工知能《じんこうちのう》と創造性《そうぞうせい》

創造性《そうぞうせい》という観点《かんてん》から人工知能《じんこうちのう》と人間《にんげん》を見《み》ると、今《いま》までにないことを思《おも》いつくこと、偏《かたよ》りのないものをたくさん生《う》み出《だ》すことについては、人間《にんげん》よりも人工知能《じんこうちのう》のほうが得意《とくい》である。いっぽう、人間《にんげん》の創造性《そうぞうせい》は、たくさんの候補《こうほ》の中《なか》から見込《みこ》みのありそうなものだけを選《えら》び出《だ》す「評価《ひょうか》」の作業《さぎょう》において発揮《はっき》される。したがって、それぞれが得意《とくい》なことを分担《ぶんたん》し、共同《きょうどう》して物事《ものごと》に当《あ》たれば、生産性《せいさんせい》が高《たか》まり、新《あたら》しい価値《かち》を生《う》み出《だ》すことにつながる。人工知能《じんこうちのう》が進歩《しんぽ》していく以上《いじょう》、人間《にんげん》もこれまで以上《いじょう》に評価《ひょうか》の能力《のうりょく》を伸《の》ばさなければならない。そのために、これからの時代《じだい》には、さまざまな経験《けいけん》を積《つ》み、バランスの取《と》れた知識《ちしき》をもち、よい悪《わる》いの判断《はんだん》をする力《ちから》を養《やしな》うことが必要《ひつよう》である。

考え方

◆人工知能《じんこうちのう》との未来《みらい》

本文《ほんもん》は大《おお》きく三《みっ》つに分《わ》けられる。

・問題提起《もんだいていき》（初《はじ》め〜P124・上7）
人工知能《じんこうちのう》と人間《にんげん》がどう向《む》き合《あ》うかが課題《かだい》である。

・事例《じれい》（P124・上8〜P125・上2）
棋士《きし》が将棋《しょうぎ》ソフトを使《つか》う中《なか》で直面《ちょくめん》する二《ふた》つの違和感《いわかん》。

・結論《けつろん》・主張《しゅちょう》（P125・上3〜終《お》わり）
人工知能《じんこうちのう》はデータと計算力《けいさんりょく》、人間《にんげん》は「美意識《びいしき》」で判断《はんだん》する。
人工知能《じんこうちのう》が浸透《しんとう》する社会《しゃかい》でこそ、人間《にんげん》の思考判断《しこうはんだん》が必要《ひつよう》。
↓人間《にんげん》も人工知能《じんこうちのう》の側《がわ》から学《まな》ぶのが、人間《にんげん》と人工知能《じんこうちのう》が共《とも》に生《い》きる時代《じだい》の新《あたら》しい関係《かんけい》である。

筆者《ひっしゃ》の意見《いけん》は「……と思《おも》います。」「……ではないでしょうか。」など、意見《いけん》を表《あらわ》す表現《ひょうげん》に着目《ちゃくもく》して押《お》さえるとよい。

「一《ひと》つは、……」「つまり」「しかし」など、前後《ぜんご》をつなぐ言葉《ことば》に注意《ちゅうい》して読《よ》みましょう。

◆人間《にんげん》と人工知能《じんこうちのう》と創造性《そうぞうせい》

本文《ほんもん》は大《おお》きく三《みっ》つに分《わ》けられる。

・導入《どうにゅう》（初《はじ》め〜P126・下9）
人工知能《じんこうちのう》や筆者《ひっしゃ》の研究《けんきゅう》についての説明《せつめい》。
創造性《そうぞうせい》という観点《かんてん》から、人間《にんげん》の知能《ちのう》や人工知能《じんこうちのう》を研究《けんきゅう》している。

・研究《けんきゅう》でわかってきたこと（P126・下10〜P127・下12）
人工知能《じんこうちのう》は、偏《かたよ》りなくたくさん思《おも》いつくことが得意《とくい》である。
人工知能《じんこうちのう》は、見込《みこ》みのあるものを選《えら》ぶ「評価《ひょうか》」は苦手《にがて》である。
人間《にんげん》と人工知能《じんこうちのう》、それぞれが得意《とくい》なことを分担《ぶんたん》すればよい。

・結論《けつろん》（P127・下13〜終《お》わり）
人間《にんげん》は、評価《ひょうか》の能力《のうりょく》を伸《の》ばすために、経験《けいけん》・知識《ちしき》・判断力《はんだんりょく》を養《やしな》うことが必要《ひつよう》だ。

本文《ほんもん》のタイトルにもなっている、「人間《にんげん》」「人工知能《じんこうちのう》」「創造性《そうぞうせい》」がキーワードである。キーワードに着目《ちゃくもく》して、それぞれのまとまりの内容《ないよう》を押《お》さえよう。

まず文章全体《ぶんしょうぜんたい》を大《おお》きなまとまりに分《わ》けて、その中《なか》から大事《だいじ》だと思《おも》う文《ぶん》や言葉《ことば》に印《しるし》をつけていくと、要旨《ようし》をつかみやすいですよ。

読《よ》み深《ふか》める ❷

文章《ぶんしょう》の比較《ひかく》を基《もと》にグループで討論《とうろん》し、考《かんが》えを広《ひろ》げよう。

① 観点《かんてん》を決《き》めて二《ふた》つの文章《ぶんしょう》を比較《ひかく》し、共通点《きょうつうてん》や相違点《そういてん》を確《たし》かめよう。

答えの例

	観点《かんてん》	羽生《はぶ》さん	松原《まつばら》さん
1	人工知能《じんこうちのう》に対《たい》する立場《たちば》	・違和感《いわかん》や不安《ふあん》がある	・人間《にんげん》の知能《ちのう》を理《り》解《かい》する方法《ほうほう》 ・研究対象《けんきゅうたいしょう》
2	取《と》り上《あ》げている事例《じれい》	・将棋《しょうぎ》ソフトと人《にん》間《げん》の棋士《きし》との間《あいだ》で起《お》きている事《じ》象《しょう》	・コンピュータに小説《しょうせつ》を書《か》かせる研究《けんきゅう》からわかってきたこと
3	人間《にんげん》と人工知能《じんこうちのう》の違《ちが》い	・人工知能《じんこうちのう》…データと計算力《けいさんりょく》 ・人間《にんげん》…経験《けいけん》につちかわれた「美《び》意識《いしき》」	・人工知能《じんこうちのう》…今《いま》までにないことを偏《かたよ》りなくたくさん思《おも》いつくことが得意《とくい》 ・人間《にんげん》…評価《ひょうか》することが得意《とくい》
4	これからの時代《じだい》に必要《ひつよう》なこと	・人間《にんげん》も人工知能《じんこうちのう》から学《まな》ぶという関係《かんけい》を築《きず》くのがよい	・人間《にんげん》は評価《ひょうか》する能力《のうりょく》を伸《の》ばすことが必要《ひつよう》だ

・羽生《はぶ》さんは人工知能《じんこうちのう》が浸透《しんとう》する社会《しゃかい》を受容《じゅよう》する立場《たちば》。いっぽう松原《まつばら》さんは人工知能《じんこうちのう》を研究《けんきゅう》し、作《つく》り出《だ》す、つまり社会《しゃかい》へ送《おく》り出《だ》す立場《たちば》だといえる。

・羽生《はぶ》さんも松原《まつばら》さんも、人間《にんげん》の判断力《はんだんりょく》の重要性《じゅうようせい》を指摘《してき》している。

・羽生《はぶ》さんは、人間《にんげん》も人工知能《じんこうちのう》から新《あたら》しいものの見方《みかた》を学《まな》ぶ姿勢《しせい》をもつことがよいと述《の》べ、松原《まつばら》さんは、人間《にんげん》と人工知能《じんこうちのう》が得意《とくい》なことを分担《ぶんたん》するのがよいと述《の》べている。両者《りょうしゃ》とも、これからの時代《じだい》には、人工知能《じんこうちのう》との建設的《けんせつてき》な関係《かんけい》を築《きず》くことが必要《ひつよう》だと考《かんが》えている。

考え方

捉《とら》えるでまとめた要旨《ようし》や、筆者《ひっしゃ》の意見《いけん》を基《もと》に、表《ひょう》などにまとめると考《かんが》えやすいだろう。共通《きょうつう》のテーマについて書《か》かれた、複数《ふくすう》の文《ぶん》章《しょう》を比較《ひかく》することで、立場《たちば》や考《かんが》え方《かた》、述《の》べ方《かた》などの違《ちが》いを捉《とら》えやすくなる。批評的《ひひょうてき》に読《よ》む力《ちから》を養《やしな》うには、こうした方法《ほうほう》が有効《ゆうこう》である。二《ふた》つの文章《ぶんしょう》は、人工知能《じんこうちのう》と人間《にんげん》の建設的《けんせつてき》な未来《みらい》を提言《ていげん》しており、大《おお》筋《すじ》では共通《きょうつう》している。しかし、筆者《ひっしゃ》の立場《たちば》や、人工知能《じんこうちのう》をどのように使《つか》っていくかといった点《てん》では微妙《びみょう》な違《ちが》いもある。箇条書《かじょうが》きや図《ず》などでまとめてもよい。

② 筆者《ひっしゃ》の考《かんが》えに納得《なっとく》できたこと、できなかったことを手《て》がかりに、「これからの時代《じだい》に大切《たいせつ》なこと」を考《かんが》えよう。また、それを基《もと》にグループで討論《とうろん》し、考《かんが》えを広《ひろ》げよう。

答えの例

・羽生《はぶ》さんが挙《あ》げていた、人工知能《じんこうちのう》に対《たい》する違和感《いわかん》や不安感《ふあんかん》には共《きょう》感《かん》できる。でもそれは、私《わたし》たちが人工知能《じんこうちのう》についてまだよく知《し》らないせいもあると思《おも》う。人工知能《じんこうちのう》が浸透《しんとう》する社会《しゃかい》が実現《じつげん》するのは間違《まちが》いないだろうから、まずは人工知能《じんこうちのう》というものについて私《わたし》たちがもっと知《し》ろうとすることが大切《たいせつ》だと思《おも》う。

・羽生《はぶ》さんは、人間《にんげん》が判断《はんだん》するときには経験《けいけん》に基《もと》づく価値《かち》や倫理《りんり》といった「美意識《びいしき》」を働《はたら》かせると述《の》べていた。しかし、価値《かち》や倫《りん》理《り》は、時代《じだい》や地域《ちいき》によって大《おお》きく異《こと》なる。人工知能《じんこうちのう》が下《くだ》す判断《はんだん》と同《おな》じように、絶対的《ぜったいてき》に正《ただ》しいとはいえないものだと思《おも》う。人《にん》間《げん》は、自分《じぶん》たちがもっている「美意識《びいしき》」を客観的《きゃっかんてき》に評価《ひょうか》する視《し》点《てん》をもつことが大切《たいせつ》ではないだろうか。

・松原《まつばら》さんの、人間《にんげん》とコンピュータはそれぞれが得意《とくい》なことを分担《ぶんたん》し、共同《きょうどう》して物事《ものごと》に当《あ》たるのがよいという考《かんが》えはわかりやすい。コンピュータや人工知能《じんこうちのう》がどんどん進化《しんか》しているのだから、共《きょう》同《どう》するためには人間《にんげん》も能力《のうりょく》を伸《の》ばしていくことが大切《たいせつ》だ。

考え方

書《か》かれていることをそのまま受《う》け入《い》れるのではなく、「この言葉《ことば》は、どういう意味《いみ》で使《つか》われているのか」「前提《ぜんてい》としている事柄《ことがら》は妥当《だとう》だろうか」「意見《いけん》の根拠《こんきょ》として、適切《てきせつ》な事例《じれい》が取《と》り上《あ》げられているか」など、疑問《ぎもん》をもちながら読《よ》むことを意識《いしき》しよう。

考《かんが》えをもつ ❸ 自分《じぶん》の考《かんが》えを文章《ぶんしょう》にまとめよう。

❷で行《おこな》った討論《とうろん》を基《もと》に、あなたが考《かんが》える「これからの時代《じだい》に大切《たいせつ》なこと」を三百字程度《さんびゃくじていど》でまとめよう。

・どんな時代《じだい》になるかという想定《そうてい》を示《しめ》し、それに対《たい》する自分《じぶん》の立場《たちば》を明確《めいかく》にして意見《いけん》を述《の》べる。

・二《ふた》つの文章《ぶんしょう》や他《ほか》の資料《しりょう》から根拠《こんきょ》となる事実《じじつ》を引用《いんよう》するなど、意見《いけん》の説得力《せっとくりょく》を高《たか》める工夫《くふう》をする。

答えの例

これからの時代《じだい》は、人工知能《じんこうちのう》が社会《しゃかい》の中《なか》で大《おお》きな役割《やくわり》を果《は》たすと思《おも》う。私《わたし》は、そのような社会《しゃかい》を積極的《せっきょくてき》に受《う》け入《い》れていきたい。

人工知能《じんこうちのう》は「膨大《ぼうだい》なデータ」を「強大《きょうだい》な計算力《けいさんりょく》」で扱《あつか》うことができるため、「偏《かたよ》りのないものをたくさん生《う》み出《だ》すことが得意《とくい》」だ。例《たと》えば、病気《びょうき》の診断《しんだん》などにその能力《のうりょく》を活用《かつよう》すれば、人間《にんげん》だけで考《かんが》えるよりも早《はや》くよい答《こた》えが見《み》つかると思《おも》う。ただ、その善《よ》し悪《あ》しを判《はん》断《だん》する人間自身《にんげんじしん》の能力《のうりょく》を磨《みが》くことが大切《たいせつ》になってくると思《おも》う。人工《じんこう》知能《ちのう》の判断《はんだん》を絶対視《ぜったいし》するのではなく、人工知能《じんこうちのう》を生活《せいかつ》の中《なか》で上手《じょうず》に活用《かつよう》して、私《わたし》たちの暮《く》らしをよくしていくことが、これからの時代《じだい》では重要《じゅうよう》になるのだと思《おも》う。（279字《じ》）

これからの時代《じだい》は、人工知能《じんこうちのう》が急速《きゅうそく》に進化《しんか》し、人間《にんげん》の立場《たちば》をおびやかすようになると思《おも》う。そこで、私《わたし》は少《すこ》し危機感《ききかん》を覚《おぼ》えている。

将棋《しょうぎ》の世界《せかい》では既《すで》に人工知能《じんこうちのう》が提示《ていじ》したアイデアによって人間《にんげん》の考《かんが》えが変《か》わるといったことが起《お》こっている。今《いま》はまだ、人工知能《じんこうちのう》の判断《はんだん》を参考《さんこう》にできているが、人工知能《じんこうちのう》が人間《にんげん》を追《お》い越《こ》してしまったらどうなるだろう。人工知能《じんこうちのう》の判断《はんだん》に従《したが》って人間《にんげん》が動《うご》くというようないわば人《ひと》と道具《どうぐ》の主従《しゅじゅう》が逆転《ぎゃくてん》した状態《じょうたい》になってはしまわないだろうか。それは、人間《にんげん》の主体性《しゅたいせい》や創造性《そうぞうせい》を退化《たいか》させることだと私《わたし》は思《おも》う。未知《みち》の危険《きけん》がある以上《いじょう》、人工知能《じんこうちのう》の研究《けんきゅう》には慎重《しんちょう》な姿勢《しせい》をもつことが大切《たいせつ》ではないだろうか。（283字《じ》）

考え方

二《ふた》つの文章《ぶんしょう》の考《かんが》えに賛成《さんせい》、反対《はんたい》と立場《たちば》を決《き》めて書《か》いてもよいし、全《まった》く別《べつ》の立場《たちば》から書《か》くのもよい。

振り返る

● 人間《にんげん》と人工知能《じんこうちのう》との関《かか》わりについて意見《いけん》を述《の》べる場合《ばあい》、他《ほか》にどんな立場《たちば》が考《かんが》えられるか、思《おも》いついたものを挙《あ》げてみよう。

答えの例

- 人間《にんげん》と人工知能《じんこうちのう》は対等《たいとう》な存在《そんざい》として共存《きょうぞん》するべきだ。
- 人工知能《じんこうちのう》は利用《りよう》する分野《ぶんや》を厳密《げんみつ》に限定《げんてい》した方《ほう》がよい。
- 人工知能《じんこうちのう》の方《ほう》が優《すぐ》れた判断《はんだん》が可能《かのう》なことについては、人工知能《じんこうちのう》に任《まか》せてしまえばよい。

考え方

人工知能《じんこうちのう》は、科学技術《かがくぎじゅつ》だけではなく、人間《にんげん》の心《こころ》や尊厳《そんげん》といった哲学的《てつがくてき》な問題《もんだい》や、法律《ほうりつ》などの社会的《しゃかいてき》な問題《もんだい》にも関《かか》わる存在《そんざい》である。例《たと》えば、人間《にんげん》と同《おな》じような振《ふ》る舞《ま》いをする人工知能《じんこうちのう》には、心《こころ》があるのか、あるとすればそれをどのように扱《あつか》うべきなのか。また、人工知能《じんこうちのう》がミスをしたら、その責任《せきにん》は誰《だれ》が取《と》るのか。現状《げんじょう》ではまだそのような段階《だんかい》とはいえないだろうが、実際《じっさい》に問題《もんだい》になってから考《かんが》え始《はじ》めるのでは遅《おそ》い。さまざまな視点《してん》から人工知能《じんこうちのう》との未来《みらい》について考《かんが》えてみよう。

● 「批判的《ひはんてき》に読《よ》む」ことは、どういうときに必要《ひつよう》だと思《おも》うか、自分《じぶん》の考《かんが》えをまとめてみよう。

答えの例

- 何《なに》かを知《し》りたいと思《おも》ったとき。例《たと》えば、ある事件《じけん》について知《し》りたいと思《おも》って、本《ほん》を読《よ》むとする。その著者《ちょしゃ》が、事件《じけん》の当事者《とうじしゃ》や関係者《かんけいしゃ》であった場合《ばあい》、事件《じけん》を起《お》こした側《がわ》と、事件《じけん》の影響《えいきょう》を受《う》けた側《がわ》とでは、考《かんが》え方《かた》が異《こと》なるはずだ。著者《ちょしゃ》の立場《たちば》を踏《ふ》まえた上《うえ》で、批《ひ》判的《はんてき》に読《よ》まないと、偏《かたよ》った判断《はんだん》をしてしまうかも知《し》れない。
- 社会問題《しゃかいもんだい》について考《かんが》えるとき。社会《しゃかい》で問題《もんだい》になるということは、さまざまな意見《いけん》や立場《たちば》があるということだ。全《すべ》ての意見《いけん》をまとめているものを読《よ》んでいたとしても、それをそのまま受《う》け入《い》れるのではなく、自分《じぶん》が納得《なっとく》できるか、できないかなどを考《かんが》えながら読《よ》まないと、適切《てきせつ》な判断《はんだん》はできないと思《おも》う。

考え方

「批判的《ひはんてき》」というのは、書《か》かれていることに何《なん》でも反対《はんたい》するという意味《いみ》ではない。この点《てん》は納得《なっとく》できるがこの点《てん》はできない、この事例《じれい》に基《もと》づいて意見《いけん》を述《の》べることは論理的《ろんりてき》だろうか、提示《ていじ》されている事例《じれい》やデータは信頼《しんらい》できるものなのか、というように、書《か》かれていることに疑問《ぎもん》をもちながら読《よ》むことである。

テスト直前《ちょくぜん》にチェック！

人工《じんこう》知能《ちのう》との未来《みらい》／人間《にんげん》と人工《じんこう》知能《ちのう》と創造性《そうぞうせい》

教科書 124~129ページ

（Ⅰ）

人工知能が浸透する社会であっても、むしろそのような社会だからこそ、私たちは今後も自分で思考し、判断していく必要があるといえます。人工知能への違和感や不安を拭い去るのは難しいことですが、①このような社会の到来が避けられない以上、人工知能をいわば「仮想敵」のように位置づけてリスクを危惧するより、今後どのように対応するかを考えていくほうが現実的ではないでしょうか。

さらにいえば、人工知能は、②うまく活用すれば人間にとって大きな力となるはずです。将棋ソフトは人間が考えもしない手を指すと述べましたが、それは、自分の視座が変わるような見方を教えてくれるということでもあります。「自分はこう思うが、人工知能はどう判断するのか。」と、あくまでセカンドオピニオンとして人工知能を使っていく道もあるでしょう。また、人工知能が出した結論を基に、それが導き出された過程を分析し、自分の思考の幅を広げていく道もあるはずです。人工知能に全ての判断を委ねるのではなく、人工知能から新たな思考やものの見方をつむいでいこうとする発想のほうが、より[A]だと思います。

羽生善治「人工知能との未来」（光村図書『国語三年』125ページ）

1 ――線①「このような社会」とは、具体的にどのような社会のことですか。文章中から十一字で探し、書き抜きなさい。

2 ――線②「うまく活用すれば」とありますが、筆者は、人工知能のどのような活用のしかたを考えていますか。適切なものを次から二つ選び、記号に○を付けなさい。

ア 人工知能の判断をセカンドオピニオンとして使う。
イ 意思決定の場で、全ての判断を人工知能に委ねる。
ウ 人工知能が判断した過程を思考やものの見方《みかた》の参考にする。
エ 人工知能に出させたアイデアを、人間が評価する。

3 [A]・[B]の空欄にはどんな言葉が入りますか。次からそれぞれ一つ選び、記号に○を付けなさい。

A ア 立体的　イ 建設的　ウ 革新的
B ア 主観的　イ 相対的　ウ 具体的

4 ――線③「新しく思いつくことのほとんどは使いものにならない」とありますが、それはなぜですか。文章中の言葉を使って書きなさい。

（　　　　）

（Ⅱ）

いっぽうで、コンピュータにとって難しいのは、たくさんの作品の中から優れたものを選ぶことである。人間の創造性について考えてみよう。多くの場合、③新しく思いつくことのほとんどは使いものにならない。新しいつもりでも誰かが既にやっていたことであったり、全く意味のないことであったりする。人間はそれらの中から見込みがありそうなものだけを、おそらくは無意識のうちに選んでいるのである。たくさんの候補の中から見込みのありそうなものだけを選び出す作業のことを「評価」とよぶことにする。人間のすばらしい創造性は、この評価の部分に基づいている。何をよいとするか、おもしろいとはどういうことか。コンピュータにはこの評価が難しいのである。

ここに、人間と人工知能の関係の中で人間が果たすべき役割を考えるヒントがあると思う。④人間とコンピュータは得意なことが異なる。したがって、それぞれが得意なことを分担し、共同して物事に当たるのがよい。例えば、創造的な活動においても、コンピュータがアイデアをたくさん出し、人間がそれらを評価して［B］な完成品にしていくのが、（限られた時間内に一定水準以上のものを作るという意味では）生産性が高くなるはずである。また、人間と人工知能が協力して創作することで、新しい価値を生み出すこともできるかもしれない。

松原仁「人間と人工知能と創造性」（光村図書『国語三年』127ページ）

5 ――線④「人間とコンピュータは得意なことが異なる。」とありますが、それぞれどんなことが得意なのですか。文章中の言葉を使って書きなさい。

人間（　　　　）

コンピュータ（　　　　）

6 よく出る！ 二つの文章に共通する考え方を次から一つ選び、記号に○を付けなさい。

ア　人工知能は人間が元々もっている能力を伸ばしてくれる存在だ。
イ　人工知能との共存には、新しいものを生み出す可能性がある。
ウ　人工知能の判断を参考にすれば、よりよい社会が実現する。
エ　人工知能と人間が共同すれば、生産性を高めることができる。

解くコツ　二つの文章から、似ている表現を探す。

7 二つの文章の、人工知能との向き合い方の説明として適切なものを次から一つ選び、記号に○を付けなさい。

ア　（Ⅰ）は人工知能を参考にし、（Ⅱ）は人工知能と共同する。
イ　（Ⅰ）は人工知能に依存し、（Ⅱ）は人工知能を支配する。
ウ　（Ⅰ）は人工知能と協力し、（Ⅱ）は人工知能を教育する。
エ　（Ⅰ）は人工知能を利用し、（Ⅱ）は人工知能に服従する。

◀答えは166ページ

5 自《みず》らの考《かんが》えを
多角的《たかくてき》に分析《ぶんせき》して書《か》こう／漢字《かんじ》に親《した》しもう4

教科書 130~134ページ

漢字のチェック

＊はここに出《で》てきた読《よ》み。

新出漢字

134 褐 ＊カツ
ころもへん　13画
- 意味：焦《こ》げ茶色《ちゃいろ》。
- 言葉：褐色《かっしょく》・褐炭《かったん》
- 使い方：褐色《かっしょく》の大地《だいち》が広《ひろ》がる。

準2級

134 畔 ＊ハン
たへん　10画
- 意味：①ほとり。水《みず》ぎわ。②田《た》と田《た》を区切《くぎ》る境《さかい》。
- 言葉：河畔《かはん》・湖畔《こはん》・池畔《ちはん》
- 使い方：静《しず》かな湖畔《こはん》の森《もり》を散歩《さんぽ》する。

3級

134 炎 ＊エン　ほのお
ひ　8画
- 意味：①ほのお。②暑《あつ》い。③熱《ねつ》や痛《いた》みを生《しょう》じる病気《びょうき》。
- 言葉：①火炎《かえん》・気炎《きえん》　②炎暑《えんしょ》・炎天下《えんてんか》　③肺炎《はいえん》
- 使い方：炎天下《えんてんか》での作業《さぎょう》はつらい。

3級

134 脊 ＊セキ
にくづき　10画
- 意味：せぼね。せぼねのような形《かたち》。
- 言葉：脊椎《せきつい》・脊梁《せきりょう》
- 使い方：人間《にんげん》は脊椎《せきつい》動物《どうぶつ》だ。

2級

134 椎 ＊ツイ
きへん　12画
- 意味：①つち。たたく道具《どうぐ》。②せぼね。③しい。
- 言葉：①鉄椎《てっつい》　②脊椎《せきつい》　③椎《しい》の木《き》
- 使い方：椎間板《ついかんばん》ヘルニアをわずらう。

2級

134 亜 ＊ア
に　7画
- 意味：①次《つぎ》の。後《あと》の。②似《に》たもの。
- 言葉：①亜聖《あせい》・亜熱帯《あねったい》　②亜種《あしゅ》
- 使い方：亜熱帯《あねったい》の気候《きこう》に適《てき》した住居《じゅうきょ》。

準2級

134 勾 ＊コウ
つつみがまえ　4画
- 意味：かぎ。かぎ型《がた》に曲《ま》がっているものやこと。
- 言葉：勾配《こうばい》
- 使い方：学校《がっこう》までは勾配《こうばい》のきつい坂《さか》が続《つづ》く。

2級

134 旋 ＊セン
かたへん　11画
- 意味：①巡《めぐ》る。②仲《なか》を取《と》り持《も》つ。③元《もと》に戻《もど》る。
- 言葉：①旋回《せんかい》・旋律《せんりつ》　②斡旋《あっせん》　③凱旋《がいせん》
- 使い方：飛行機《ひこうき》が急旋回《きゅうせんかい》する。

準2級

134 麓 ＊ロク　ふもと
しか　19画
- 意味：山《やま》すそ。
- 言葉：山麓《さんろく》
- 使い方：山《やま》の麓《ふもと》の村《むら》を訪《おとず》れる。

2級

134
杯
*ハイ さかずき
きへん 8画
意味 ①さかずき。②器《うつわ》の中身《なかみ》を数《かぞ》える言葉《ことば》。
言葉 ①別《わか》れの杯《さかずき》・乾杯《かんぱい》・祝杯《しゅくはい》 ②一杯《いっぱい》の酒《さけ》
使い方 一点差《いってんさ》で苦杯《くはい》をなめた。
4級

134
詠
*エイ （よむ）
ごんべん 12画
意味 ①うたう。声《こえ》に出《だ》して詩歌《しいか》をよむ。②詩歌《しいか》を作《つく》る。
言葉 ①詠唱《えいしょう》・詠嘆《えいたん》・朗詠《ろうえい》 ②詠歌《えいか》
使い方 名画《めいが》を見《み》て詠嘆《えいたん》の声《こえ》を上《あ》げる。
3級

134
愁
*シュウ （うれえる） （うれい）
こころ 13画
意味 もの寂《さび》しく思《おも》う。心配《しんぱい》する。うれえる。うれい。
言葉 愁傷《しゅうしょう》・哀愁《あいしゅう》・郷愁《きょうしゅう》・憂愁《ゆうしゅう》・旅愁《りょしゅう》
使い方 童謡《どうよう》を聴《き》いて郷愁《きょうしゅう》を覚《おぼ》えた。
準2級

134
悼
*トウ （いたむ）
りっしんべん 11画
意味 いたむ。人《ひと》の死《し》を悲《かな》しむ。
言葉 哀悼《あいとう》・追悼《ついとう》
使い方 哀悼《あいとう》の意《い》を表《ひょう》する。
準2級

134
惰
*ダ
りっしんべん 12画
意味 怠《おこた》る。怠《なま》ける。
言葉 惰性《だせい》・惰眠《だみん》・怠惰《たいだ》
使い方 惰性《だせい》で悪習慣《あくしゅうかん》を続《つづ》けるのはよくない。
準2級

134
慄
*リツ
りっしんべん 13画
意味 おそれる。おののく。
言葉 戦慄《せんりつ》・慄然《りつぜん》
使い方 凶悪《きょうあく》な事件《じけん》に戦慄《せんりつ》する。
2級

新出音訓

134 子守り（こもり）

134 岩室（いわむろ）

134 迷路（メイロ）

134 声色（こわいろ）

134 耳鼻科（ジビカ）

解説

批評文《ひひょうぶん》は、対象《たいしょう》となる事柄《ことがら》の特性《とくせい》や価値《かち》などについて、根拠《こんきょ》に基《もと》づいて論《ろん》じ、評価《ひょうか》する文章《ぶんしょう》。事柄《ことがら》の問題点《もんだいてん》を明《あき》らかにしたり、ものの見方《みかた》や考《かんが》え方《かた》を深《ふか》めたりすることに役立《やくだ》つ。

1 **題材《だいざい》を選《えら》ぶ**

・日々《ひび》の生活《せいかつ》の中《なか》で、関心《かんしん》や疑問《ぎもん》を抱《いだ》いた事柄《ことがら》を取《と》り上《あ》げるとよい。

■題材《だいざい》の例《れい》　*（　）内《ない》は観点《かんてん》の例《れい》

・ボランティア（意義《いぎ》・内容《ないよう》・達成度《たっせいど》・課題《かだい》）
・高齢化社会《こうれいかしゃかい》（歴史的背景《れきしてきはいけい》・人口《じんこう》・今後《こんご》の展望《てんぼう》）
・ごみの問題《もんだい》（現状《げんじょう》・課題《かだい》・取《と》り組《く》み）
・学校行事《がっこうぎょうじ》（目的《もくてき》・企画運営《きかくうんえい》・内容《ないよう》・満足度《まんぞくど》）

2 **観点《かんてん》を決《き》めて分析《ぶんせき》する**

①観点《かんてん》を立《た》てる

・選《えら》んだ題材《だいざい》について、感《かん》じたことを書《か》き出《だ》す。

・感《かん》じたことを踏《ふ》まえて観点《かんてん》を決《き》める。

・観点《かんてん》ごとに問《と》いを書《か》き出《だ》す。

②分析《ぶんせき》する

・①で書《か》き出《だ》した問《と》いに、自分《じぶん》の考《かんが》えを書《か》く。

・友達《ともだち》と話《はな》し合《あ》い、考《かんが》えを深《ふか》める。

3 **構成《こうせい》を考《かんが》える**

・論《ろん》の展開《てんかい》（頭括型《とうかつがた》・尾括型《びかつがた》・双括型《そうかつがた》など）を考《かんが》え、自分《じぶん》の考《かんが》えが明確《めいかく》に伝《つた》わる構成《こうせい》にする。

・意見《いけん》を支《ささ》える適切《てきせつ》な根拠《こんきょ》を挙《あ》げ、どのような順序《じゅんじょ》で述《の》べるかを考《かんが》えて、説得力《せっとくりょく》のある論理《ろんり》の展開《てんかい》になるようにする。

・根拠《こんきょ》とするのに適切《てきせつ》かどうかを吟味《ぎんみ》して、引用《いんよう》する資料《しりょう》を選《えら》ぶ。資料《しりょう》は適切《てきせつ》に引用《いんよう》し、出典《しゅってん》を明記《めいき》する。

4 **推敲《すいこう》して仕上《しあ》げる**

・下書《したが》きは六百《ろっぴゃく》～八百字程度《はっぴゃくじていど》を目安《めやす》にする。

・意見《いけん》や根拠《こんきょ》の説明《せつめい》で、わかりにくいところはないか確認《かくにん》する。

・根拠《こんきょ》によらず、主観《しゅかん》だけで書《か》いている部分《ぶぶん》がないか注意《ちゅうい》する。

・資料《しりょう》の引用《いんよう》の仕方《しかた》は適切《てきせつ》か確認《かくにん》する。

・誤字脱字《ごじだつじ》、文法的《ぶんぽうてき》におかしな表現《ひょうげん》がないか確認《かくにん》する。

・下書《したが》きを友達《ともだち》と読《よ》み合《あ》い、助言《じょげん》し合《あ》うとよい。

5 **学習《がくしゅう》を振《ふ》り返《かえ》る**

・互《たが》いの批評文《ひひょうぶん》を読《よ》み、説得力《せっとくりょく》を高《たか》める工夫《くふう》や、参考《さんこう》になったものの見方《みかた》を指摘《してき》し合《あ》って、共有《きょうゆう》する。

「漢字《かんじ》に親《した》しもう4」の答《こた》え

〈新《あたら》しく習《なら》う漢字《かんじ》〉

1 ①かっしょく ②こはん ③ほのお ④せきつい ⑤あねったい ⑥こうばい

2 ①せんかい・エ えいしょう ②さんろく・ウ くはい ③きっきょう・ア かんきゅう ④ぼきん・イ ぞうへい

3 ①きょうしゅう ②あいとう ③たいだ ④せんりつ

〈新《あたら》しく習《なら》う音訓《おんくん》〉

4 ①ア しゅび イ こもり
②ア せいえん イ こわいろ
③ア しんしつ イ いわむろ
④ア じびか イ はなうた
⑤ア めいろ イ まよう

5 自《みずか》らの考《かんが》えを

［議論《ぎろん》］話《はな》し合《あ》いを効果的《こうかてき》に進《すす》める

教科書 135ページ

教科書の課題

上《うえ》の話《はな》し合《あ》い（P135上段《じょうだん》）の参加者《さんかしゃ》になったつもりで、この後《あと》、どのような話題《わだい》について、どのような順序《じゅんじょ》で話《はな》し合《あ》えばよいかを考《かんが》え、話《はな》し合《あ》いの進《すす》め方《かた》について［　　　　］で提案《ていあん》してみよう。

答えの例

まず、卒業文集《そつぎょうぶんしゅう》のテーマを決《き》めるかどうかを話《はな》し合《あ》ってはどうでしょうか。それから、テーマを決《き》める場合《ばあい》には、どのようなテーマにするか決《き》めましょう。最後《さいご》に、この話《はな》し合《あ》いで決《き》まったことをどのように、みんなに伝《つた》えるかを考《かんが》えましょう。

考え方

小林《こばやし》さんは、卒業文集《そつぎょうぶんしゅう》のテーマを決《き》めずに、自由《じゆう》に書《か》こうという案《あん》を出《だ》している。清水《しみず》さん、松本《まつもと》さん、村田《むらた》さんは、卒業文集《そつぎょうぶんしゅう》のテーマを設定《せってい》した場合《ばあい》の具体的《ぐたいてき》な意見《いけん》を出《だ》している。杉野《すぎの》さんは、それらのことを、みんなにどのように伝《つた》えるか、という問題《もんだい》を提起《ていき》している。

論点《ろんてん》を整理《せいり》する

●何《なに》について話《はな》し合《あ》うべきか（論点《ろんてん》）を確認《かくにん》する。

論点《ろんてん》が曖昧《あいまい》になってしまった場合《ばあい》は、参加者《さんかしゃ》の意見《いけん》を箇条書《かじょうが》きにするなどして、論点《ろんてん》を整理《せいり》するとよい。

●大《おお》きな論点《ろんてん》を確認《かくにん》してから、具体的《ぐたいてき》なことを話《はな》し合《あ》う。

まず、全体《ぜんたい》の方向性《ほうこうせい》や意義《いぎ》を確認《かくにん》しよう。これを共有《きょうゆう》しておくことで、具体的《ぐたいてき》な案《あん》が想像《そうぞう》しやすくなる。

（例《れい》）卒業文集《そつぎょうぶんしゅう》の意義《いぎ》や目的《もくてき》を確認《かくにん》する。↓ テーマを設定《せってい》するか、設定《せってい》しないか決《き》める。↓ テーマを設定《せってい》する場合《ばあい》は、どのようなテーマにするか具体的《ぐたいてき》な意見《いけん》を出《だ》す。↓ 制作《せいさく》委員会《いいんかい》で決《き》まったことを、他《ほか》の生徒《せいと》にどのように伝《つた》えるか考《かんが》える。

話《はな》し合《あ》いの展望《てんぼう》をもつ

●これからの展開《てんかい》を考《かんが》える。

（例《れい》）一人《ひとり》あたりどれぐらいの分量《ぶんりょう》を書《か》くか、提出期限《ていしゅつきげん》はいつにするか、編集後記《へんしゅうこうき》などを付《つ》けるか、どのような装丁《そうてい》にするかなどを考《かんが》える。次回《じかい》の制作《せいさく》委員会《いいんかい》の日程《にってい》を決《き》めておく必要《ひつよう》もある。

5 自《みずか》らの考《かんが》えを 合意《ごうい》形成《けいせい》に向《む》けて話《はな》し合《あ》おう

教科書 136~139ページ

解説

課題《かだい》を解決《かいけつ》するためには、違《ちが》う立場《たちば》からの意見《いけん》を生《い》かしつつ「合《ごう》意《い》を形成《けいせい》する」ことが必要《ひつよう》となる。クラスで、複数《ふくすう》の立場《たちば》が考《かんが》えられる課題《かだい》について話《はな》し合《あ》い、説得力《せっとくりょく》のある提案《ていあん》にまとめよう。

1 **課題《かだい》を見《み》つけよう**

緊急性《きんきゅうせい》や重要性《じゅうようせい》も考慮《こうりょ》して、地域社会《ちいきしゃかい》や学校生活《がっこうせいかつ》の話題《わだい》の中《なか》から、話《はな》し合《あ》いたい課題《かだい》を探《さが》す。

2 **グループで具体的《ぐたいてき》な提案《ていあん》を考《かんが》えよう**

①**ブレーンストーミングをする。**

少人数《しょうにんずう》のグループに分《わ》かれ、自由《じゆう》にアイデアを出《だ》し合《あ》い、具体《ぐたい》的《てき》な提案《ていあん》になるように考《かんが》える。

②**グループでの提案《ていあん》を絞《しぼ》り込《こ》む。**

グループで提案《ていあん》したいことを一《ひと》つに決《き》める。全体会議《ぜんたいかいぎ》に向《む》けて、提案《ていあん》の根拠《こんきょ》や意義《いぎ》を確認《かくにん》し、質問《しつもん》や反論《はんろん》に対《たい》する回答《かいとう》を用意《ようい》して、説得力《せっとくりょく》を高《たか》めておく。

3 **全体会議《ぜんたいかいぎ》を開《ひら》こう**

各《かく》グループの提案《ていあん》を持《も》ち寄《よ》り、全体会議《ぜんたいかいぎ》で検討《けんとう》する。

■話《はな》し合《あ》いの観点《かんてん》

①**類似《るいじ》の提案《ていあん》はないか。**↓提案《ていあん》を比《くら》べて、共通点《きょうつうてん》や、取《と》り入《い》れられる点《てん》などを見《み》つけて、よりよい案《あん》にまとめる。

②**目的《もくてき》に合《あ》っているか。**↓修正案《しゅうせいあん》も含《ふく》めて、より目的《もくてき》に合《あ》っているものを選《えら》ぶ。

③**実現性《じつげんせい》があるか。**↓それぞれの案《あん》について、設定《せってい》・時間《じかん》・費《ひ》用《よう》などに無理《むり》がないかを検討《けんとう》する。

4 **話《はな》し合《あ》いを振《ふ》り返《かえ》ろう**

●ブレーンストーミングに大切《たいせつ》だと思《おも》ったことを挙《あ》げる。

(例《れい》)自由《じゆう》な発想《はっそう》と、他人《たにん》の意見《いけん》を否定《ひてい》しないこと。

●観点《かんてん》に沿《そ》って提案《ていあん》を絞《しぼ》り込《こ》んでいく流《なが》れや結論《けつろん》の出《だ》し方《かた》で、今《こん》後《ご》も生《い》かしたいと思《おも》ったこと。

(例《れい》)案《あん》の共通点《きょうつうてん》を見《み》つけたり、修正案《しゅうせいあん》を出《だ》したりすること。

●司会《しかい》の進行《しんこう》や、話《はな》し合《あ》いで出《で》た発言《はつげん》の中《なか》で、合意《ごうい》を形成《けいせい》するのに有効《ゆうこう》だと思《おも》ったこと。

(例《れい》)今回採用《こんかいさいよう》されなかった案《あん》を、次回《じかい》の企画《きかく》につなげたこと。

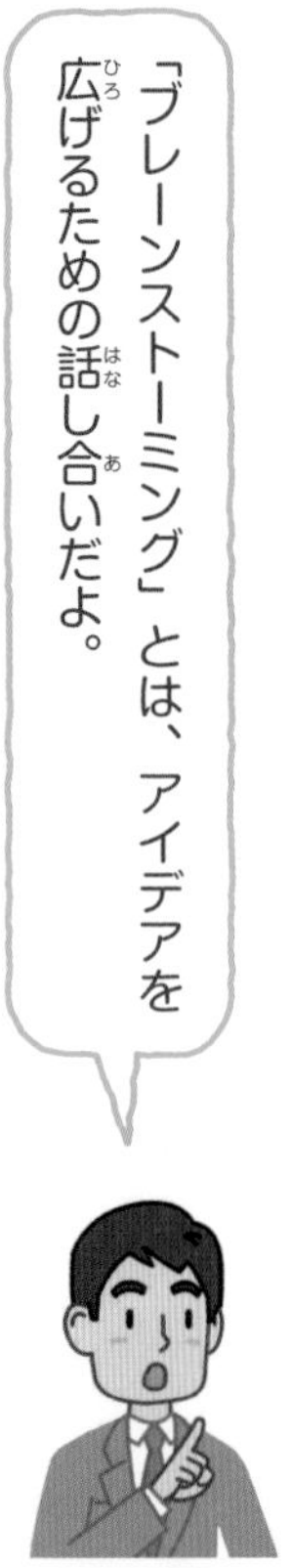
「ブレーンストーミング」とは、アイデアを広《ひろ》げるための話《はな》し合《あ》いだよ。

音読《おんどく》を楽《たの》しもう

初恋《はつこい》

島崎藤村《しまざきとうそん》

教科書 140~141ページ

およその内容

❶ **第一連《だいいちれん》　少女《しょうじょ》との出会《であ》い**（P140・1〜4）
あげたばかりの前髪《まえがみ》が林檎《りんご》の樹《き》の下《した》に見《み》えたとき、花櫛《はなぐし》が君《きみ》の髪《かみ》に咲《さ》いた花《はな》のように私《わたし》には思《おも》えました。

❷ **第二連《だいにれん》　恋心《こいごころ》の芽生《めば》え**（P140・6〜9）
君《きみ》が私《わたし》に林檎《りんご》をくれたとき、私《わたし》は初《はじ》めて人《ひと》を恋《こい》しく思《おも》いました。

❸ **第三連《だいさんれん》　恋《こい》の成就《じょうじゅ》**（P141・1〜4）
私《わたし》のためいきが君《きみ》の髪《かみ》にかかるほどそばにいるとき、私《わたし》は恋《こい》という名《な》の盃《さかづき》に想《おも》いを酌《く》んでいるようでした。

❹ **第四連《だいよんれん》　恋心《こいごころ》の高《たか》まり**（P141・6〜9）
林檎畠《りんごばたけ》の細道《ほそみち》を「誰《だれ》が踏《ふ》み固《かた》めたのでしょうね」と尋《たず》ねる君《きみ》を、私《わたし》はまた恋《こい》しく思《おも》います。

漢字のチェック

*はここに出《で》てきた読《よ》み。

新出漢字

140

恋
レン
こう
*こい　こいしい

こころ
10画

意味　こう。こいしく思《おも》う。こい。
言葉　恋人《こいびと》・初恋《はつこい》・恋愛《れんあい》・失恋《しつれん》
使い方　初恋《はつこい》の相手《あいて》と偶然《ぐうぜん》再会《さいかい》する。

4級

重要語句のチェック

*はここでの意味《いみ》。

140ページ

初《そ》む　「初《そ》める」の古《ふる》い表現《ひょうげん》。……し始《はじ》める。文 咲《さ》き初《そ》めし花《はな》の色《いろ》。

花櫛《はなぐし》　造花《ぞうか》をあしらった櫛《くし》。

薄紅《うすくれない》　薄《うす》い紅色《べにいろ》。

141ページ

こころなし　*①思慮《しりょ》がない（ここでは、無意識《むいしき》に、思《おも》わずというような意味《いみ》）。②情緒《じょうちょ》を解《かい》しない。

酌《く》む　①液体《えきたい》を器《うつわ》にすくいとる。文 水《みず》を酌《く》む。*②酒《さけ》や茶《ちゃ》をついで飲《の》む。文 一杯《いっぱい》酌《く》み交《か》わす。③思《おも》いやる。文 気持《きも》ちを酌《く》む。

おのづから　＊①自然《しぜん》に。いつの間《ま》にか。②偶然《ぐうぜん》に。

問《と》ひたまふ　お尋《たず》ねになる。

解説

●形式《けいしき》と構成《こうせい》

「初恋《はつこい》」は四連《よんれん》からなる、七五調《しちごちょう》の文語定型詩《ぶんごていけいし》である。第一連《だいいちれん》では、「君《きみ》」との出会《であ》いが描《えが》かれている。第二連《だいにれん》では、「君《きみ》」に恋心《こいごころ》を抱《いだ》くきっかけとなった出来事《できごと》が描《えが》かれている。第三連《だいさんれん》では、場面《ばめん》や状況《じょうきょう》が変《か》わっていて、二人《ふたり》が恋《こい》を語《かた》り合《あ》ったであろう後《あと》のことが描《えが》かれている。第四連《だいよんれん》では、二人《ふたり》が林檎《りんご》の樹《き》の下《した》で何度《なんど》も会《あ》うようになってできた細道《ほそみち》について、わざと「われ」に尋《たず》ねる「君《きみ》」を、いっそう恋《こい》しく思《おも》うという心情《しんじょう》が描《えが》かれている。

文語《ぶんご》とは、文章《ぶんしょう》を書《か》くときに用《もち》いる言葉《ことば》で、漢《かん》語《ご》の割合《わりあい》が高《たか》く、古《ふる》い言葉遣《ことばづか》いが多《おお》いよ。

定型詩《ていけいし》とは、七五調《しちごちょう》や五七調《ごしちちょう》のように、一定《いってい》の形式《けいしき》をもっている詩《し》のことだね。

読解のポイント

●まだあげ初《そ》めし前髪《まえがみ》　「初恋《はっこい》」が発表《はっぴょう》された明治三十年頃《めいじさんじゅうねんごろ》は、少《しょう》女《じょ》の成長《せいちょう》したしるしとして前髪《まえがみ》をあげて髪型《かみがた》を変《か》える習慣《しゅうかん》があった。ここに出《で》てくる「君《きみ》」は、前髪《まえがみ》をあげてまだ日《ひ》がたたない女《じょ》性《せい》であることが読《よ》み取《と》れる。雰囲気《ふんいき》が変《か》わったその姿《すがた》に「われ」ははっとしたのである。

●わがこころなきためいきの／その髪《かみ》の毛《け》にかかるとき　思《おも》わず漏《も》れてしまった「われ」のためいきが、「君《きみ》」の髪《かみ》の毛《け》にかかるほど二人《ふたり》は近《ちか》くに寄《よ》り添《そ》っていることを読《よ》み取《と》ろう。「君《きみ》」に対《たい》する緊張《きんちょう》や高《たか》まる恋心《こいごころ》が、ためいきとなって、ふと漏《も》れたとも思《おも》われる。第二連《だいにれん》から第三連《だいさんれん》へ移《うつ》るまでに、「君《きみ》」は「われ」の恋心《こいごころ》を受《う》け入《い》れている。

●たのしき恋《こい》の盃《さかづき》を／君《きみ》が情《なさけ》に酌《く》みしかな　「恋《こい》の盃《さかづき》」は比喩《ひゆ》。「盃《さかずき》」からの連想《れんそう》で「酌《く》む」という言葉《ことば》が導《みちび》かれている。「われ」の、恋《こい》の楽《たの》しさやうれしさが読《よ》み取《と》れる表現《ひょうげん》である。

●林檎畠《りんごばたけ》の樹《こ》の下《した》に／おのづからなる細道《ほそみち》は　踏《ふ》み固《かた》められて、自《し》然《ぜん》と細《ほそ》い道《みち》ができるほど、二人《ふたり》は林檎《りんご》の樹《き》の下《した》で何度《なんど》も会《あ》うようになっていったということ。

●誰《た》が踏《ふ》みそめしかたみぞと／問《と》ひたまふこそこひしけれ　「誰《た》が……かたみぞ」は、「君《きみ》」のせりふ。「誰《だれ》が道《みち》ができるほど踏《ふ》みかためたのでしょうか」と、わかっているのにわざと尋《たず》ねる「君《きみ》」の、そのようなところがまた恋《こい》しいということ。恋《こい》が深《ふか》まっていることがわかる。「そめし」は「初《そ》めし」とはなっておらず、その音《おん》から「染《そ》めし」が連想《れんそう》される。「染《そ》む」には、なじむという意味《いみ》があるので、ここからも、二人《ふたり》が林檎《りんご》の樹《き》の下《した》に何度《なんど》も通《かよ》いつめていたことが想像《そうぞう》できるだろう。

6 いにしえの心《こころ》を受《う》け継《つ》ぐ
古今和歌集《こきんわかしゅう》 仮名序《かなじょ》

教科書 146~147ページ

およその内容

和歌《わか》は、人《ひと》の心《こころ》を種《たね》にして、そこから芽生《めば》えて育《そだ》ったさまざまな葉《は》のようなものだ。世《よ》の中《なか》の出来事《できごと》に対《たい》して感《かん》じたことを、見《み》たり聞《き》いたりしたことに託《たく》して表現《ひょうげん》したものが和歌《わか》である。生《い》き物全《ものすべ》てが、歌《うた》を詠《よ》んでいる。和歌《わか》には、神々《かみがみ》やさまざまな人々《ひとびと》を感動《かんどう》させ、和《なご》ませる力《ちから》がある。

●古今和歌集《こきんわかしゅう》 仮名序《かなじょ》

醍醐天皇《だいごてんのう》の命令《めいれい》で「古今和歌集《こきんわかしゅう》」の編集《へんしゅう》を行《おこな》うにあたり、撰者《せんじゃ》の一人《ひとり》であった紀《きのつらゆき》 貫之が編集《へんしゅう》の経過《けいか》を記《しる》したものとされる。和歌《わか》についての撰者《せんじゃ》たちの見解《けんかい》や、歌人《かじん》たちの評価《ひょうか》などを述《の》べている。ただし、その内容《ないよう》は単《たん》なる歌集《かしゅう》の序文《じょぶん》の域《いき》を超《こ》え、優《すぐ》れた歌論《かろん》、文学《ぶんがく》論《ろん》であると評価《ひょうか》されている。

●紀 貫之《きのつらゆき》

?~九四五年頃《ねんごろ》。平安時代前期《へいあんじだいぜんき》の歌人《かじん》・学者《がくしゃ》。紀 友則《きのとものり》らとともに「古今和歌集《こきんわかしゅう》」を編集《へんしゅう》した。日本《にっぽん》で最初《さいしょ》の仮名文《かなぶん》による日記文学《にっきぶんがく》「土佐日記《とさにっき》」の作者《さくしゃ》としても知《し》られている。

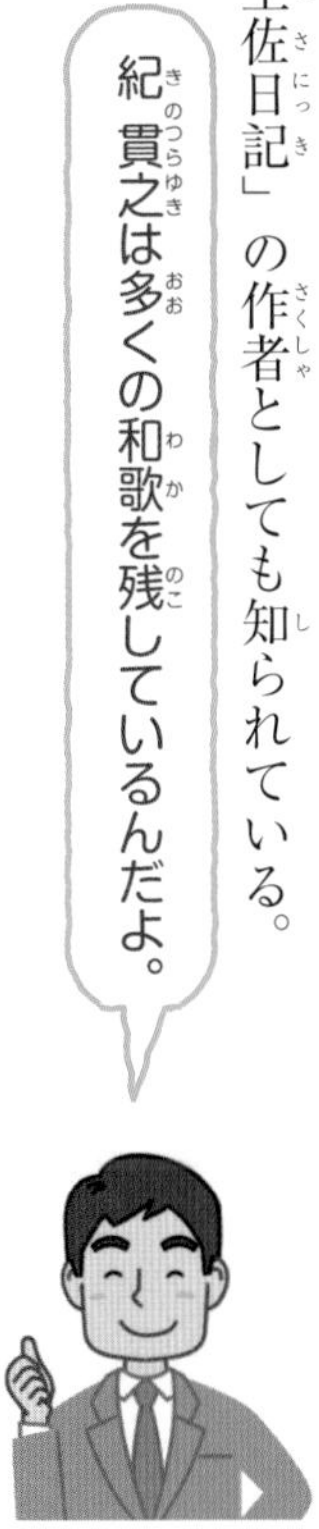

読解のポイント

●和歌《わか》はどのように生《う》まれるものだといっているだろう。

人《ひと》の心《こころ》を種《たね》にして、葉《は》のように生《しょう》じると述《の》べられている。具体《ぐたい》的《てき》には、人生《じんせい》で人々《ひとびと》がさまざまな出来事《できごと》に関《かか》わる中《なか》で、心《こころ》に思《おも》うことを、見《み》るものや聞《き》くものに託《たく》して言《い》い表《あらわ》すことで生《う》まれるといっている。

●「いづれか歌《うた》をよまざりける」は、どんな意味《いみ》だろう。

古文特有《こぶんとくゆう》の表現《ひょうげん》「係《かか》り結《むす》び」が用《もち》いられた、反語《はんご》の文《ぶん》。「(生《い》き物全《ものすべ》ての)誰《だれ》が歌《うた》を詠《よ》まないというのか、いや誰《だれ》もが歌《うた》を詠《よ》むのだ」という意味《いみ》の強《つよ》い肯定《こうてい》になっている。

●和歌《わか》はどんな力《ちから》をもつといっているだろう。

「天地《あめつち》」や「鬼神《おにがみ》」の心《こころ》を揺《ゆ》さぶり、「男《をとこ》女《をんな》のなか」を親《した》しませ、「武士《もののふ》」の心《こころ》を和《やわ》らげる力《ちから》をもつ。

6 いにしえの心《こころ》を受《う》け継《つ》ぐ

君《きみ》待《ま》つと――万葉《まんよう》・古今《こきん》・新古今《しんこきん》

教科書 148~153ページ

解説

◆万葉集《まんようしゅう》

　現存《げんそん》する日本最古《にっぽんさいこ》の歌集《かしゅう》。奈良時代《ならじだい》の末頃《すえごろ》（八世紀末《はっせいきまつ》）にまとめられた。二十巻《にじっかん》。約四千五百首《やくよんせんごひゃくしゅ》の歌《うた》が収《おさ》められている。さまざまな形式《けいしき》の歌《うた》を含《ふく》むが、大部分《だいぶぶん》は短歌《たんか》である。天皇《てんのう》や貴族《きぞく》、兵士《へいし》、農民《のうみん》など、幅広《はばひろ》い階層《かいそう》の人々《ひとびと》の現実《げんじつ》の感動《かんどう》が率直《そっちょく》に歌《うた》われている。表記《ひょうき》には万葉仮名《まんようがな》が用《もち》いられている。

東歌《あずまうた》…東国地方《とうごくちほう》の人々《ひとびと》の歌《うた》。方言《ほうげん》が使《つか》われている。

防人歌《さきもりのうた》…九州地方《きゅうしゅうちほう》の守備《しゅび》にあたった兵士《へいし》が詠《よ》んだ歌《うた》。

長歌《ちょうか》…五《ご》・七調《しちちょう》のリズムを何回《なんかい》か繰《く》り返《かえ》して、最後《さいご》は五《ご》・七《しち》・七《しち》で締《し》めくくる形《かたち》の歌《うた》。

反歌《はんか》…長歌《ちょうか》の後《あと》に添《そ》える歌《うた》。内容《ないよう》を要約《ようやく》したり、補《おぎな》ったりする。

◆古今和歌集《こきんわかしゅう》

　最初《さいしょ》の勅撰和歌集《ちょくせんわかしゅう》（天皇《てんのう》や上皇《じょうこう》の命令《めいれい》で作《つく》られた歌集《かしゅう》）。平安時代《へいあんじだい》の初期《しょき》に成立《せいりつ》した。撰者《せんじゃ》は、紀貫之《きのつらゆき》・紀友則《きのとものり》ら。二十巻《にじっかん》。約千百首《やくせんひゃくしゅ》の歌《うた》が収《おさ》められている。表現《ひょうげん》に技巧《ぎこう》を凝《こ》らし、理知的《りちてき》で優美《ゆうび》・繊細《せんさい》な歌《うた》が多《おお》い。「古今集《こきんしゅう》」ともいう。

六歌仙《ろっかせん》…古今和歌集《こきんわかしゅう》の序文《じょぶん》で紹介《しょうかい》された、当代《とうだい》の優《すぐ》れた六名《ろくめい》の歌人《かじん》のこと。在原業平《ありわらのなりひら》・僧正遍昭《そうじょうへんじょう》・喜撰法師《きせんほうし》・大伴黒主《おおとものくろぬし》・文屋《ふんや》康秀《やすひで》・小野小町《おののこまち》を指《さ》す。

よみ人《びと》しらず…和歌《わか》の撰集《せんしゅう》で、作者不明《さくしゃふめい》の場合《ばあい》や、作者《さくしゃ》を明《あき》らかにしたくないときに記載《きさい》する。

◆新古今和歌集《しんこきんわかしゅう》

　八番目《はちばんめ》の勅撰和歌集《ちょくせんわかしゅう》。鎌倉時代《かまくらじだい》の初期《しょき》に成立《せいりつ》した。撰者《せんじゃ》は藤原定家《ふじわらのさだいえ》・藤原家隆《ふじわらのいえたか》ら。二十巻《にじっかん》。約千九百八十首《やくせんきゅうひゃくはちじっしゅ》の歌《うた》が、「春《はる》」「夏《なつ》」など十二《じゅうに》に分類《ぶんるい》されている。本歌取《ほんかど》り・体言止《たいげんど》めなどの技巧《ぎこう》を用《もち》い、自然美《しぜんび》や繊細《せんさい》な感情《かんじょう》を象徴的《しょうちょうてき》に表現《ひょうげん》している歌《うた》が多《おお》い。「新古今集《しんこきんしゅう》」ともいう。

漢字のチェック

＊はここに出《で》てきた読《よ》み。

新出漢字

152

緒

ショ
チョ
＊お

いとへん　14画

緒緒緒緒緒緒緒緒緒緒緒緒緒緒

意味　①物事《ものごと》の始《はじ》まり。起《お》こり。②お。ひも。

言葉　①緒戦《しょせん》・端緒《たんしょ》　②鼻緒《はなお》

使い方　鎌倉《かまくら》は独特《どくとく》の情緒《じょうちょ》のある街《まち》だ。

準2級

新出音訓

148　古今（コキン）

149　貴い（とうとい）

148　衣（ころも）

重要語句のチェック

148ページ

あけぼの　＊①夜《よる》がほのぼのと明《あ》けるころ。明《あ》け方《がた》。文あけぼののの空《そら》。②物事《ものごと》が新《あたら》しく始《はじ》まろうとするとき。文文明《ぶんめい》のあけぼの。

すだれ　細《ほそ》く割《わ》った竹《たけ》や、アシの茎《くき》などを編《あ》んだもの。日《ひ》よけや目隠《めかく》しに使《つか》う。

貢献《こうけん》　何《なに》かのために力《ちから》をつくし、役《やく》に立《た》つこと。寄与《きよ》。文世界平《せかいへい》和《わ》のために貢献《こうけん》する。

歌聖《かせい》　歌《うた》の道《みち》で、特別《とくべつ》に優《すぐ》れた人《ひと》。類歌仙《かせん》

叙景歌《じょけいか》　風景《ふうけい》を書《か》き表《あらわ》した歌《うた》。

叙情歌《じょじょうか》　自分《じぶん》の感情《かんじょう》を書《か》き表《あらわ》した歌《うた》。

149ページ

壮年《そうねん》　働《はたら》き盛《ざか》りの年頃《としごろ》。三十代《さんじゅうだい》から五十代《ごじゅうだい》くらい。

150ページ

編纂《へんさん》　いろいろな材料《ざいりょう》を集《あつ》めて、本《ほん》にまとめること。文百科事典《ひゃっかじてん》を編纂《へんさん》する。

151ページ

撰者《せんじゃ》　優《すぐ》れた作品《さくひん》を選《えら》び、まとめて、歌集《かしゅう》などを編集《へんしゅう》する人《ひと》。文和歌集《わかしゅう》の撰者《せんじゃ》の多《おお》くは優《すぐ》れた歌人《かじん》だ。

歌合《うたあわせ》　人々《ひとびと》が左右二組《さゆうふたくみ》に分《わ》かれて詠《よ》んだ短歌《たんか》を、左右一首《さゆういっしゅ》ずつ比《くら》べて優劣《ゆうれつ》を判定《はんてい》し、勝負《しょうぶ》を決《き》める遊《あそ》び。

152ページ

境地《きょうち》　その人《ひと》の置《お》かれている立場《たちば》。また、心《こころ》の状態《じょうたい》。文苦《くる》しい境《きょう》地《ち》に立《た》たされる。

点在《てんざい》　あちこちに散《ち》らばってあること。文深《ふか》い山《やま》あいに点在《てんざい》する民家《みんか》。類散在《さんざい》

カヤ　屋根《やね》の材料《ざいりょう》にする草《くさ》をまとめていう言葉《ことば》。スゲ・ススキ・チガヤなど。

粗末《そまつ》　＊①作《つく》り方《かた》が雑《ざつ》で、品質《ひんしつ》がよくない様子《ようす》。文粗末《そまつ》な衣服《いふく》。②いいかげんに扱《あつか》って、大事《だいじ》にしない様子《ようす》。文ものを粗《そ》末《まつ》にする。

気品《きひん》　人《ひと》に感《かん》じられる上品《じょうひん》さ。品《ひん》。品位《ひんい》。品格《ひんかく》。文あの人《ひと》には、生《う》まれつきの気品《きひん》がある。

ここがポイント！
教科書《きょうかしょ》の「学習《がくしゅう》」の
答《こた》えと考《かんが》え方《かた》
教科書 153ページ

読《よ》み深《ふか》める・考《かんが》えをもつ

❶ 声《こえ》に出《だ》して読《よ》んでみよう。
声《こえ》に出《だ》して読《よ》み、言葉《ことば》の響《ひび》きやリズムを楽《たの》しもう。

考え方

和歌《わか》は、リズムや響《ひび》きが重《おも》んじられており、声《こえ》に出《だ》して読《よ》むことで、本来《ほんらい》の味《あじ》わいが出《で》る。次《つぎ》の点《てん》に注意《ちゅうい》しながら、暗唱《あんしょう》できるくらいに何度《なんど》も繰《く》り返《かえ》し音読《おんどく》してみたい。

① **五音《ごおん》と七音《しちおん》によって生《う》まれる和歌《わか》のリズムを楽《たの》しむ。**
例 「天地《あめつち》の　分《わ》かれし時《とき》ゆ　神《かむ》さびて…」→五音《ごおん》と七音《しちおん》の繰《く》り返《かえ》しを基調《きちょう》にして句《く》が連《つら》ねられている。

② **古文独特《こぶんどくとく》の仮名遣《かなづか》いの発音《はつおん》に注意《ちゅうい》する。**
例 「花《はな》ぞ昔《むかし》の香《か》ににほひける」→「にほひ」は「におい」と読《よ》み替《か》える必要《ひつよう》がある。

③ **句切《くぎ》れのある箇所《かしょ》では、少《すこ》し間《ま》をとる。**
例 「玉《たま》の緒《お》よ絶《た》えなば絶《た》えねながらへば…」→「絶《た》えね」（命令《めいれい》形《けい》）で句《く》が切《き》れている（二句切《にくぎ》れ）。

④ **同《おな》じ響《ひび》きをもった言葉《ことば》に着目《ちゃくもく》する。**
例 「多摩川《たまがわ》にさらす手作《てづく》りさらさらに…」→「さ」の音《おん》が爽《さわ》やかな響《ひび》きをかもし出《だ》している。

⑤ **字余《じあま》りのある歌《うた》に注意《ちゅうい》する。**
例 「田子《たご》の浦《うら》ゆうち出《い》でて見《み》れば…」→本来《ほんらい》ならば五《ご》・七《しち》になるべきところで一字《いちじ》ずつ多《おお》くなっている。

好《す》きな和歌《わか》は暗唱《あんしょう》して、その和歌《わか》をじっくり楽《たの》しんでみよう。

❷ 和歌《わか》の世界《せかい》を味《あじ》わおう。

① それぞれの歌集《かしゅう》の歌人《かじん》たちが和歌《わか》に詠《よ》んだ心情《しんじょう》や情景《じょうけい》を、現《げん》代語訳《だいごやく》を基《もと》に想像《そうぞう》してみよう。

答えの例

◆**万葉集《まんようしゅう》**

●**春過《はるす》ぎて夏来《なつき》たるらし白《しろ》たへの衣干《ころもほ》したり天《あめ》の香具山《かぐやま》**
都近《みやこちか》くの香具山《かぐやま》の山腹《さんぷく》に、真《ま》っ白《しろ》い衣《ころも》が干《ほ》してあるのを目《め》にして、夏《なつ》の季節《きせつ》の訪《おとず》れを感《かん》じ取《と》り爽《さわ》やかに歌《うた》った。

●**東《ひむがし》の野《の》に炎《かぎろひ》の立《た》つ見《み》えてかへり見《み》すれば月傾《つきかたぶ》きぬ**
東《ひがし》の野《の》にあけぼのの光《ひかり》が見《み》えて、西《にし》に月《つき》が沈《しず》もうとしているという、夜明《よあ》けの壮大《そうだい》な天空《てんくう》を詠《よ》んだ。

●**君待《きみま》つと我《あ》が恋《こ》ひ居《を》れば我《わ》が屋戸《やど》のすだれ動《うご》かし秋《あき》の風吹《かぜふ》く**

恋《こい》しい人《ひと》を待《ま》つ切《せつ》なさと、秋《あき》を切《せつ》なく感《かん》じる気持《きも》ちを重《かさ》ねて詠《よ》んでいる。

●天地《あめつち》の　分《わ》かれし時《とき》ゆ　神《かむ》さびて　高《たか》く貴《たふと》き　駿河《するが》なる　富士《ふじ》の高嶺《たかね》を　天《あま》の原《はら》　振《ふ》り放《さ》け見《み》れば　渡《わた》る日《ひ》の　影《かげ》も隠《かく》らひ　照《て》る月《つき》の　光《ひかり》も見《み》えず　白雲《しらくも》も　い行《ゆ》きはばかり　時《とき》じくそ　雪《ゆき》は降《ふ》りける　語《かた》り継《つ》ぎ　言《い》ひ継《つ》ぎ行《ゆ》かむ　富士《ふじ》の高嶺《たかね》は

神々《こうごう》しく気高《けだか》く偉大《いだい》な山《やま》である富士山《ふじさん》を畏《おそ》れ敬《うやま》い、この山《やま》を後世《こうせい》まで言《い》い伝《つた》えていこうという思《おも》いを詠《よ》んだ。

●（反歌《はんか》）田子《たご》の浦《うら》ゆうち出《い》でて見《み》れば真白《ましろ》にそ富士《ふじ》の高嶺《たかね》に雪《ゆき》は降《ふ》りける

田子《たご》の浦《うら》を通《とお》って（外《そと》に）出《で》ると、眼前《がんぜん》に雪《ゆき》が真《ま》っ白《しろ》に降《ふ》り積《つ》もっている神々《こうごう》しい富士山《ふじさん》がそびえ、感動《かんどう》した。

●憶良《おくら》らは今《いま》は罷《まか》らむ子《こ》泣《な》くらむそれその母《はは》も我《わ》を待《ま》つらむそ

宴会《えんかい》の場《ば》から退出《たいしゅつ》しようとする際《さい》に、家《いえ》で待《ま》つ子供《こども》や妻《つま》へのいつくしみを歌《うた》った。

●多摩川《たまがわ》にさらす手作《てづく》りさらさらに何《なに》そこの児《こ》のここだ愛《かな》しき

手織《てお》りの布《ぬの》を織《お》ってさらす仕事《しごと》をしている恋人《こいびと》をいとしく思《おも》う気持《きも》ちを率直《そっちょく》に表現《ひょうげん》している。

●父母《ちちはは》が頭《かしら》かき撫《な》で幸《さ》くあれて言《い》ひし言葉《けとば》ぜ忘《わす》れかねつる

故郷《こきょう》を出発《しゅっぱつ》するとき、自分《じぶん》の身《み》を心配《しんぱい》し無事《ぶじ》を祈《いの》ってくれた両親《りょうしん》の言葉《ことば》を、遠《とお》く離《はな》れた土地《とち》でなつかしんでいる。

●新《あらた》しき年《とし》の初《はじ》めの初春《はつはる》の今日《けふ》降《ふ》る雪《ゆき》のいやしけ吉事《よごと》

新《あたら》しい年《とし》が始《はじ》まる正月《しょうがつ》の今日《きょう》、降《ふ》った雪《ゆき》が積《つ》もっていくように、今年《ことし》も喜《よろこ》ばしいことがたくさんあってほしいと願《ねが》っている。

◆古今和歌集《こきんわかしゅう》

●人《ひと》はいさ心《こころ》も知《し》らずふるさとは花《はな》ぞ昔《むかし》の香《か》ににほひける

しばらくぶりに訪《おとず》れた家《いえ》で、梅《うめ》の香《かお》りは変《か》わっていないのに、人《ひと》の心《こころ》はたやすく変《か》わってしまうものですねという嘆《なげ》きを歌《うた》った。

●秋来《あきき》ぬと目《め》にはさやかに見《み》えねども風《かぜ》の音《おと》にぞおどろかれぬる

立秋《りっしゅう》の日《ひ》、秋《あき》がやって来《き》たと目《め》にははっきり見《み》えないが、耳《みみ》に聞《き》こえる風《かぜ》の音《おと》に、ふと秋《あき》の季節《きせつ》の到来《とうらい》を気《き》づかされた。

●思《おも》ひつつ寝《ぬ》ればや人《ひと》の見《み》えつらむ夢《ゆめ》と知《し》りせば覚《さ》めざらましを

恋《こい》する人《ひと》に夢《ゆめ》で会《あ》えた喜《よろこ》びと、夢《ゆめ》から覚《さ》めるとそれがはかない幻《まぼろし》に過《す》ぎなかったという寂《さび》しさが歌《うた》われている。

◆新古今和歌集《しんこきんわかしゅう》

●道《みち》の辺《べ》に清水《しみず》流《なが》るる柳《やなぎ》かげしばしとてこそ立《た》ちどまりつれ

暑《あつ》い日中《にっちゅう》に、少《すこ》しのつもりで立《た》ち止《ど》まった柳《やなぎ》の木陰《こかげ》が涼《すず》しく、快《こころよ》さのあまり時《とき》を過《す》ごしてしまった。

●見《み》わたせば花《はな》も紅葉《もみぢ》もなかりけり浦《うら》の苫屋《とまや》の秋《あき》の夕暮《ゆふぐれ》

華《はな》やかなものなど何《なに》もないわびしい景色《けしき》だが、それゆえに静《しず》かな奥深《おくぶか》い趣《おもむき》が感《かん》じられる。

●玉《たま》の緒《を》よ絶《た》えなば絶《た》えねながらへば忍《しの》ぶることの弱《よわ》りもぞする

秘《ひ》め続《つづ》けている恋心《こいごころ》が激《はげ》しく高《たか》まって、もはや抑《おさ》え切《き》れないほどになってしまっている。

② 三《みっ》つの歌集《かしゅう》の歌《うた》を比較《ひかく》して、それぞれの表現《ひょうげん》について感《かん》じたことなどを話《はな》し合《あ》ってみよう。

答えの例

「万葉集《まんようしゅう》」の歌《うた》は、漢字《かんじ》の音《おん》や訓《くん》を借《か》りて表記《ひょうき》する万葉仮名《まんようがな》で記《しる》され、それまでの漢文体《かんぶんたい》の文章《ぶんしょう》より感情《かんじょう》を自由《じゆう》に生《い》き生《い》きと表現《ひょうげん》することが可能《かのう》になった。「憶良《おくら》らは…」の歌《うた》のように、五《ご》・七調《しちちょう》の端正《たんせい》なリズムと、素朴《そぼく》で率直《そっちょく》な表現《ひょうげん》が特徴《とくちょう》である。

「古今和歌集《こきんわかしゅう》」の歌人《かじん》たちは、既《すで》に仮名文字《かなもじ》を自由《じゆう》に使《つか》いこなしていた。「秋来《あきき》ぬと…」が、風《かぜ》によって立秋《りっしゅう》の到来《とうらい》に気《き》づくという、暦《こよみ》の知識《ちしき》を前提《ぜんてい》とした歌《うた》であったように、理知的《りちてき》で、繊細《せんさい》・優美《ゆうび》な歌風《かふう》が特徴《とくちょう》である。七《しち》・五調《ごちょう》の歌《うた》が多《おお》い。

「新古今和歌集《しんこきんわかしゅう》」の歌《うた》は、それまでの作品《さくひん》より言葉《ことば》や技巧《ぎこう》にさらに磨《みが》きがかかっている。「見《み》わたせば…」の歌《うた》のように、体言止《たいげんど》めを用《もち》いて余情《よじょう》を生《う》むような表現《ひょうげん》に特徴《とくちょう》がある。七《しち》・五調《ごちょう》の歌《うた》が多《おお》い。

☆三《みっ》つの和歌集《わかしゅう》の比較《ひかく》

歌集《かしゅう》	技巧《ぎこう》の例《れい》	歌風《かふう》
万葉集《まんようしゅう》	枕詞《まくらことば》　序詞《じょことば》	五《ご》・七調《しちちょう》　素朴《そぼく》で力強《ちからづよ》い
古今集《こきんしゅう》	掛詞《かけことば》　縁語《えんご》	七《しち》・五調《ごちょう》　繊細《せんさい》で優美《ゆうび》
新古今和《しんこきんわ》歌集《かしゅう》	本歌取《ほんかど》り　体言止《たいげんど》め	七《しち》・五調《ごちょう》　余情《よじょう》を重《おも》んじ奥深《おくぶか》い

❸ 鑑賞文《かんしょうぶん》を書《か》こう。
心《こころ》に響《ひび》いた和歌《わか》を一首選《いっしゅえら》び、脚注《きゃくちゅう》なども参考《さんこう》にしながら心情《しんじょう》や情景《じょうけい》を考《かんが》え、鑑賞文《かんしょうぶん》を書《か》いてみよう。

答えの例

◆万葉集《まんようしゅう》

●春過《はるす》ぎて夏来《なつき》たるらし白《しろ》たへの衣干《ころもほ》したり天《あめ》の香具山《かぐやま》

青葉《あおば》がもえ出《で》る香具山《かぐやま》に、白《しろ》い衣《ころも》が干《ほ》してある光景《こうけい》を見《み》て、夏《なつ》の訪《おとず》れを実感《じっかん》したという歌《うた》である。和歌《わか》では春《はる》や秋《あき》が愛《あい》されることが多《おお》く、夏《なつ》の訪《おとず》れを喜《よろこ》ぶ歌《うた》は珍《めずら》しく、おもしろい。木々《きぎ》の緑《みどり》と衣《ころも》の白《しろ》との色彩的対照《しきさいてきたいしょう》が爽《さわ》やかである。

◆古今和歌集《こきんわかしゅう》

●思《おも》ひつつ寝《ぬ》ればや人《ひと》の見《み》えつらむ夢《ゆめ》と知《し》りせば覚《さ》めざらましを

会《あ》いたくてどうしようもないのに会《あ》えない人《ひと》の夢《ゆめ》を見《み》た。夢《ゆめ》で会《あ》えたことのうれしさと、夢《ゆめ》だったことの寂《さび》しさ。切《せつ》ない情感《じょうかん》が巧《たく》みに表現《ひょうげん》されている。

◆新古今和歌集《しんこきんわかしゅう》

●見《み》わたせば花《はな》も紅葉《もみぢ》もなかりけり浦《うら》の苫屋《とまや》の秋《あき》の夕暮《ゆふぐれ》

漁夫《ぎょふ》の家《いえ》が点在《てんざい》するだけの海辺《うみべ》の光景《こうけい》。見《み》わたしても、花《はな》も紅葉《もみじ》もない。華《はな》やかなものの何一《なにひと》つないわびしい光景《こうけい》に、奥深《おくぶか》く静《しず》かな美《び》を見《み》いだした、印象的《いんしょうてき》・絵画的《かいがてき》な歌《うた》である。「三夕《さんせき》の歌《うた》」の一《ひと》つとして知《し》られている。

振り返る

●どの和歌《わか》から、どのようなことを想像《そうぞう》したか述《の》べてみよう。

答えの例

・君待《きみま》つと我《あ》が恋《こ》ひ居《を》れば我《わ》が屋戸《やど》のすだれ動《うご》かし秋《あき》の風《かぜ》吹《ふ》く
　風《かぜ》がすだれを動《うご》かしただけなのに、そのちょっとした気配《けはい》でも恋人《こいびと》が来《き》たとそわそわする女《おんな》の人《ひと》の一途《いちず》な姿《すがた》を想像《そうぞう》した。

考え方

和歌《わか》から想像《そうぞう》したことを具体的《ぐたいてき》にわかりやすくまとめる。

●どのような表現《ひょうげん》や内容《ないよう》に着目《ちゃくもく》して鑑賞《かんしょう》したか、挙《あ》げてみよう。

答えの例

・万葉集《まんようしゅう》…幅広《はばひろ》い階層《かいそう》の人《ひと》の現実《げんじつ》に即《そく》した素朴《そぼく》な感動《かんどう》。
・古今和歌集《こきんわかしゅう》…鑑賞《かんしょう》する側《がわ》にも幅広《はばひろ》い教養《きょうよう》を兼《か》ね備《そな》えていないと理《り》解《かい》しがたい理知的《りちてき》な内容《ないよう》。
・新古今和歌集《しんこきんわかしゅう》…多彩《たさい》な表現《ひょうげん》技巧《ぎこう》を使《つか》うことによって表《あらわ》された作者《さくしゃ》の心《こころ》の奥底《おくそこ》にある心情《しんじょう》。

考え方

一《ひと》つ一《ひと》つの和歌《わか》の表現《ひょうげん》や内容《ないよう》についても挙《あ》げてみるとよい。
※和歌《わか》には、心情《しんじょう》や趣《おもむき》を豊《ゆた》かに表現《ひょうげん》するために次《つぎ》のような独特《どくとく》の技《ぎ》法《ほう》がある。

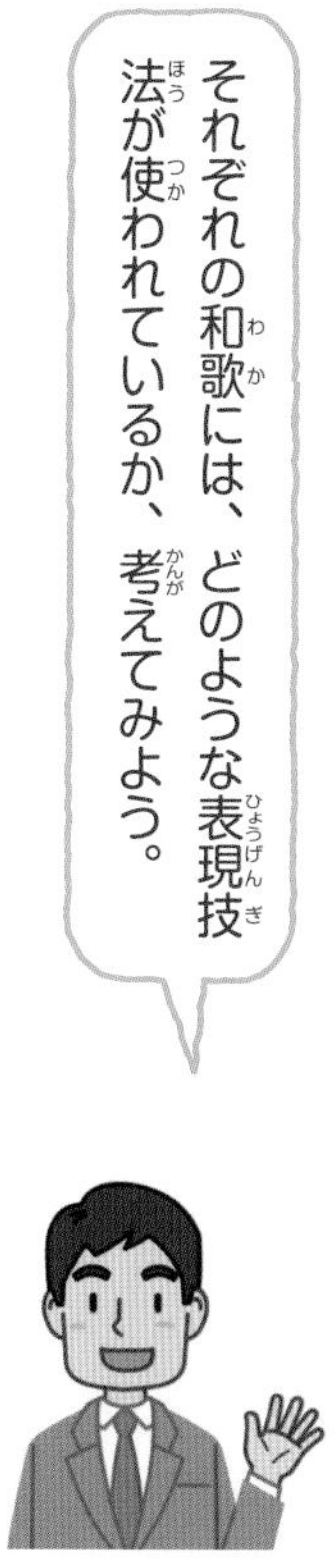

●枕詞《まくらことば》…ある言葉《ことば》を導《みちび》くために直前《ちょくぜん》に置《お》かれる、特定《とくてい》の語《ご》。多《おお》くの場合《ばあい》、五音《ごおん》から成《な》る。
例「あしひきの」→山《やま》・峰《みね》「あらたまの」→年《とし》・月《つき》・日《ひ》・春《はる》
●序詞《じょことば》…ある言葉《ことば》を引《ひ》き出《だ》すための語句《ごく》。枕詞《まくらことば》と違《ちが》い、後《あと》に続《つづ》く語《ご》句《く》は定《さだ》まっていない。七音以上《ななおんいじょう》で自由《じゆう》に創作《そうさく》される。
例「多摩川《たまがわ》にさらす手作《てづく》り」→「さらさらに」
●掛詞《かけことば》…一《ひと》つの語《ご》に二《ふた》つの意味《いみ》を掛《か》けもたせる技法《ぎほう》。
例「わが身世《みよ》にふるながめせしまに」→「（年《とし》が）ふる」と「降《ふ》る」、「長雨《ながめ》」と「眺《なが》め」
●体言止《たいげんど》め…末尾《まつび》を体言《たいげん》（名詞《めいし》）で止《と》め、余情《よじょう》を生《う》む技法《ぎほう》。
●縁語《えんご》…意味《いみ》の上《うえ》で縁《えん》のある言葉《ことば》が、和歌《わか》の中《なか》に幾《いく》つもある技法《ぎほう》。
例「玉《たま》の緒《を》よ絶《た》えなば絶《た》えねながらへば忍《しの》ぶることの弱《よわ》りもぞする」→「緒《お》」の縁語《えんご》…「絶《た》え」「ながらへ」「弱《よわ》り」
●本歌取《ほんかど》り…昔《むかし》の人《ひと》の作品《さくひん》を自分《じぶん》の作品《さくひん》に取《と》り入《い》れて作《つく》る技法《ぎほう》。

テスト直前《ちょくぜん》にチェック!

君待《きみま》つと①

教科書 148~153ページ

A　春過ぎて夏来《きた》るらし白たへの衣干したり天《あめ》の香具《かぐ》山

持統《ぢとう》天皇

B　東《ひむがし》の野に炎《かぎろひ》の立つ見えてかへり見すれば月傾《かたぶ》きぬ

柿本人麻呂《かきのもとのひとまろ》

C　君待つと我《あ》が恋《こ》ひ居《を》れば我《わ》が屋戸《やど》のすだれ動かし秋の風吹く

額田王《ぬかたのおほきみ》

D　天地《あめつち》の　分かれし時ゆ　神《かむ》さびて　高く貴《たふと》き　駿河《するが》なる
富士の高嶺《たかね》を　天《あま》の原　振り放《さ》け見れば　渡る日の　影も隠《かく》らひ
照る月の　光も見えず　白雲《しらくも》も　い行《ゆ》きはばかり　時じくそ
雪は降りける　語り継ぎ　言ひ継ぎ行かむ　富士の高嶺は

山部赤人《やまべのあかひと》

E　田子《たご》の浦《うら》ゆうち出《い》でて見れば真白《ましろ》にそ富士の高嶺に雪は降りける

1　Aの歌について、この歌に用いられている表現技法を次から一つ選び、記号に○を付けなさい。

ア　対句　　イ　本歌取り　　ウ　体言止め　　エ　擬人法

2　Bの歌について、「炎の立つ」とは、何のどういう様子を表していますか。簡潔に説明しなさい。

（　　　　）

3　よく出る!　Cの歌について、「すだれ動かし秋の風吹く」から作者のどんな心情が読み取れますか。次から二つ選び、記号に○を付けなさい。

ア　恋人の訪れを今か今かと待つ切ない思い。

イ　恋人の訪れを確信している落ち着き。

ウ　恋人がなかなかやって来ないことへの寂しさ。

エ　いよいよ恋人がやって来たことへの喜び。

4　Dの歌について、「富士の高嶺」の評価はどのようなものですか。次から二つ選び、記号に○を付けなさい。

ア　畏《おそ》れ敬うべき高貴な存在。　　イ　平凡でつまらない存在。

ウ　豊かな恵みをもたらす存在。　　エ　伝承すべき偉大な存在。

5　Eの歌は、長歌であるDの要約や補足の役割をもっています。このような歌をなんといいますか。

F　憶良らは今は罷《まか》らむ子泣くらむそれその母も我《わ》を待つらむそ　山上憶良《やまのうへのおくら》

G　多摩《たま》川にさらす手作りさらさらに何そこの児《こ》のここだ愛《かな》しき　東歌《あづまうた》

H　父母が頭かき撫《な》で幸《さ》くあれて言ひし言葉《けとば》ぜ忘れかねつる　防人歌《さきもりのうた》

I　新《あら》しき年の初めの初春の今日降る雪のいやしけ吉事《よごと》　大伴家持《おほとものやかもち》

「君待つと―万葉・古今・新古今」（光村図書『国語三年』148～150ページ）

6　Fの歌について、作者はなぜ「今は罷らむ」と言っているのですか。簡潔に答えなさい。

コツ解く　「から。」「ので。」と答えているか。

（　　　　）

7　よく出る！　Gの歌について、「多摩川にさらす手作り」の句は、「さらさらに」という語を導いています。このような表現技法をなんといいますか。次から一つ選び、記号に○を付けなさい。

ア　掛詞《かけことば》　イ　枕詞《まくらことば》　ウ　序詞《じょことば》　エ　縁語《えんご》

8　Hの歌の意味として、適切なものはどれですか。次から一つ選び、記号に○を付けなさい。

ア　父母が私の頭を撫でながら、何と言ったのか、すっかり忘れてしまったことだ。

イ　父母が私の頭を撫でながら、無事でいるようにと言った言葉が忘れられないことだ。

ウ　父母が、自分たちの頭をかきながら、無事でいなさいと言った言葉が忘れられない。

エ　父母が、自分たちの頭をかきながら、何と言ったのか、すっかり忘れてしまった。

9　Iの歌について、作者が「いやしけ」と思っていることを、和歌から二つ書き抜きなさい。

（　　　　）（　　　　）

◀答えは167ページ

テスト直前《ちょくぜん》にチェック！
君《きみ》待《ま》つと②

教科書 148~153ページ

A　人はいさ心も知らずふるさとは花ぞ昔の香ににほひける
紀《き》貫之《のつらゆき》

B　秋来《き》ぬと目にはさやかに見えねども風の音にぞおどろかれぬる
藤原《ふぢはらの》敏行《としゆき》

C　思ひつつ寝《ぬ》ればや人の見えつらむ夢と知りせば覚めざらましを

D　道の辺に清水流るる柳かげしばしとてこそ立ちどまりつれ
西行法師《さいぎやうほふし》

1 よく出る！
Aの歌について、「ふるさと」とは、ここではどんな意味ですか。次から一つ選び、記号に○を付けなさい。

ア　昔、都があった伝統のある土地。
イ　自分の先祖がいた土地。
ウ　古い習慣が残っている土地。
エ　昔なじみのなつかしい土地。

2 よく出る！
Bの歌について答えなさい。

(1)　「さやか」は、ここではどんな意味ですか。次から一つ選び、記号に○を付けなさい。

ア　はっきりと　イ　少しだけ
ウ　ぼんやりと　エ　さわやかに

(2)　作者が「秋」が来たと気づかされたのは、何によってですか。歌の中から三字で書き抜きなさい。

3
Cの歌について答えなさい。

(1)　この歌の作者*a*は女性で、「古今和歌集」の序に名を挙げられた六人の中の一人です。漢字で名前を答えなさい。
（　　　　）

(2)　「夢と知りせば覚めざらましを」から、どんな心情が読み取れますか。次から二つ選び、記号に○を付けなさい。

ア　夢の中で恋しい人に会ったかりそめの幸福感。
イ　夢の中でも恋しい人を独占している満足感。
ウ　現実には恋しい人に会うことができない悲嘆。

E 見わたせば花も紅葉《もみぢ》もなかりけり浦の苫屋《とまや》の秋の夕暮《ゆふぐれ》
藤原《ふぢはらの》 定家《さだいへ》

F 玉の緒よ絶えなば絶えねながらへば忍ぶることの弱りもぞする
式子《しよくし》内親王

「君待つと―万葉・古今・新古今」（光村図書『国語三年』151〜152ページ）

エ 現実では相手に幻滅するかもしれない不安。

4 Dの歌について、「しばしとてこそ立ちどまりつれ」とは、実際にはどうしたというのですか。簡潔に説明しなさい。

解くコツ 答えを二つ選んでいるか。

（　　　　　　　　）

5 Eの歌について答えなさい。

(1) 何句切れですか。次から一つ選び、記号に○を付けなさい。

ア 初句切れ　イ 二句切れ　ウ 三句切れ　エ 句切れなし

(2) 「浦の苫屋の秋の夕暮」の風景を、どのように感じているのですか。次から一つ選び、記号に○を付けなさい。

ア 粗末な小屋の周囲には何もなくてつまらない。
イ 粗末だが家族が支え合って暮らす温かさが感じられる。
ウ 小屋は粗末だが秋の豊漁でにぎわいが感じられる。
エ 粗末だが寂しく静かな趣がしみじみと感じられる。

6 よく出る！ Fの歌について、「絶えなば絶えね」というのはなぜですか。次から一つ選び、記号に○を付けなさい。

ア どうせ忍んでいても、決してかなわぬ夢にすぎないから。
イ このままだと、恋を秘め切れなくなるかもしれないから。
ウ 乗り気でない縁談を迫られ、苦しい思いをするから。
エ 老いて、苦労を耐え忍ぶ気力がなくなってしまうから。

◀答えは167ページ

6 いにしえの心《こころ》を受《う》け継《つ》ぐ

夏草《なつくさ》――「おくのほそ道《みち》」から

松尾芭蕉《まつおばしょう》

教科書 154~161ページ

およその内容

1 月日《つきひ》は永遠《えいえん》に旅《たび》を続《つづ》ける旅人《たびびと》で、人《ひと》の一生《いっしょう》も旅《たび》のようなものである。昔《むかし》の文人《ぶんじん》にも、旅《たび》に生《い》き、旅《たび》に死《し》んだ者《もの》が多《おお》い。去年《きょねん》の秋《あき》、旅《たび》に出《で》たい気持《きも》ちが高《たか》まり、住《す》んでいた庵《あん》を人《ひと》に譲《ゆず》った。その後《ご》、弟子《でし》の別宅《べったく》に移《うつ》るにあたり、庵《あん》の柱《はしら》に面八句《おもてはちく》を掛《か》けておいた。

2 藤原三代《ふじわらさんだい》の栄華《えいが》も、はかなく消《き》え果《は》ててしまった。源義経《みなもとのよしつね》の居館《きょかん》の跡《あと》に登《のぼ》って、北上川《きたかみがわ》、衣川《ころもがわ》を臨《のぞ》んだ。夏草《なつくさ》の生《お》い茂《しげ》る中《なか》で義経主従《よしつねしゅじゅう》のことを思《おも》い、人間《にんげん》の営《いとな》みのはかなさに涙《なみだ》を流《なが》した。

以前《いぜん》から話《はなし》に聞《き》いていた中尊寺《ちゅうそんじ》の二《ふた》つのお堂《どう》が開《ひら》かれた。華麗《かれい》な装飾《そうしょく》は朽《く》ち果《は》てて、廃墟《はいきょ》の草《くさ》むらになるはずのところを、四面《しめん》を新《あたら》しく囲《かこ》って残《のこ》っているのである。

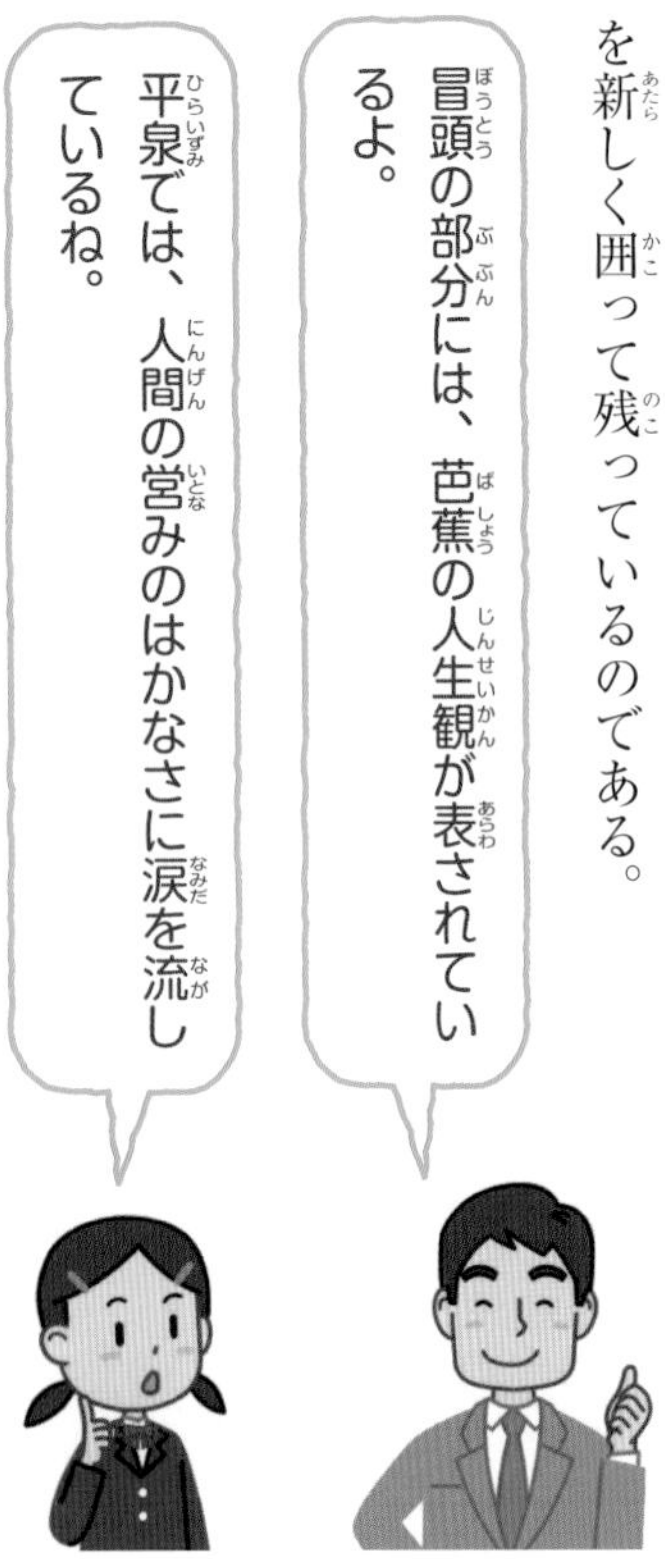

解説

●「おくのほそ道《みち》」について

江戸前期《えどぜんき》の俳人松尾芭蕉《はいじんまつおばしょう》が記《しる》した俳諧紀行文《はいかいきこうぶん》。芭蕉《ばしょう》は四十六歳《よんじゅうろくさい》のとき、門人《もんじん》の、曾良《そら》を伴《ともな》って、東北《とうほく》から北陸《ほくりく》を経《へ》て美濃《みの》へ至《いた》る、約百五十日《やくひゃくごじゅうにち》もの長《なが》い旅《たび》をし、そこで見聞《みき》きしたことや感《かん》じたことを基《もと》にこの作品《さくひん》を完成《かんせい》させた。**1**はその書《か》きだしの部分《ぶぶん》で、漢文調《かんぶんちょう》や俳文《はいぶん》の特色《とくしょく》を巧《たく》みに生《い》かし、芭蕉《ばしょう》の人生観《じんせいかん》が示《しめ》されている。**2**は、芭蕉《ばしょう》が平泉《ひらいずみ》の藤原三代《ふじわらさんだい》の旧跡《きゅうせき》を訪《おとず》れたときの感慨《かんがい》を記《しる》した章《しょう》で、三句《さんく》はいずれも名高《なだか》い。

●主題《しゅだい》

1 あらゆるものは流《なが》れ移《うつ》っており、人生《じんせい》は漂泊《ひょうはく》を定《さだ》めとしている。この主題《しゅだい》は、書《か》きだしの一文《いちぶん》「月日《つきひ》は…」から、末尾《まつび》に置《お》かれた句《く》「草《くさ》の戸《と》も…」に至《いた》るまで一貫《いっかん》している。「おくのほそ道《みち》」全体《ぜんたい》の大《おお》きな主題《しゅだい》にもなっている。

2 大《おお》いなる自然《しぜん》、時《とき》の流《なが》れの前《まえ》で、人間《にんげん》の営《いとな》みははかない。しかし、はかないから、すなわち価値《かち》がないとかつまらないとかいうことではない。つかの間《ま》の生《せい》を懸命《けんめい》に生《い》きる人間《にんげん》をいとしく感《かん》じる芭蕉《ばしょう》のまなざしが作品《さくひん》の底《そこ》を流《なが》れている。

漢字のチェック

*はここに出《で》てきた読《よ》み。

新出漢字

155

荘 *ソウ

くさかんむり　9画

意味　①厳《おごそ》か。重々《おもおも》しい。②もう一軒《いっけん》別《べつ》に建《た》てた家《いえ》。

言葉　①荘重《そうちょう》　②別荘《べっそう》・山荘《さんそう》

使い方　夏休《なつやす》みは海辺《うみべ》の別荘《べっそう》で過《す》ごす。

準2級

新出音訓

155

門出（かどで）

重要語句のチェック

*はここでの意味《いみ》。

154ページ

百代《はくたい》　永遠《えいえん》。長《なが》い年月《ねんげつ》。

漂泊《へうはく》　流《なが》れ漂《ただよ》うこと。さすらうこと。文 日本中《にっぽんじゅう》を漂泊《ひょうはく》する。

江上《かうしやう》　川《かわ》のほとり。

馬子《まご》　昔《むかし》、人《ひと》や荷物《にもつ》を乗《の》せた馬《うま》を引《ひ》くことを仕事《しごと》にした人《ひと》。文「馬子《まご》にも衣装《いしょう》」とはこのことだ。

風雅《ふうが》　①風流《ふうりゅう》で上品《じょうひん》なこと。文 風雅《ふうが》な遊《あそ》び。*②詩歌《しいか》・書画《しょが》・文《ぶん》芸《げい》などの道《みち》。文 風雅《ふうが》の道《みち》を究《きわ》める。

155ページ

霞《かすみ》　春《はる》、山《やま》の麓《ふもと》などを覆《おお》う帯状《おびじょう》の雲《くも》のようなもの。文 霞《かすみ》がかかった明《あ》け方《がた》の山《やま》の景色《けしき》。

股引《ももひき》　腰《こし》から足首《あしくび》までを包《つつ》む、男性用《だんせいよう》の下着《したぎ》。または、仕事用《しごとよう》のズボン。昔《むかし》は旅《たび》の装束《しょうぞく》に用《もち》いられた。

灸《きう》　皮膚《ひふ》の上《うえ》にモグサを載《の》せて火《ひ》をつけ、その熱《ねつ》により治療《ちりょう》する方法《ほうほう》。文 肩《かた》に灸《きゅう》を据《す》えてもらった。

庵《あん》　草《くさ》ぶきの粗末《そまつ》な小屋《こや》。いおり。世捨《よす》て人《びと》や僧侶《そうりょ》が住《す》むことがある。文 世《よ》を捨《す》てて一人《ひとり》で庵《あん》に籠《こ》もる。

158ページ

栄耀《ええう》　地位《ちい》や財産《ざいさん》を得《え》て、豊《ゆた》かに栄《さか》えること。

こなた　こちら。こっち。

功名《こうみやう》　手柄《てがら》を立《た》てて有名《ゆうめい》になること。文 若武者《わかむしゃ》が功名《こうみょう》を立《た》てる。

国破《くにやぶ》れて山河《さんが》あり、城春《しろはる》にして草青《くさあお》みたり　杜甫《とほ》の「春望《しゅんぼう》」という詩《し》を思《おも》い起《お》こしたもの。「春望《しゅんぼう》」の現代語訳《げんだいごやく》は次《つぎ》のようになる。

戦乱《せんらん》によって国都《こくと》は破壊《はかい》されたが、山《やま》と河《かわ》はそのままにある。城壁《じょうへき》で囲《かこ》まれた町《まち》の中《なか》にも春《はる》が訪《おとず》れ、草《くさ》や木《き》が生《お》い茂《しげ》っている。時勢《じせい》に悲《かな》しみを感《かん》じては花《はな》にも涙《なみだ》を流《なが》し、別《わか》れを恨《うら》めしく思《おも》っては鳥《とり》の声《こえ》にも心《こころ》を驚《おどろ》かす。戦《たたか》いののろしは三《さん》か月《げつ》も続《つづ》き、家族《かぞく》からの手紙《てがみ》は万金《ばんきん》にも値《あたい》する。白髪《しらが》の頭《あたま》をかくとますます抜《ぬ》けて少《すく》なくなり、かんざしで冠《かんむり》を全《まった》く留《と》められないほどだ。

「春望《しゅんぼう》」は、杜甫《とほ》が反乱軍《はんらんぐん》の手《て》によって幽閉《ゆうへい》されていたときの悲痛《ひつう》な心境《しんきょう》を歌《うた》った作品《さくひん》。都《みやこ》の荒廃《こうはい》を嘆《なげ》き、変《か》わらぬ自然《しぜん》の姿《すがた》に感《かん》じ入《い》りつつ、離別《りべつ》したままの家族《かぞく》への思《おも》いをつづっている。芭蕉《ばしょう》は、人間《にんげん》の営《いとな》みのはかなさと変《か》わらず在《あ》り続《つづ》ける自然《しぜん》への感慨《かんがい》を、この詩《し》と重《かさ》ねたのだろう。

鎮護《ちんご》 乱《らん》を治《おさ》めて、国《くに》を守《まも》ること。

擬《ぎ》する まねる。似《に》せる。見立《みた》てる。文 王子《おうじ》に**擬《ぎ》し**たふん装《そう》。

忠義《ちゆうぎ》 主人《しゆじん》に対《たい》して真心《まごころ》を尽《つ》くすこと。文 **忠義《ちゆうぎ》**を貫《つらぬ》く。

えりすぐる たくさんの中《なか》から、優《すぐ》れたものを選《えら》び出《だ》す。よりすぐる。文 多《おお》くの中《なか》から**えりすぐら**れた人材《じんざい》が集《あつ》まる。

159ページ

卯の花《うのはな》 ＊①ウツギの木《き》に、五《ご》～六月《ろくがつ》に咲《さ》く白《しろ》い花《はな》。文 **卯《う》の花《はな》**を眺《なが》める。②豆腐《とうふ》のしぼりかす。おから。文 **卯《う》の花《はな》**に野菜《やさい》を刻《きざ》み込《こ》む。

開帳《かいちやう》 寺院《じいん》で、特定《とくてい》の日《ひ》にとばりを開《ひら》いて秘仏《ひぶつ》を一般《いっぱん》に公開《こうかい》すること。文 寺《てら》の**開帳《かいちょう》**に合《あ》わせて、旅行《りょこう》の計画《けいかく》を立《た》てる。

経堂《きやうだう》 経文《きょうもん》をしまっておくためのお堂《どう》。中尊寺《ちゅうそんじ》の経堂《きょうどう》は、一一〇八年《ねん》に建《た》てられたが、後《のち》に二階部分《にかいぶぶん》が失《うしな》われた。

光堂《ひかりだう》 金色堂《こんじきどう》のこと。金箔《きんぱく》で飾《かざ》ったお堂《どう》。中尊寺《ちゅうそんじ》の金色堂《こんじきどう》は、十《じゅう》二世紀前半《にせいきぜんはん》に完成《かんせい》した。藤原《ふじわらの》清衡《きよひら》・基衡《もとひら》・秀衡《ひでひら》三代《さんだい》の棺《ひつぎ》が安置《あんち》されている。

霜雪《さうせつ》 霜《しも》と雪《ゆき》。文 **霜雪《そうせつ》**に朽《く》ち果《は》てた城《しろ》。

甍《いらか》 屋根瓦《やねがわら》。瓦《かわら》ぶきの屋根《やね》。文 **甍《いらか》**を並《なら》べる。

凌《しの》ぐ ①程度《ていど》が他《ほか》よりも勝《まさ》る。上回《うわまわ》る。＊②我慢《がまん》して、なんとか切《き》り抜《ぬ》ける。

ここがポイント！

教科書《きょうかしょ》の「学習《がくしゅう》」の答《こた》えと考《かんが》え方《かた》

教科書 160～161ページ

捉《とら》える ❶ 声《こえ》に出《だ》して読《よ》もう。

春《はる》を迎《むか》えた「雛《ひな》の家《いえ》」の華《はな》やかさが詠《よ》まれた「草《くさ》の戸《と》も」の句《く》の意味《いみ》は、地《じ》の文《ぶん》につづられる芭蕉《ばしょう》のはるかな旅立《たびだ》ちへの思《おも》いと重《かさ》ねて読《よ》むと、より鮮明《せんめい》になる。また、「夏草《なつくさ》や」「卯《う》の花《はな》に」「五月雨《さみだれ》の」の句《く》も、地《じ》の文《ぶん》と共《とも》に読《よ》むことで、芭蕉《ばしょう》が平泉《ひらいずみ》の地《ち》で抱《いだ》いた思《おも》いを想像《そうぞう》できる。

芭蕉《ばしょう》の思《おも》いを想像《そうぞう》しながら、声《こえ》に出《だ》して読《よ》もう。

考え方

それぞれの俳句《はいく》と地《じ》の文《ぶん》とのつながりをつかみながら、よく味《あじ》わって朗読《ろうどく》したい。句《く》と文《ぶん》のつながりは、次《つぎ》のとおりである。

●1

地《じ》の文《ぶん》の「月日《つきひ》は百代《はくたい》の過客《くわかく》にして、行《ゆ》きかふ年《とし》もまた旅人《たびびと》なり。」（P154・上2）「日々《ひび》旅《たび》にして旅《たび》をすみかとす」（P154・上4）「漂泊《へうはく》の思《おも》ひやまず」（P154・上7）には、あらゆるものは常《つね》に移《うつ》り変《か》わっていて、それと同様《どうよう》に人生《じんせい》も漂泊《ひょうはく》であるという芭蕉《ばしょう》の考《かんが》え方《かた》が示《しめ》されている。それを句《く》の形《かたち》に表《あらわ》したのが、「草《くさ》の戸《と》も…」の句《く》。ここでは草庵《そうあん》に訪《おとず》れた変化《へんか》が題材《だいざい》になっているが、突《つ》き詰《つ》めていけば、変転《へんてん》と漂泊《ひょうはく》というテーマにたどりつく。

●2

「三代《さんだい》の栄耀《えいよう》一睡《いっすい》のうちにして」（P158・2）「功名《こうみょう》一時《いちじ》の草《くさ》むらとなる。」（P158・7）「『国破《くにやぶ》れて山河《さんが》あり、城春《しろはる》にして草青《くさあお》みたり』」（P158・7）には、いずれも人間《にんげん》の営《いとな》みのはかなさへの思《おも》いがつづられるが、そのいっぽうで、「しばらく千歳《せんざい》の記念《かたみ》とはなれり」（P159・6）などの箇所《かしょ》には、はかない営《いとな》みに力《ちから》を尽《つ》くす人間《にんげん》へのいとしさもにじみ出《で》ている。これらをまとめ上《あ》げるような形《かたち》で、「夏草《なつくさ》や…」「卯《う》の花《はな》に…」「五月雨《さみだれ》の…」の三句《さんく》が置《お》かれている。

「五月雨《さみだれ》の降《ふ》り残《のこ》してや光堂《ひかりだう》」は、「五月雨《さみだれ》もこの光堂《ひかりどう》だけは降《ふ》り残《のこ》したのか、だから今《いま》も昔《むかし》と変《か》わらぬ姿《すがた》を見《み》ることができるのだなあ。」という意味《いみ》だよ。

読《よ》み深《ふか》める ❷

芭蕉《ばしょう》のものの見方《みかた》や感《かん》じ方《かた》を読《よ》み取《と》ろう。

① 「1」は、紀行文《きこうぶん》の「おくのほそ道《みち》」の冒頭部分《ぼうとうぶぶん》である。芭蕉《ばしょう》の「旅《たび》」についての考《かんが》えが読《よ》み取《と》れる部分《ぶぶん》を抜《ぬ》き出《だ》して、現代《げんだい》の旅《たび》がもつ意味《いみ》と比《くら》べてみよう。

答えの例

●「舟《ふね》の上《うえ》に生涯《しやうがい》を浮《う》かべ……旅《たび》をすみかとす。」（P154・上3）

↓人間《にんげん》の一生《いっしょう》や、日々《ひび》の生活《せいかつ》そのものが旅《たび》であるという考《かんが》え。

●「古人《こじん》も……死《し》せるあり。予《よ》も……思《おも》ひやまず」（P154・上5）

↓昔《むかし》の人《ひと》のように、自分《じぶん》も旅《たび》の中《なか》で生涯《しょうがい》を送《おく》りたいという思《おも》い。

●「そぞろ神《がみ》の物《もの》につきて……取《と》るもの手《て》につかず」（P155・上3）

↓旅《たび》への思《おも》いを駆《か》り立《た》てられ、いてもたってもいられない思《おも》い。

●「住《す》めるかたは人《ひと》に譲《ゆず》りて」（P155・上7）

↓旅《たび》とは、大《おお》きな覚悟《かくご》がいるものだという考《かんが》え。

名所旧跡《めいしょきゅうせき》を訪《たず》ねたいという思《おも》いや、未知《みち》の世界《せかい》に憧《あこが》れる気持《きも》ちは、現代《げんだい》の旅《たび》がもつ意味《いみ》と通《つう》じる。ただし、芭蕉《ばしょう》は、旅《たび》を人生《じんせい》そのもの、万物《ばんぶつ》の流転《るてん》そのものであると考《かんが》えている点《てん》に特徴《とくちょう》がある。

考え方

芭蕉《ばしょう》の旅《たび》は、現代《げんだい》のように人々《ひとびと》が楽《たの》しみを求《もと》めてするようなものではなく、相当《そうとう》の覚悟《かくご》が必要《ひつよう》だった。芭蕉《ばしょう》は旅《たび》に人生《じんせい》の本質《ほんしつ》があると考《かんが》え、さらに、風雅《ふうが》の道《みち》に生涯《しょうがい》をささげた昔《むかし》の人《ひと》の旅《たび》を追体験《ついたいけん》しようとしていたのである。

乗《の》り物《もの》を使《つか》う現代《げんだい》とは旅《たび》の手段《しゅだん》が違《ちが》うことも旅《たび》に対《たい》する考《かんが》え方《かた》が異《こと》なる理由《りゆう》かな。

② 「2」を読《よ》み、脚注《きゃくちゅう》の歴史的背景《れきしてきはいけい》などを参考《さんこう》に、芭蕉《ばしょう》が高館《たかだち》や光堂《ひかりどう》で何《なに》を見《み》て何《なに》を感《かん》じたのかを考《かんが》えよう。

答えの例

高館《たかだち》は、かつて源《みなもとの》義経《よしつね》が兄頼朝《あによりとも》からの追《お》っ手《て》に攻《せ》められた際《さい》に、近臣《きんしん》と共《とも》に立《た》て籠《こ》もって戦《たたか》い、自害《じがい》したといわれる場所《ばしょ》であるが、今《いま》はただの草《くさ》むらとなっている。光堂《ひかりどう》には、奥州藤原氏《おうしゅうふじわらし》の輝《かがや》かしい時代《じだい》を作《つく》った清衡《きよひら》・基衡《もとひら》・秀衡《ひでひら》の三代《さんだい》の遺体《いたい》が安置《あんち》されている。

過去《かこ》の出来事《できごと》を思《おも》い浮《う》かべ、現在目前《げんざいもくぜん》に広《ひろ》がる風物《ふうぶつ》に芭蕉《ばしょう》が抱《いだ》くのは、人間《にんげん》の営《いとな》みのはかなさである。そのいっぽうで、芭蕉《ばしょう》は、光《ひかり》堂《どう》が鞘堂《さやどう》によって保護《ほご》されて残《のこ》っていることを喜《よろこ》び、鞘堂《さやどう》の建立《こんりゅう》に尽力《じんりょく》した人々《ひとびと》へのいとおしさをにじませてもいる。

考え方

芭蕉《ばしょう》の胸《むね》に迫《せま》り来《く》るのは、現在《げんざい》と過去《かこ》の変《か》わりようであり、大《おお》いなる自然《しぜん》に比《くら》べ、いかに人間《にんげん》の営《いとな》みがはかないかということであった。このような無常観《むじょうかん》は、ひるがえって、そのはかない営《いとな》みに取《と》り組《く》んだ人間《にんげん》に対《たい》する深《ふか》い感慨《かんがい》ともなっている。

考《かんが》えをもつ ❸ 心《こころ》に響《ひび》く俳句《はいく》について発表《はっぴょう》しよう。

本文《ほんもん》や「『おくのほそ道《みち》』俳句地図《はいくちず》」（156・157ページ）に出《で》てくる俳句《はいく》から、自分《じぶん》の心《こころ》に響《ひび》く俳句《はいく》を一句選《いっくえら》び、その理由《りゆう》や、どのように心《こころ》に響《ひび》いたのかを述《の》べてみよう。

答えの例

●草《くさ》の戸《と》も住《す》み替《か》はる代《よ》ぞ雛《ひな》の家《いえ》

「草《くさ》の戸《と》」には芭蕉自身《ばしょうじしん》のこれまでの住《す》まいのわびしさが、「雛《ひな》の家《いえ》」には次《つぎ》の住人《じゅうにん》となった家族《かぞく》のにぎやかさが読《よ》み取《と》れる。この句《く》を読《よ》んで、日常的《にちじょうてき》な全《すべ》てのことも移《うつ》り変《か》わってゆくのだと思《おも》い、なんだかとても切《せつ》ない気持《きも》ちになった。

●夏草《なつくさ》や兵《つはもの》どもが夢《ゆめ》の跡《あと》

「夏草《なつくさ》や」からは、辺《あた》り一面《いちめん》に夏《なつ》の日《ひ》を浴《あ》びた緑《みどり》の草《くさ》が生《お》い茂《しげ》って風《かぜ》に吹《ふ》かれている様子《ようす》が思《おも》い浮《う》かぶ。しかし、そこがかつて「兵《つはもの》どもが夢《ゆめ》」に満《み》ち満《み》ちた場所《ばしょ》であったことを重《かさ》ねてみると、大切《たいせつ》なものを必死《ひっし》に守《まも》り抜《ぬ》こうとした人々《ひとびと》の営《いとな》みも、幻《まぼろし》のようにはかなく消《き》えてしまうのだという、切《せつ》ない思《おも》いが込《こ》み上《あ》げてくる。

●草《くさ》の戸《と》も住《す》み替《か》はる代《よ》ぞ雛《ひな》の家《いえ》

〈季語《きご》〉雛《ひな》〈季節《きせつ》〉春《はる》〈切《き》れ字《じ》〉ぞ

〈大意《たいい》〉長《なが》らく住《す》んだこの草《くさ》ぶきのわびしい庵《あん》も、主人《しゅじん》の住《す》み替《か》わる時《とき》が来《き》た。新《あたら》しい主人《しゅじん》には家族《かぞく》がいて、桃《もも》の節句《せっく》には雛《ひな》人形《にんぎょう》を飾《かざ》るにぎやかな家《いえ》になっている。

●夏草《なつくさ》や兵《つはもの》どもが夢《ゆめ》の跡《あと》

〈季語《きご》〉夏草《なつくさ》〈季節《きせつ》〉夏《なつ》〈切《き》れ字《じ》〉や

〈大意《たいい》〉ここはかつて、多《おお》くの武士《ぶし》たちが功名《こうみょう》を夢見《ゆめみ》て戦《たたか》った所《ところ》だが、今《いま》はその功名《こうみょう》も消《き》え果《は》てて、ただ夏草《なつくさ》が生《お》い茂《しげ》るのみである。

●卯《う》の花《はな》に兼房《かねふさ》見《み》ゆる白毛《しらが》かな

〈季語《きご》〉卯《う》の花《はな》〈季節《きせつ》〉夏《なつ》〈切《き》れ字《じ》〉かな

〈大意《たいい》〉真《ま》っ白《しろ》に咲《さ》いている卯《う》の花《はな》を見《み》ていると、昔《むかし》ここで奮戦《ふんせん》した義経《よしつね》の老臣《ろうしん》十郎権頭《じゅうろうごんのかみ》兼房《かねふさ》の、振《ふ》り乱《みだ》した白髪頭《しらがあたま》が幻《まぼろし》のように見《み》えてくることよ。

● 五月雨《さみだれ》の降《ふ》り残《のこ》してや光堂《ひかりだう》
〈季語《きご》〉五月雨《さみだれ》〈季節《きせつ》〉夏《なつ》〈切《き》れ字《じ》〉や
〈大意《たいい》〉五月雨《さみだれ》も、ここだけは降《ふ》り残《のこ》しているのだろうか。毎年《まいとし》の風雨《ふうう》に朽《く》ちることなく、光堂《ひかりどう》は金色《こんじき》に見事《みごと》に光《ひか》り輝《かがや》いているよ。

「『おくのほそ道《みち》』俳句地図《はいくちず》」の俳句《はいく》の季語《きご》と季節《きせつ》を挙《あ》げる。

● 閑《しづ》かさや岩《いわ》にしみ入《い》る蟬《せみ》の声《こえ》
〈季語《きご》〉蟬《せみ》〈季節《きせつ》〉夏《なつ》

● 野《の》を横《よこ》に馬牽《うまひき》むけよほととぎす
〈季語《きご》〉ほととぎす〈季節《きせつ》〉夏《なつ》

● 五月雨《さみだれ》をあつめて早《はや》し最上川《もがみがわ》
〈季語《きご》〉五月雨《さみだれ》〈季節《きせつ》〉夏《なつ》

● 荒海《あらうみ》や佐渡《さど》によこたふ天河《あまのがは》
〈季語《きご》〉天河《あまのがは》〈季節《きせつ》〉秋《あき》

● むざむやな甲《かぶと》の下《した》のきりぎりす
〈季語《きご》〉きりぎりす〈季節《きせつ》〉秋《あき》

● 蛤《はまぐり》のふたみにわかれ行《ゆ》く秋《あき》ぞ
〈季語《きご》〉行《ゆ》く秋《あき》〈季節《きせつ》〉秋《あき》

振り返る

● 「夏草《なつくさ》」の、表現《ひょうげん》や文体《ぶんたい》の特徴《とくちょう》を挙《あ》げてみよう。

答えの例

本文《ほんもん》は和漢混交文《わかんこんこうぶん》で書《か》かれた俳諧紀行文《はいかいきこうぶん》である。古典《こてん》の一節《いっせつ》を踏《ふ》まえた表現《ひょうげん》、特《とく》に「国破《くにやぶ》れて山河《さんが》あり……」（P158・7）のような、中国《ちゅうごく》の漢詩《かんし》の引用《いんよう》は、文章《ぶんしょう》をより格調高《かくちょうたか》く、引《ひ》き締《し》まったものにしている。また、俳諧《はいかい》の手法《しゅほう》にのっとって、リズムを重視《じゅうし》し、文章《ぶんしょう》を簡略化《かんりゃくか》している。「さても義臣《ぎしん》すぐつてこの城《しろ》に籠《こ》もり、功名一時《こうみやういちじ》の草《くさ》むらとなる。」（P158・6）などがその例《れい》で、省略《しょうりゃく》を含《ふく》んだ、簡《かん》潔《けつ》な文章《ぶんしょう》といえる。

他《ほか》に、「月日《つきひ》は百代《はくたい》の過客《くわかく》にして」と「行《ゆ》きかふ年《とし》もまた旅人《たびびと》なり」（P154・上2）、「舟《ふね》の上《うえ》に……浮《う》かべ」（P154・上3）と「馬《うま》の口《くち》とらへて……迎《むか》ふる」（P154・上4）、「そぞろ神《がみ》の……心《こころ》をくるはせ」（P155・上3）と「道祖神《だうそじん》の……手《て》につかず」（P155・上4）のような対句表現《ついくひょうげん》が、リズムとテンポを生《う》んでいることが特徴《とくちょう》として挙《あ》げられる。

● 芭蕉《ばしょう》のものの見方《みかた》や感《かん》じ方《かた》について考《かんが》えたことを発表《はっぴょう》しよう。

答えの例

「1」では、芭蕉《ばしょう》が旅《たび》を人生《じんせい》そのものとして考《かんが》えていることと、「古人《こじん》」の見《み》た自然《しぜん》に自《みずか》ら接《せっ》したいという思《おも》いが読《よ》み取《と》れる。芭蕉《ばしょう》を旅《たび》に駆《か》り立《た》てたのは、風雅《ふうが》の道《みち》に生涯《しょうがい》をささげた「古人《こじん》」のように、自分《じぶん》もその道《みち》を究《きわ》めたいという、芸術観《げいじゅつかん》によるものだろう。

「2」の第一段落《だいいちだんらく》では、雄大《ゆうだい》な自然《しぜん》に対《たい》して、人間《にんげん》の営《いとな》みをはかなく思《おも》う芭蕉《ばしょう》の心情《しんじょう》が捉《とら》えられる。第二段落《だいにだんらく》では、そのはかない営《いとな》みに携《たずさ》わった人々《ひとびと》への感慨《かんがい》の深《ふか》さが読《よ》み取《と》れる。

テスト直前《ちょくぜん》にチェック！

夏草《なつくさ》――「おくのほそ道《みち》」から

教科書 154~161ページ

①月日は百代《はくたい》の過客《くわかく》にして、行きかふ年もまた旅人なり。②舟の上に生涯を浮かべ、③馬の口とらへて老いを迎ふる者は、日々旅にして旅をすみかとす。④古人も多く旅に⑤死せるあり。予もいづれの年よりか、片雲の風に⑥さそはれて、漂泊の思ひやまず、海浜に⑦さすらへて、去《こ》年《ぞ》の秋、江上《かうしやう》の破屋に蜘蛛《くも》の古巣をはらひて、やや年も暮れ、⑧春立てる霞《かすみ》の空に、白河《しらかは》の関越えむと、⑨そぞろ神の物につきて心をくるはせ、道祖神《だうそじん》の招きにあひて、取るもの手につかず、股引《ももひき》の破れをつづり、笠《かさ》の緒付けかへて、三里に灸《きう》すゆるより、⑩松島《まつしま》の月まづ心にかかりて、住めるかたは人に譲りて、杉風《さんぷう》が別墅《べつしよ》に移るに、

A　草の戸も住み替はる代ぞ雛《ひな》の家

面《おもて》八句を庵《あん》の柱に懸け置く。

「夏草――『おくのほそ道』から」（光村図書『国語三年』154〜155ページ）

1 よく出る！

――線①「月日は百代の過客にして、行きかふ年もまた旅人なり。」について答えなさい。

(1) このように、対応した二句を並べる表現を何といいますか。漢字二字で答えなさい。

(2) また、(1)で答えたような表現を用いた部分を、本文中から二つ抜き出し、それぞれ初めの五字を答えなさい。

解くコツ　初めの五字を書いているか。

(3) 「過客」と同じ意味の言葉を、二字で書き抜きなさい。

2 よく出る！

――線②「舟の上に生涯を浮かべ」、③「馬の口とらへて老いを迎ふる」とありますが、それぞれどんな職業のことを指していますか。それぞれ次から一つ選び、記号に○を付けなさい。

② ア 漁師　イ 海賊　ウ 船頭

③ ア 馬子《まご》　イ 飛脚　ウ 行商人

3 よく出る！

――線④「古人」について答えなさい。

(1) ここではどのような意味ですか。次から一つ選び、記号に○を付けなさい。

ア 古くからの知り合いの身近な人々。

イ　頭がかたく考えの古い人々。
ウ　自分の先祖の人々。
エ　風雅の道に生涯をささげた昔の人々。

(2)　「古人」と対の関係にある人物を本文中から書き抜きなさい。
（　　　　）

4　——線⑤「死せるあり。」とありますが、「死せる」と「あり。」の間には、どのような言葉が省略されていますか。漢字一字で答えなさい。
□

5　——線⑥「さそはれて」、⑦「さすらへて」を現代仮名遣いに直しなさい。
⑥（　　　　）
⑦（　　　　）

6　——線⑧「春立てる霞の空に」とありますが、「立てる」には「春が立つ（立春）」という意味と、「霧が立ちこめる」という意味の両方があります。このように、一つの言葉に二つの意味をもたせて表現する言葉を何といいますか。漢字二字で答えなさい。
□□

7　——線⑨「そぞろ神の物につきて心をくるはせ、道祖神の招きにあひて、取るもの手につかず」とありますが、ここからは、芭蕉《ばしょう》のどのような気持ちが読み取れますか。次から一つ選び、記号に○を付けなさい。
ア　本当に旅に出たいのか、自分でも迷っている気持ち。
イ　どうしても旅に出たくなって落ち着かない気持ち。
ウ　気の乗らない旅にせきたてられるつらい気持ち。
エ　孤独な旅に出る不安を打ち消そうとする気持ち。

8　——線⑩「松島の月まづ心にかかりて」では、表現の効果を上げるため「月」と関連する「かかりて」という語を用いています。同じように、「舟」に関連する語を三字で書き抜きなさい。
□□□

9　Aの句の①季語、②季節、③切れ字を、それぞれ答えなさい。
①（　　　　）
②（　　　　）
③（　　　　）

10　この文章につづられている芭蕉の思いが、最も強く表されている五字の言葉を、文章中から書き抜きなさい。
□□□□□

解くコツ　字数に注意。

◀答えは167ページ

7 価値《かち》を生《う》み出《だ》す

誰《だれ》かの代《か》わりに

鷲田清一《わしだきよかず》

教科書 166〜171ページ

およその内容

今《いま》は、「自分《じぶん》とは何《なに》か」という問《と》いを、誰《だれ》もが問《と》わずにいられない時代《じだい》である。

何《なに》にでもなれる今《いま》の社会《しゃかい》は、自分《じぶん》が代《か》わりのきかない存在《そんざい》であることを自分《じぶん》で証明《しょうめい》しなければならない。だから、私《わたし》たちは、「自分《じぶん》とは何《なに》か」と問《と》い、自分《じぶん》を無条件《むじょうけん》に肯定《こうてい》してほしいと願《ねが》う。だが、この欲求《よっきゅう》は、自分《じぶん》を受《う》け身《み》の存在《そんざい》にしてしまう危《あや》ういものでもある。

他人《たにん》と支《ささ》え合《あ》うネットワークを常《つね》に用意《ようい》しておくことが、本当《ほんとう》の意味《いみ》での「自立《じりつ》」だと言《い》える。もちろん、自分《じぶん》も支《ささ》える側《がわ》に回《まわ》る意《い》識《しき》がないといけない。これが「責任《せきにん》を負《お》う」ということの本来《ほんらい》の意《い》味《み》でもあり、社会《しゃかい》の基本《きほん》となるべき協同《きょうどう》の感覚《かんかく》である。

苦労《くろう》や困難《こんなん》を避《さ》けていては、受《う》け身《み》で無力《むりょく》な存在《そんざい》になってしまう。他《ほか》の人《ひと》たちと関《かか》わり合《あ》い、弱《よわ》さを補《おぎな》い合《あ》うことで、自分《じぶん》が存在《そんざい》する意味《いみ》を感《かん》じながら生《い》きられる。

「人間《にんげん》の弱《よわ》さは、それを知《し》っている人《ひと》たちよりは、それを知《し》らない人《ひと》たちにおいて、ずっとよく現《あらわ》れている。」というパスカルの言《こと》葉《ば》を、今《いま》の社会《しゃかい》に生《い》きる私《わたし》たちは、繰《く》り返《かえ》し味《あじ》わうべきだろう。

構成

1 今《いま》の社会《しゃかい》についての分析《ぶんせき》（初《はじ》め〜P167・20）

- 今《いま》は、「自分《じぶん》とは何《なに》か」と問《と》わずにいられない時代《じだい》だ。
- 無条件《むじょうけん》の肯定《こうてい》は、自分《じぶん》を受《う》け身《み》の存在《そんざい》にする。

2 支《ささ》え合《あ》いの必要性《ひつようせい》（P168・1〜P169・10）

- 私《わたし》たちは、自立《じりつ》し、他人《たにん》と支《ささ》え合《あ》わなければならない。
- 支《ささ》え合《あ》う意識《いしき》が、「責任《せきにん》を負《お》う」ということだ。
- 協同《きょうどう》の感覚《かんかく》が、社会《しゃかい》の基本《きほん》にあるべきだ。

3 他《ほか》の人《ひと》と関《かか》わり合《あ》うこと（P169・11〜終《お》わり）

- 他《ほか》の人《ひと》との関《かか》わりから、自分《じぶん》の存在理由《そんざいりゆう》が見《み》つけられる。
- 今《いま》を生《い》きる私《わたし》たちと他者《たしゃ》との関《かか》わりを、今一度《いまいちど》考《かんが》えよう。

漢字のチェック

新出音訓

167

危うい（あやうい）

重要語句のチェック

＊はここでの意味《いみ》。

166ページ

保障《ほしょう》 ある状態《じょうたい》が損《そこ》なわれることのないように保護《ほご》し、守《まも》ること。文 国民《こくみん》の安全《あんぜん》を**保障《ほしょう》**する。

居心地《いごこち》 そこにいて感《かん》じる気持《きも》ち。文 **居心地《いごこち》**のいい店《みせ》。

167ページ

切《せつ》ない 胸《むね》が締《し》め付《つ》けられるようで、やりきれない。文 **切《せつ》ない**思《おも》いで、転校《てんこう》する親友《しんゆう》を見送《みおく》る。

肯定《こうてい》 ＊①その通《とお》りであると認《みと》めること。文 相手《あいて》の主張《しゅちょう》を**肯定《こうてい》**する。②論理学《ろんりがく》で、提示《ていじ》された命題《めいだい》を承認《しょうにん》すること。

自然《しぜん》の成《な》り行《ゆ》き 物事《ものごと》が移《うつ》り変《か》わっていく当然《とうぜん》の様子《ようす》や過程《かてい》。文 **自然《しぜん》の成《な》り行《ゆ》き**に任《まか》せる。

危《あや》うい 危険《きけん》なことが今《いま》にも起《お》こりそうな様子《ようす》。危《あぶ》ない。文 命《いのち》が**危《あや》うい**。／階段《かいだん》で足《あし》を滑《すべ》らせ**危《あや》うい**目《め》に遭《あ》った。

受《う》け身《み》 ①攻撃《こうげき》にあっても、もっぱら防《ふせ》ぐ立場《たちば》にあること。文 **受《う》け身《み》**の試合《しあい》展開《てんかい》になる。＊②他《ほか》から働《はたら》きかけられる立場《たちば》で、こちらからは積極的《せっきょくてき》に出《で》ない消極的《しょうきょくてき》な態度《たいど》。文 鋭《するど》い質問《しつもん》をされて**受《う》け身《み》**になる。

依存症《いぞんしょう》 ある物事《ものごと》に頼《たよ》って存在《そんざい》したり、生活《せいかつ》したりして、それがないと身体的《しんたいてき》・精神的《せいしんてき》な平常《へいじょう》が保《たも》てなくなる状態《じょうたい》。

陥《おちい》る ①落《お》ちて中《なか》に入《はい》る。文 穴《あな》に**陥《おちい》る**。＊②望《のぞ》ましくない状態《じょうたい》になる。文 重態《じゅうたい》に**陥《おちい》る**。③相手《あいて》の策略《さくりゃく》にはまり込《こ》む。文 敵《てき》の術中《じゅっちゅう》に**陥《おちい》る**。④攻《せ》め落《お》とされる。陥落《かんらく》する。文 城《しろ》が**陥《おちい》る**。⑤死《し》ぬ。息《いき》を引《ひ》きとる。⑥深《ふか》くくぼむ。へこむ。

168ページ

自立《じりつ》 人《ひと》にたよらないで、自分《じぶん》だけの力《ちから》でやっていくこと。文 親《おや》もとから離《はな》れて**自立《じりつ》**する。類 独立《どくりつ》・独《ひと》り立《だ》ち

誤解《ごかい》 ある事実《じじつ》について、間違《まちが》った理解《りかい》や解釈《かいしゃく》をすること。相手《あいて》の言葉《ことば》や態度《たいど》の意味《いみ》を取《と》り違《ちが》えること。文 **誤解《ごかい》**を解《と》く。

システム 組織《そしき》や制度《せいど》など、幾《いく》つかの部分《ぶぶん》がひとまとまりになって働《はたら》く仕組《しく》み。文 会社《かいしゃ》の**システム**が変《か》わる。

独力《どくりょく》 自分《じぶん》ひとりの力《ちから》。自力《じりき》。文 **独力《どくりょく》**で完成《かんせい》させる。

ネットワーク ①テレビやラジオの中継《ちゅうけい》回線《かいせん》によって結《むす》ばれた全《ぜん》国的《こくてき》な放送局《ほうそうきょく》の組織《そしき》。②コンピュータネットワーク。③計《けい》画《かく》を遂行《すいこう》するために必要《ひつよう》なすべての作業《さぎょう》の相互《そうご》関係《かんけい》を図式《ずしき》化《か》したもの。＊④ある広《ひろ》がりをもった人《ひと》や組織《そしき》のつながり。

抱《かか》え込《こ》む ①腕《うで》で抱《だ》きかかえる。文 かばんを**抱《かか》え込《こ》む**。＊②自《じ》分《ぶん》一人《ひとり》で引《ひ》き受《う》ける。背負《せお》いこむ。文 仕事《しごと》を**抱《かか》え込《こ》む**。

169ページ

課《か》する　租税《そぜい》・仕事《しごと》・責任《せきにん》などを義務《ぎむ》として負《お》わせる。文 任務《にんむ》を課《か》する。

協同《きょうどう》　多《おお》くの人《ひと》が、力《ちから》を合《あ》わせて仕事《しごと》をすること。文 産学協同《さんがくきょうどう》。

免除《めんじょ》　＊①義務《ぎむ》や役割《やくわり》を免《めん》じること。文 役員《やくいん》の仕事《しごと》を免除《めんじょ》する。②民法《みんぽう》で債権者《さいけんしゃ》が債務者《さいむしゃ》の債務《さいむ》を消滅《しょうめつ》させること。

格闘《かくとう》　①組《く》み合《あ》って戦《たたか》うこと。取《と》っ組《く》み合《あ》い。文 警察官《けいさつかん》が犯人《はんにん》と格闘《かくとう》する。＊②困難《こんなん》な物事《ものごと》に懸命《けんめい》に取《と》り組《く》むこと。文 難《むずか》しい問題《もんだい》に格闘《かくとう》する。

克服《こくふく》　努力《どりょく》して、難《むずか》しいことや苦《くる》しいことに打《う》ち勝《か》つこと。文 悪《あく》条件《じょうけん》を克服《こくふく》して成功《せいこう》する。

神学者《しんがくしゃ》　特定《とくてい》の宗教《しゅうきょう》（特《とく》にキリスト教《きょう》）を信仰《しんこう》する立場《たちば》から、その信仰《しんこう》や教義《きょうぎ》を研究《けんきゅう》する学者《がくしゃ》。

170ページ

余力《よりょく》　余《あま》っている力《ちから》。文 これだけ練習《れんしゅう》しても、まだ余力《よりょく》がある。

愛読《あいどく》　特定《とくてい》の書物《しょもつ》や雑誌《ざっし》を気《き》に入《い》ってよく読《よ》むこと。文 私《わたし》が愛読《あいどく》している本《ほん》。

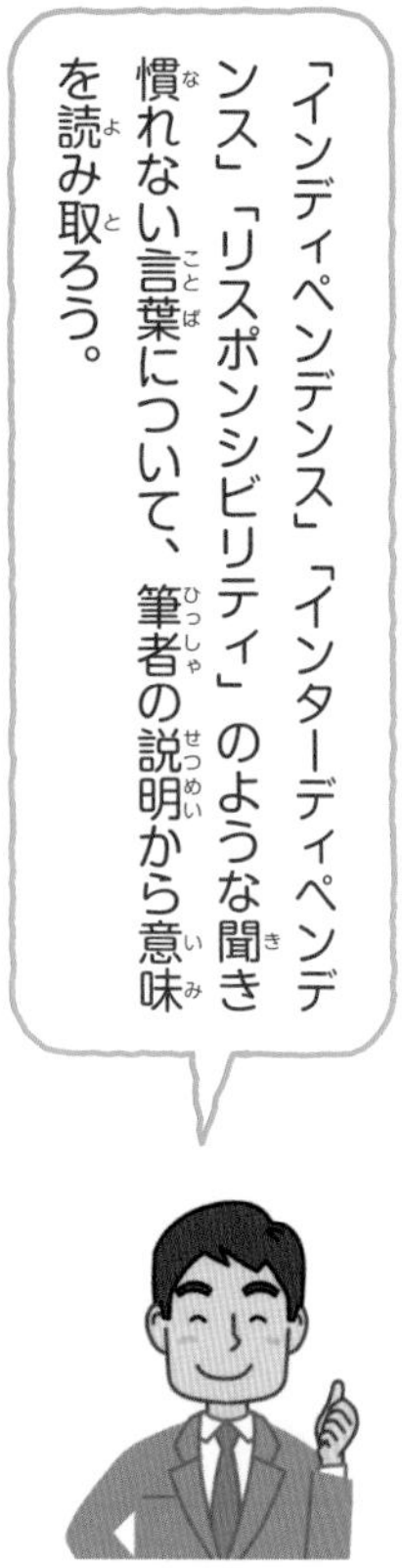

ここがポイント！ 教科書《きょうかしょ》の「学習《がくしゅう》」の答《こた》えと考《かんが》え方《かた》

教科書 171ページ

捉《とら》える ❶ 筆者《ひっしゃ》の考《かんが》えを確認《かくにん》しながら読《よ》もう。

筆者《ひっしゃ》の考《かんが》えについて、次《つぎ》の観点《かんてん》で、線《せん》や記号《きごう》を書《か》き込《こ》みながら全《ぜん》文《ぶん》を読《よ》んでみよう。読《よ》み終《お》わったら、書《か》き込《こ》んだところを発表《はっぴょう》し合《あ》おう。

ア　共感《きょうかん》・納得《なっとく》できる　イ　反対《はんたい》・納得《なっとく》できない

ウ　疑問《ぎもん》・わからない

答えの例

ア　今《いま》は、この「自分《じぶん》とは何《なに》か」を、……誰《だれ》もが問《と》わずにいられない時代《じだい》である（P166・5）

イ　「責任《せきにん》」とはむしろ、訴《うった》えや呼《よ》びかけに応《おう》じ合《あ》うという、協同《きょうどう》の感覚《かんかく》であるはずのもの（P169・8）

ウ　「自立《じりつ》」は、……他人《たにん》との支《ささ》え合《あ》いのネットワークをいつでも使《つか》える用意《ようい》ができているということ。（P168・14）

読《よ》み深《ふか》める ❷ 筆者《ひっしゃ》の考《かんが》え方《かた》について話《はな》し合《あ》おう。

①　「無条件《むじょうけん》の肯定《こうてい》を求《もと》める」（167ページ10行目《ぎょうめ》）とはどういうことか。

なぜ「ちょっと危《あや》うい」（167ページ16行目《ぎょうめ》）のか。

答えの例

・今《いま》のこの私《わたし》をこのまま認《みと》めてほしいと思《おも》うこと。
・受《う》け身《み》の存在《そんざい》になったり、依存症《いぞんしょう》に陥《おちい》ってしまったりするから。

考え方

・直前《ちょくぜん》に「…という」とあることに着目《ちゃくもく》する。
・直後《ちょくご》に続《つづ》く二文《にぶん》の文末《ぶんまつ》が「…からです。」であることに着目《ちゃくもく》する。

② 「自立《じりつ》」と「独立《どくりつ》」、「依存《いそん》」と「支《ささ》え合《あ》い」はどう違《ちが》うと筆者《ひっしゃ》は考《かんが》えているか。

答えの例

・「独立《どくりつ》」は、誰《だれ》かに依存《いそん》していない状態《じょうたい》であるが、「自立《じりつ》」は、相《そう》互《ご》に依存《いそん》する、つまり、支《ささ》え合《あ》うこと。
・「依存《いそん》」はその人《ひと》が見《み》ていてくれないと何《なん》もできないという一方《いっぽう》的《てき》なものだが、「支《ささ》え合《あ》い」は相互《そうご》に支《ささ》える用意《ようい》があること。

考え方

・「独立《どくりつ》」は168ページ5～7行目《ぎょうめ》に、「自立《じりつ》」は168ページ14～16行目《ぎょうめ》に着目《ちゃくもく》する。
・「依存《いそん》」は167ページ18～20行目《ぎょうめ》に、「支《ささ》え合《あ》い」は168ページ19行目《ぎょうめ》～169ページ1行目《ぎょうめ》に着目《ちゃくもく》する。

③ 「『誰《だれ》かの代《か》わりに』という意識《いしき》」（169ページ1行目《ぎょうめ》）とはどういうことか。
なぜそれが大切《たいせつ》だというのか。

答えの例

・他人《たにん》が困難《こんなん》に陥《おちい》っているときに支《ささ》える側《がわ》に回《まわ》る用意《ようい》があること。
・他《ほか》の人《ひと》たちと関《かか》わり合《あ》い、弱《よわ》さを補《おぎな》い合《あ》うからこそ、人《ひと》は倒《たお》れずにいられるし、自分《じぶん》の存在《そんざい》の意味《いみ》を感《かん》じることができるから。

考え方

・直前《ちょくぜん》に「つまり」とあることに着目《ちゃくもく》する。
・170ページ6行目《ぎょうめ》からの段落《だんらく》に着目《ちゃくもく》する。

考《かんが》えをもつ 3 自分《じぶん》の考《かんが》えをまとめよう。

話《はな》し合《あ》ったことを基《もと》に、社会《しゃかい》や人間《にんげん》に対《たい》する筆者《ひっしゃ》の考《かんが》えについて、自分《じぶん》の考《かんが》えをまとめよう。

答えの例

筆者《ひっしゃ》は、「誰《だれ》かの代《か》わりに」という意識《いしき》が、社会《しゃかい》の基本《きほん》となるべき協同《きょうどう》の感覚《かんかく》だと言《い》っている。例《たと》えば、部活動《ぶかつどう》のような場面《ばめん》で、私《わたし》は他人《たにん》に認《みと》められたり、支《ささ》えられたりすることで自分《じぶん》の存在《そんざい》している意味《いみ》を感《かん》じている。また、逆《ぎゃく》に自分《じぶん》もまた誰《だれ》かを認《みと》め、支《ささ》えていることがある。つまり、「誰《だれ》かの代《か》わりに」という意識《いしき》は、私《わたし》たちが生《い》きる上《うえ》で欠《か》くことのできないものだと私《わたし》も思《おも》う。

テスト直前《ちょくぜん》にチェック！

誰《だれ》かの代《か》わりに

教科書 166~171ページ

「独立」は、英語で「インディペンデンス」といいます。「依存」を意味する「ディペンデンス」に、否定を意味する「イン」が付いた語で、誰かに依存している状態ではない、ということです。

でも、私たちは、誰も独りでは生きられません。食材を準備してくれる人、看病をしてくれる人、手紙を届けてくれる人、電車を運転したり修理したりしてくれる人。社会の中では、数え切れない人たちが、互いの暮らしと行動を支え合って生きています。お金があれば独りでも生きていけるじゃないかと言う人もいるかもしれませんが、お金があっても、それが使えるシステムがなければ、さらにそのシステムを支えてくれる人がいなければ、何の役にも立ちません。

「自立」は、「依存」を否定する「インディペンデンス」（独立）ではなく、むしろ、「依存」に「相互に」という意味の「インター」を付けた、「インターディペンデンス」（支え合い）として捉える必要があります。いざ病気や事故や災害などによって独力では生きていけなくなったときに、他人との支え合いのネットワークをいつでも使える用意ができているということ。それが、「自立」の本当の意味なので す。困難を一人で抱え込まないでいられること、と言い換えることもできるでしょう。言うまでもありませんが、「支え合い」のネットワークであるからには、自分もまた時と事情に応じて、というか気持ちのうえではいつも、支える側に回る用意がないといけません。つまり、①「誰かの代わりに」という意識です。

これがおそらくは、「責任を負う」ということの本来の意味でしょ

1 筆者はこの文章の中で「独立」とはどのような状態だと考えていますか。「～状態。」に続くように、十字以内で書きなさい。

□□□□□□□□□□状態。

2 筆者はこの文章の中で「自立」とはどのようなものだと考えていますか。適切なものを次から一つ選び、記号に○を付けなさい。

ア 困難なときに、他人との支え合いのネットワークを使うことができること。

イ 困難なときでも、誰かに依存することなく独力で生きていくことができること。

ウ 困難なときに、時と事情に応じてのみ、他人を支えることができること。

エ 困難なときに、その直面している問題を独力で解決することができること。

3 よく出る！ ――線①「『誰かの代わりに』という意識」とはどのようなことですか。それを説明した次の□に当てはまる言葉を、文章中から九字で書き抜きなさい。

他人が困難に陥っているときに□□□□□□□□□があること。

う。「責任」は、英語で「リスポンシビリティ」といいます。「応える」という意味の「リスポンド」と、「能力」という意味の「アビリティ」から成る語で、「助けて」という他人の訴えや呼びかけに、きちんと応える用意があるという意味です。日本語で「責任」というと、課せられるもの、押しつけられるものという受け身のイメージがつきまといますが、「責任」というのは、最後まで独りで負わねばならないものではありませんし、何か失敗したときにばかり問われるものでもありません。「責任」とはむしろ、訴えや呼びかけに応じ合うという、協同の感覚であるはずのものなのです。「君ができなかったら、誰かが代わりにやってくれるよ。」と言ってもらえるという安心感が底にあるような、社会の基本となるべき感覚です。

　人には、そして人の集まりには、いろいろな苦労や困難があります。それらを避けたい、免除されたいという思いが働くのも無理はありません。けれども、免除されるということは、誰か他の人に、あるいは社会のある仕組みに、それとの格闘をお任せするということであって、そのことが、人を受け身で無力な存在にしてしまいます。

　これに対して、私は②「人生には超えてはならない、克服してはならない苦労がある。」と書いた一人の神学者の言葉を思い出します。苦労を苦労と思わなくなる、のではありません。苦労を苦労としてそのまま引き受けることの中にこそ、人として生きることの意味が埋もれていると考えるのです。

鷲田清一「誰かの代わりに」（光村図書『国語三年』168～170ページ）

4 筆者はこの文章の中で「責任」とはどのようなものだと考えていますか。世間一般に考えられているイメージと比較して説明した次の文の□に当てはまる言葉を、A・Dは五字、B・Cは七字で文章中から書き抜きなさい。

「責任」には、世間一般では[A]もの、[B]ものというイメージがあるが、筆者は、「責任」をお互いの[C]に応じ合うものとして捉え、[D]となるべき感覚であるとしている。

A □□□□□
B □□□□□□□
C □□□□□□□
D □□□□□

5 よく出る！ ——線②「『人生には超えてはならない、克服してはならない苦労がある。』と書いた一人の神学者の言葉」とありますが、筆者はこの言葉にはどのような意味があると考えていますか。文章中の言葉を用いて、簡潔に書きなさい。

解くコツ 第四段落に着目しよう。

（　　　　　　　　　　）

◀答えは167ページ

7 価値《かち》を生《う》み出《だ》す
情報《じょうほう》を読《よ》み取《と》って文章《ぶんしょう》を書《か》こう

教科書 172~173ページ

教科書の課題

次《つぎ》のグラフから読《よ》み取《と》ったことと、それに対《たい》する自分《じぶん》の考《かんが》えを、二段落《にだんらく》で構成《こうせい》し、二百字《にひゃくじ》以内《いない》でまとめよう。

答えの例

最《もっと》も読書《どくしょ》すべき時期《じき》を三十歳代《さんじっさいだい》以降《いこう》と答《こた》えた人《ひと》は、二十歳代《にじっさいだい》以前《いぜん》と答《こた》えた人《ひと》と比《くら》べ著《いちじる》しく少《すく》ない。これは、読書《どくしょ》は若《わか》い時期《じき》にするべきと考《かんが》えている人《ひと》が多《おお》いことを示《しめ》している。

大人《おとな》になると、他《ほか》にやらなければならないことが多《おお》くなって、読書《どくしょ》をする時間《じかん》が十分《じゅうぶん》に取《と》れなくなってしまうことが関係《かんけい》していると思《おも》われる。いつでもできることかもしれないが、時間《じかん》がある学生《がくせい》のうちにたくさん本《ほん》を読《よ》みたいと考《かんが》える。

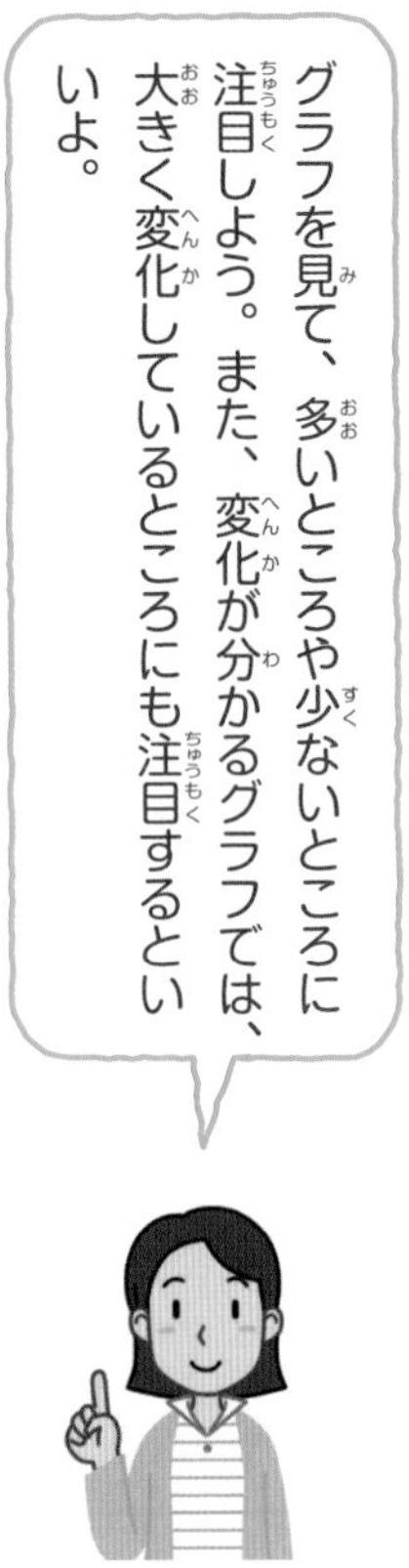

漢字《かんじ》3 漢字《かんじ》のまとめ／漢字《かんじ》に親《した》しもう5

教科書 174~176ページ

漢字のチェック

新出漢字

174	174	174	174	174
梗 ＊コウ	桁 ＊けた	桟 ＊サン	貪 ＊ドン むさぼる	賄 ＊ワイ まかなう
きへん 11画	きへん 10画	きへん 10画	かい 11画	かいへん 13画
意味：①骨組《ほねぐ》み。②かたいものがつかえる。	意味：①数字《すうじ》の位《くらい》。②支《ささ》えとなる柱《はしら》。	意味：①板《いた》や丸太《まるた》を架《か》け渡《わた》したもの。②戸《と》や障子《しょうじ》の細《ほそ》い骨《ほね》。	意味：むさぼる。欲張《よくば》る。	意味：①何《なに》かを頼《たの》むために金品《きんぴん》を贈《おく》る。②きりもりする。
言葉：①梗概《こうがい》 ②脳梗塞《のうこうそく》	言葉：①桁違《けたちが》い ②橋桁《はしげた》	言葉：①桟道《さんどう》・桟橋《さんばし》 ②障子《しょうじ》の桟《さん》	言葉：貪欲《どんよく》	言葉：①賄賂《わいろ》・収賄《しゅうわい》・贈賄《ぞうわい》 ②賄《まかな》い役《やく》
使い方：都市計画《としけいかく》の梗概《こうがい》が発表《はっぴょう》された。	使い方：桁違《けたちが》いの実力《じつりょく》を持《も》つ選手《せんしゅ》。	使い方：桟道《さんどう》を通《とお》って奥地《おくち》へ行《い》く。	使い方：貪欲《どんよく》に利益《りえき》を追求《ついきゅう》する。	使い方：学用品《がくようひん》は小遣《こづか》いで賄《まかな》う。
2級	2級	準2級	2級	準2級

＊はここに出《で》てきた読《よ》み。

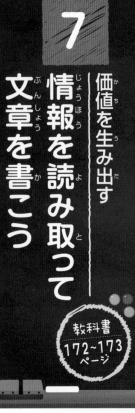

悦
174
*エツ
りっしんべん　10画
意味　喜《よろこ》ぶ。うれしく思《おも》う。
言葉　悦楽《えつらく》・喜悦《きえつ》・満悦《まんえつ》
使い方　悦楽《えつらく》に浸《ひた》る。
3級

怨
174
*オン（エン）
こころ　9画
意味　恨《うら》む。憎《にく》む。
言葉　怨念《おんねん》・怨霊《おんりょう》
使い方　怨念《おんねん》を晴《は》らす。
2級

慰
174
*イ　なぐさめる　なぐさむ
こころ　15画
意味　いたわり、心《こころ》を和《やわ》らげる。心《こころ》がなぐさむ。
言葉　慰安《いあん》・慰問《いもん》・慰留《いりゅう》・慰労《いろう》
使い方　災害《さいがい》に遭《あ》った人々《ひとびと》を慰問《いもん》する。
3級

詐
174
*サ
ごんべん　12画
意味　偽《いつわ》る。うそをついてだます。
言葉　詐欺《さぎ》・詐取《さしゅ》・詐称《さしょう》
使い方　氏名《しめい》と住所《じゅうしょ》を詐称《さしょう》する。
準2級

訃
174
*フ
ごんべん　9画
意味　人《ひと》の死《し》の知《し》らせ。
言葉　訃報《ふほう》・訃告《ふこく》
使い方　恩師《おんし》の訃報《ふほう》に接《せっ》する。
2級

詮
174
*セン
ごんべん　13画
意味　物事《ものごと》を詳《くわ》しく調《しら》べる。
言葉　詮索《せんさく》・所詮《しょせん》
使い方　相手《あいて》の事情《じじょう》を詮索《せんさく》する。
2級

犠
174
*ギ
うしへん　17画
意味　いけにえ。神《かみ》に供《そな》える生《い》きた動物《どうぶつ》。
言葉　犠牲《ぎせい》
使い方　事故《じこ》の犠牲者《ぎせいしゃ》をいたむ。
3級

牲
174
*セイ
うしへん　9画
意味　いけにえ。神《かみ》に供《そな》える生《い》きた動物《どうぶつ》。
言葉　犠牲《ぎせい》
使い方　大《おお》きな犠牲《ぎせい》を払《はら》って成功《せいこう》を手《て》にする。
3級

劾
174
*ガイ
ちから　8画
意味　罪《つみ》を取《と》り調《しら》べる。
言葉　弾劾《だんがい》
使い方　検事《けんじ》の不正《ふせい》を弾劾《だんがい》する。
準2級

坑
174
*コウ
つちへん　7画
意味　穴《あな》。地中《ちちゅう》に掘《ほ》った大《おお》きな穴《あな》。
言葉　坑道《こうどう》・坑内《こうない》・炭坑《たんこう》
使い方　祖父《そふ》は昔《むかし》、炭坑《たんこう》で働《はたら》いていた。
3級

牙
174
*ゲ（ガ）　きば
きば　5画
意味　歯《は》。きば。かむ。
言葉　象牙《ぞうげ》
使い方　牙《きば》をむく。
2級

融
174
*ユウ
むし　16画
意味　①とける。とかす。②心《こころ》が打《う》ち解《と》ける。
言葉　①融解《ゆうかい》・融合《ゆうごう》・融点《ゆうてん》　②融和《ゆうわ》
使い方　銀行《ぎんこう》から融資《ゆうし》を受《う》ける。
準2級

嫉
174
*シツ
おんなへん　13画
意味　ねたむ。そねむ。
言葉　嫉妬《しっと》
使い方　友人《ゆうじん》の成績《せいせき》に嫉妬《しっと》する。
2級

畏
175
*イ　おそれる
た　9画
意味　①おそれる。かしこまる。②敬《うやま》う。
言葉　①畏怖《いふ》・畏縮《いしゅく》　②畏愛《いあい》・畏敬《いけい》
使い方　恩師《おんし》に対《たい》して、畏敬《いけい》の念《ねん》を抱《いだ》く。
2級

賜
175

*たまわる (シ)

かいへん　15画

意味　目上《めうえ》の人《ひと》から頂《いただ》く。また、頂《いただ》いたもの。

言葉　賜杯《しはい》・賜物《たまもの》・恩賜《おんし》・下賜《かし》

使い方　祝辞《しゅくじ》を賜《たまわ》る。

準2級

遡
175

*さかのぼる (ソ)

しんにょう　13画

意味　①川《かわ》などを流《なが》れと逆《ぎゃく》の方向《ほうこう》へ行《い》く。②出来事《できごと》の順番《じゅんばん》を逆《ぎゃく》にたどる。

言葉　①遡上《そじょう》　②遡及《そきゅう》

使い方　さけが川《かわ》を遡《さかのぼ》る。

2級

唄
175

*うた

くちへん　10画

意味　うた。声《こえ》を出《だ》して、節《ふし》をつけて歌《うた》う言葉《ことば》。

言葉　長唄《ながうた》・小唄《こうた》

使い方　長唄《ながうた》について学《まな》ぶ。

2級

窮
175

*キュウ (きわめる)(きわまる)

あなかんむり　15画

意味　①ぎりぎりまで突《つ》き詰《つ》める。②行《ゆ》き詰《づ》まる。

言葉　①窮極《きゅうきょく》　②窮地《きゅうち》・困窮《こんきゅう》・窮状《きゅうじょう》

使い方　政府《せいふ》に窮状《きゅうじょう》を訴《うった》える。

準2級

糾
175

*キュウ

いとへん　9画

意味　①より合《あ》わせる。からみつく。②取《と》り調《しら》べてただす。

言葉　①紛糾《ふんきゅう》　②糾明《きゅうめい》・糾弾《きゅうだん》

使い方　責任《せきにん》を糾明《きゅうめい》する。

準2級

玩
175

*ガン

おうへん　8画

意味　おもちゃのように扱《あつか》う。もてあそぶ。

言葉　玩具《がんぐ》・玩味《がんみ》・愛玩《あいがん》

使い方　息子《むすこ》に玩具《がんぐ》を買《か》い与《あた》える。

2級

措
175

*ソ

てへん　11画

意味　ふさわしいところに置《お》く。

言葉　措置《そち》・挙措《きょそ》

使い方　適切《てきせつ》な措置《そち》をとる。

3級

藩
175

*ハン

くさかんむり　18画

意味　江戸《えど》時代《じだい》に大名《だいみょう》が治《おさ》めていた領地《りょうち》。

言葉　藩士《はんし》・藩主《はんしゅ》・親藩《しんぱん》・廃藩《はいはん》

使い方　先祖《せんぞ》は仙台藩《せんだいはん》の藩士《はんし》だったそうだ。

3級

畿
175

*キ

た　15画

意味　①みやこ。(日本《にっぽん》では京都《きょうと》。)②国《くに》。地方《ちほう》。境界《きょうかい》。

言葉　近畿《きんき》・畿内《きない》

使い方　近畿《きんき》地方《ちほう》に住《す》む。

2級

尻
175

*しり

しかばね　5画

意味　①おしり。②物事《ものごと》の後《うし》ろの方《ほう》。

言葉　①尻込《しりご》み　②目尻《めじり》・帳尻《ちょうじり》

使い方　目尻《めじり》が下《さ》がる。

2級

暫
176

*ザン

ひ　15画

意味　しばらく。

言葉　暫時《ざんじ》・暫定《ざんてい》

使い方　暫時《ざんじ》お待《ま》ちください。

3級

征
176

*セイ

ぎょうにんべん　8画

意味　①敵《てき》を討《う》ち倒《たお》す。②行《い》く。

言葉　①征伐《せいばつ》・征服《せいふく》　②遠征《えんせい》

使い方　敵《てき》を征服《せいふく》する。

4級

錬
176

*レン

かねへん　16画

意味　①金属《きんぞく》を溶《と》かして良質《りょうしつ》のものを作《つく》る。②鍛《きた》える。

言葉　①錬金《れんきん》　②錬成《れんせい》・錬磨《れんま》・修錬《しゅうれん》・鍛錬《たんれん》

使い方　心身《しんしん》を修錬《しゅうれん》する。

3級

禅
176

*ゼン

しめすへん　13画

意味　①精神《せいしん》を集中《しゅうちゅう》して真理《しんり》を悟《さと》る修行《しゅぎょう》。②禅宗《ぜんしゅう》のこと。

言葉　①座禅《ざぜん》　②禅寺《ぜんでら》

使い方　寺《てら》で座禅《ざぜん》を体験《たいけん》する。

準2級

176 蚊 *カ
むしへん 10画
- 意味：カ。夏《なつ》に多《おお》く出《で》る小《ちい》さな昆虫《こんちゅう》。
- 言葉：蚊柱《かばしら》・やぶ蚊《か》
- 使い方：蚊《か》が大量《たいりょう》に発生《はっせい》する。

準2級

176 朱 *シュ
き 6画
- 意味：黄色《きいろ》がかった赤色《あかいろ》。赤色《あかいろ》の顔料《がんりょう》。
- 言葉：朱色《しゅいろ》・朱肉《しゅにく》・朱塗《しゅぬ》り・朱筆《しゅひつ》
- 使い方：原稿《げんこう》に朱筆《しゅひつ》を入《い》れる。

4級

176 柿 *かき
きへん 9画
- 意味：かき。木《き》の種類《しゅるい》。
- 言葉：柿色《かきいろ》・渋柿《しぶがき》
- 使い方：柿《かき》の木《き》を植《う》える。

2級

176 瓦 *(ガ) かわら
かわら 5画
- 意味：粘土《ねんど》を素焼《すや》きにしたもの。
- 言葉：瓦屋根《かわらやね》・瓦版《かわらばん》
- 使い方：空手《からて》のパフォーマンスで瓦《かわら》を割《わ》る。

2級

176 碑 *ヒ
いしへん 14画
- 意味：記念《きねん》に文字《もじ》を刻《きざ》んで建《た》てた石《いし》。いしぶみ。
- 言葉：碑文《ひぶん》・記念碑《きねんひ》・石碑《せきひ》
- 使い方：北原白秋《きたはらはくしゅう》の歌碑《かひ》を読《よ》む。

3級

176 坪 *つぼ
つちへん 8画
- 意味：土地《とち》の面積《めんせき》の単位《たんい》。
- 言葉：建坪《たてつぼ》・坪数《つぼすう》
- 使い方：百坪《ひゃくつぼ》の土地《とち》を購入《こうにゅう》した。

準2級

176 邦 *ホウ
おおざと 7画
- 意味：①くに。②我《わ》が国《くに》の。日本《にっぽん》の。
- 言葉：①連邦《れんぽう》・異邦人《いほうじん》 ②邦画《ほうが》・邦楽《ほうがく》
- 使い方：映画《えいが》は邦画《ほうが》のほうが好《す》きだ。

3級

新出音訓

174 紅（くれない）

174 氏神様（うじがみさま）

174 一朝一夕（イッチョウイッセキ）

174 得る（うる）

174 血眼（ちまなこ）

174 式次第（シキシダイ）

174 傍若無人（ボウジャクブジン）

174 生い立ち（おいたち）

176 塑 *ソ
つち 13画
- 意味：土《つち》をこね、形《かたち》を作《つく》ること。
- 言葉：塑像《そぞう》・彫塑《ちょうそ》
- 使い方：芸術家《げいじゅつか》の制作《せいさく》した塑像《そぞう》に見入《みい》る。

準2級

176 墜 *ツイ
つち 15画
- 意味：おちる。おとす。
- 言葉：墜落《ついらく》・撃墜《げきつい》・失墜《しっつい》
- 使い方：飛行機《ひこうき》が墜落《ついらく》をまぬかれた。

3級

176 堕 *ダ
つち 12画
- 意味：おちる。おとす。崩《くず》れる。
- 言葉：堕天使《だてんし》・堕落《だらく》
- 使い方：堕落《だらく》した生活《せいかつ》を改《あらた》める。

準2級

176 垣 *かき
つちへん 9画
- 意味：間《あいだ》を隔《へだ》てるもの。土地《とち》や家《いえ》の周《まわ》りに作《つく》った囲《かこ》い。
- 言葉：垣根《かきね》・石垣《いしがき》
- 使い方：相手《あいて》との間《あいだ》の垣根《かきね》を取《と》り払《はら》う。

準2級

175 費やす（ついやす）

175 黄金色（こがねいろ）

175 外科（ゲカ）

175 敵（かたき）

175 災い（わざわい）

175 戦（いくさ）

176 忘恩（ボウオン）

176 今昔（コンジャク）

176 深浅（シンセン）

175 中州（なかす）

175 神主（かんぬし）

175 修行（シュギョウ）

175 討つ（うつ）

175 郷（ゴウ）

175 銭（ぜに）

176 花園（はなぞの）

176 貸与（タイヨ）

教科書の課題の答え

1 ①こうがい・はしげた・さんばし
②どんよく・しゅうわい・こうにゅう
③えつらく・おんねん・いろう
④さぎ・ふほう・せんさく
⑤ぎせい・ぼくし・とっきょ

2 ①ア・くれない　イ・こう
②ア・まなこ　イ・がん
③ア・うじ　イ・し

3 ①だんがい・がいとう・がいこつ　共通する音…ガイ
②ていこう・たんこう・こうかい　共通する音…コウ

4 ①包含・嫉妬　②有無・損得　③氷解・船出
④施策・解雇　⑤象牙・融点

5 ①しきしだい…卒業式《そつぎょうしき》などの式《しき》を進《すす》める順序《じゅんじょ》。
②さはんじ…よくあること。
③いっちょういっせき…僅《わず》かな期間《きかん》。
④ぼうじゃくぶじん…まわりに人《ひと》がいないかのように、勝手《かって》に振《ふ》る舞《ま》う様子《ようす》。
⑤ごんごどうだん…あまりにひどくて言葉《ことば》も出《で》ない様子《ようす》。
⑥とういそくみょう…その場《ば》にふさわしく機転《きてん》をきかせて対応《たいおう》すること。

6 ①架ける　②得る　③生い　④収拾　⑤驚異

7 ①畏れる　②費やす　③謝る　④賜る　⑤遡る

8 ①ながうた ②きゅうじょう ③ぶたにく ④きゅうだん
⑤がんぐ ⑥がくぶち ⑦なかす ⑧そち
⑨こがね ⑩かんぬし
重箱読《じゅうばこよ》み…⑥がくぶち 湯桶読《ゆとうよ》み…③ぶたにく

9 ①アぼくとう イしない ②アてんぽ イしにせ
③アおうとつ イでこぼこ ④アこうさ イじゃり
⑤アざんねん イなごり ⑥アさいたん イもよ（り）

10 ①（感慨）無量 かんがいむりょう
②（万有）引力 ばんゆういんりょく
③（廃藩）置県 はいはんちけん
④（外科）手術 げかしゅじゅつ
⑤（武者）修行 むしゃしゅぎょう
⑥（近畿）地方 きんきちほう

言葉《ことば》の学習《がくしゅう》につなげよう

①えどのかたきをながさきでうつ…全《まった》く違《ちが》うことで仕返《しかえ》しをすることのたとえ。
②くちはわざわいのもと…何気《なにげ》なく話《はな》したことがもとで、あとで困《こま》ることがあるから、言葉《ことば》には気《き》をつけたほうがよい。
③ごうにいってはごうにしたがえ…新《あたら》しい土地《とち》に来《き》たら、その土《と》地《ち》の習慣《しゅうかん》に合《あ》わせるのがよい。
④あたまかくしてしりかくさず…人《ひと》には一部《いちぶ》が見《み》えているのに、自分《じぶん》は全《すべ》てを隠《かく》したつもりでいることの愚《おろ》かさのたとえ。
⑤はらがへってはいくさができぬ…空腹《くうふく》ではしっかりと動《うご》くことができない。
⑥やすものが（か）いのぜにうしない…安物《やすもの》は質《しつ》が悪《わる》くてすぐに買《か》いかえることになり、かえって高《たか》くつくということ。

考え方

4 ①「嫉」にも「妬」にも「ねたむ」という意味《いみ》がある。
④「解雇《かいこ》」は、「雇《やと》う」ことを「解《と》く」という構成《こうせい》である。
⑤「融点《ゆうてん》」は「融《と》け」だすところ（「点《てん》」）という構成《こうせい》である。

8 ⑤「玩具《がんぐ》」は音《おん》＋音《おん》。 ⑦「中州《なかす》」は訓《くん》＋訓《くん》。
⑨「黄金《こがね》」は訓《くん》＋訓《くん》。 ⑩「神主《かんぬし》」は訓《くん》＋訓《くん》。

「漢字《かんじ》に親《した》しもう５」の答《こた》え

〈新《あたら》しく習《なら》う漢字《かんじ》〉

1 ①ウ・ぜんじ ②イ・しょうめい ③イ・ちんしゃ

2 ①ざぜん・ア ②かばしら・イ ③しゅいろ・ウ
④いぶくろ・ウ ⑤しぶがき・イ ⑥かわらばん・エ
⑦せきひ・ア ⑧なんくせ・ウ ⑨たてつぼ・イ
⑩ほうがく・ア

3 ①そぞう ②しっつい ③だらく ④かきね

〈新《あたら》しく習《なら》う音訓《おんくん》〉

4 ①ぼうおん・イ たいしょく ②はなぞの・エ ゆうし
③こんじゃく・ウ しんせん ④いんそつ・ア たいよ

文法《ぶんぽう》への扉《とびら》2 「ない」の違《ちが》いがわからない？

教科書 177ページ (215〜218ページ)

教科書の課題

①〜③の「ない」は、文法上異《ぶんぽうじょうこと》なる働《はたら》きをしている。その違《ちが》いを考《かん》えてみよう。

答え

①打《う》ち消《け》しの助動詞《じょどうし》「ない」。
②形容詞《けいようし》「ない」。
③形容詞《けいようし》「頼《たよ》りない」の一部分《いちぶぶん》。

考え方

①打《う》ち消《け》しの助動詞《じょどうし》「ぬ」に置《お》き換《か》えられる。
②打《う》ち消《け》しの助動詞《じょどうし》「ぬ」には置《お》き換《か》えられない。
③「頼《たよ》りない」が一語《いちご》の形容詞《けいようし》である。

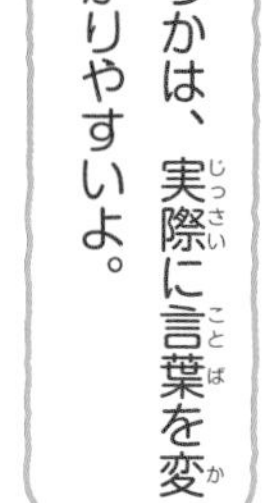
置《お》き換《か》えられるかどうかは、実際《じっさい》に言葉《ことば》を変《か》えて読《よ》んでみるとわかりやすいよ。

解説

これまでの文法《ぶんぽう》の学習《がくしゅう》を振《ふ》り返《かえ》ってみよう。

①言葉《ことば》の単位《たんい》
発音《はつおん》や意味《いみ》のうえで不自然《ふしぜん》にならないようにできるだけ短《みじか》く文《ぶん》を区切《くぎ》ったまとまりを文節《ぶんせつ》という。

②文《ぶん》の組《く》み立《た》て
文節《ぶんせつ》どうしの関係《かんけい》…主《しゅ》・述《じゅつ》、修飾《しゅうしょく》・被修飾《ひしゅうしょく》、接続《せつぞく》、独立《どくりつ》。

③単語《たんご》の分類《ぶんるい》
最小《さいしょう》の言葉《ことば》の単位《たんい》を単語《たんご》という。自立語《じりつご》と付属語《ふぞくご》がある。

④自立語《じりつご》　単独《たんどく》で文節《ぶんせつ》を作《つく》ることができる単語《たんご》。

⑤用言《ようげん》の活用《かつよう》
動詞《どうし》・形容詞《けいようし》・形容動詞《けいようどうし》は用言《ようげん》とよばれ、文中《ぶんちゅう》で述語《じゅつご》になれる。

⑥付属語《ふぞくご》　単独《たんどく》では文節《ぶんせつ》を作《つく》ることができない単語《たんご》。

読書《どくしょ》に親《した》しむ 本《ほん》は世界《せかい》への扉《とびら》

教科書 178~190ページ

エルサルバドルの少女《しょうじょ》 ヘスース

長倉洋海《ながくらひろみ》

およその内容

トウモロコシ畑《ばたけ》にヘスースの家族《かぞく》がいる。十六年《じゅうろくねん》を避難民《ひなんみん》キャンプで過《す》ごしてきたヘスースの新《あたら》しい生活《せいかつ》が、これから始《はじ》まるのだ。

筆者《ひっしゃ》が内戦《ないせん》の取材《しゅざい》のために、エルサルバドルを訪《おとず》れたのは一九八二年《ねん》のことだった。取材《しゅざい》の合間《あいま》に出向《でむ》いたある避難民《ひなんみん》キャンプの路《ろ》地裏《じうら》で、初《はじ》めてヘスースと出会《であ》った。その後《ご》、筆者《ひっしゃ》は、ヘスースが五歳《ごさい》のとき、十歳《じっさい》のとき、十五歳《じゅうごさい》のときにキャンプを訪《おとず》れ、彼女《かのじょ》の成長《せいちょう》を見《み》てきた。そして、十七歳《じゅうななさい》になったヘスースと再会《さいかい》したとき、彼女《かのじょ》はフランシスコという男性《だんせい》との間《あいだ》に子《こ》をもうけていた。ヘスースは新《あら》たな人生《じんせい》を歩《あゆ》み始《はじ》めたのだ。

さらに四年後《よねんご》の秋《あき》、筆者《ひっしゃ》はヘスースとフランシスコの結婚式《けっこんしき》に招《まね》かれた。ヘスースは、「キャンプで育《そだ》ったことに誇《ほこ》りをもっている。」と言《い》った。彼女《かのじょ》は、自分《じぶん》の人生《じんせい》をたった一《ひと》つのかけがえのない大切《たいせつ》なものとして生《い》きてきたのだ。筆者《ひっしゃ》は、戦乱《せんらん》に人生《じんせい》を翻弄《ほんろう》されながらも、懸命《けんめい》に生《い》き抜《ぬ》いてきた二人《ふたり》に、「いつまでも幸《しあわ》せでいてほしい。」と強《つよ》く願《ねが》いながらカメラのシャッターを切《き》った。

構成

1 ヘスースの新《あたら》しい生活《せいかつ》（初《はじ》め～P178・上5）
トウモロコシ畑《ばたけ》で我《わ》が子《こ》を抱《だ》き上《あ》げるヘスースの顔《かお》は喜《よろこ》びであふれ、かたわらでは夫《おっと》が二人《ふたり》を見守《みまも》っている。

2 出会《であ》いから新《あたら》しい生活《せいかつ》まで（P178・上7～P182・下16）
避難民《ひなんみん》キャンプでのヘスースの様子《ようす》とフランシスコとの出会《であ》い。

3 ヘスースの結婚式《けっこんしき》（P182・下18～終《お》わり）
自《みずか》らの手《て》で新《あたら》しい人生《じんせい》をつかみ取《と》り、今目《いまめ》の前《まえ》でほほえむヘスースたちの幸《しあわ》せを筆者《ひっしゃ》は強《つよ》く願《ねが》う。

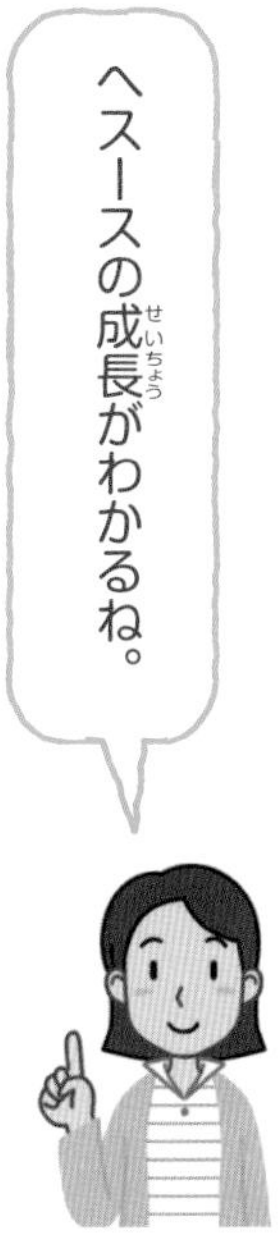

漢字のチェック

＊はここに出《で》てきた読《よ》み。

新出漢字

178
是 ＊ゼ
ひ　9画
是是是是是是是是是
意味　正《ただ》しい。正《ただ》しいと認《みと》める。よい。
言葉　是正《ぜせい》・是認《ぜにん》・是非《ぜひ》
使い方　物事《ものごと》の是非《ぜひ》をわきまえる。
4級

181
凄 ＊セイ
にすい　10画
凄凄凄凄凄凄凄凄凄凄
意味　すさまじい。
言葉　凄絶《せいぜつ》・凄惨《せいさん》
使い方　凄絶《せいぜつ》な光景《こうけい》が展開《てんかい》される。
2級

181
羅 ＊ラ
あみがしら　19画
羅羅羅羅羅羅羅羅羅羅
意味　①網《あみ》をかけてとる。②連《つら》ねる。③薄《うす》い絹織物《きぬおりもの》。
言葉　①網羅《もうら》　②羅列《られつ》　③一張羅《いっちょうら》
使い方　羅針盤《らしんばん》を頼《たよ》りに航海《こうかい》する。
準2級

185
弄 ＊ロウ　もてあそぶ
にじゅうあし　7画
弄弄弄弄弄弄弄
意味　思《おも》いのままにする。もてあそぶ。
言葉　翻弄《ほんろう》・扇子《せんす》を弄《もてあそ》ぶ
使い方　相手《あいて》チームを翻弄《ほんろう》する。
2級

新出音訓

182
辞める（やめる）

「弄《もてあそ》ぶ」は送《おく》り仮名《がな》に気《き》をつけようね。

重要語句のチェック

＊はここでの意味《いみ》。

178ページ

救世主《きゅうせいしゅ》　①キリスト教《きょう》でイエス・キリストのこと。＊②人類《じんるい》の救《すく》い主《ぬし》。メシア。③苦《くる》しい状態《じょうたい》に置《お》かれている会社《かいしゃ》や団体《だんたい》などを救《すく》う働《はたら》きをした人《ひと》。文 彼《かれ》は野球《やきゅう》チームの**救世主《きゅうせいしゅ》**となった。

180ページ

簡素《かんそ》　無駄《むだ》がなく質素《しっそ》な様子《ようす》。文 **簡素《かんそ》**な生活《せいかつ》を送《おく》る。

軒《のき》を連《つら》ねる　軒《のき》と軒《のき》が接《せっ》するほど家《いえ》が建《た》ち並《なら》ぶ。軒《のき》を並《なら》べる。文 裏通《うらどお》りには店《みせ》が**軒《のき》を連《つら》ね**ている。

所在《しょざい》なげ　することがなくて退屈《たいくつ》な様子《ようす》。手持《ても》ちぶさたにしている様子《ようす》。文 **所在《しょざい》なげ**に歩《ある》き回《まわ》る。

肩《かた》を落《お》とす　気落《きお》ちして、しょんぼりする。落胆《らくたん》する。文 試合《しあい》に負《ま》けて**肩《かた》を落《お》とす**。

181ページ

凄惨《せいさん》　ひどく痛《いた》ましい様子《ようす》。目《め》を背《そむ》けたくなるほどむごたらしい様子《ようす》。文 **凄惨《せいさん》**な事故現場《じこげんば》。

すさむ　＊①気持《きも》ちや生活態度《せいかつたいど》が荒《あ》れる。文 **すさんだ**生活《せいかつ》を送《おく》る。②繊細《せんさい》さや上品《じょうひん》さが失《うしな》われて粗雑《そざつ》になる。文 芸《げい》が**すさむ**。③勢《いきお》いを増《ま》す。文 風《かぜ》が吹《ふ》き**すさむ**。④一《ひと》つの事《こと》に集中《しゅうちゅう》して、他《ほか》を顧《かえり》みない。文 楽《たの》しみに**すさむ**。⑤気《き》の向《む》くままに物事《ものごと》をする。⑥勢《いきお》いが尽《つ》きて衰《おとろ》える。⑦嫌《きら》って遠《とお》ざける。うとむ。文人《ひと》をすさむ。⑧体《からだ》を苦《くる》しめ痛《いた》めつける。文我《わ》が身《み》をすさむ。

一張羅《いっちょうら》　＊①持《も》っている衣服《いふく》の中《なか》で、いちばん上等《じょうとう》なもの。文一《いっ》張羅《ちょうら》の服《ふく》を着《き》る。②たった一枚《いちまい》しか持《も》っていない服《ふく》。文これが彼女《かのじょ》の一張羅《いっちょうら》だ。

終結《しゅうけつ》　＊①終《お》わりになること。決着《けっちゃく》がつくこと。文緊急事態《きんきゅうじたい》は終《しゅう》結《けつ》した。②論理学《ろんりがく》の推論《すいろん》で、前提《ぜんてい》から導《みちび》き出《だ》された判断《はんだん》。類終了《しゅうりょう》

182ページ

工面《くめん》　＊①手段《しゅだん》や方法《ほうほう》を考《かんが》えて手《て》はずを整《ととの》えること。なんとか工《く》夫《ふう》して金銭《きんせん》を用意《ようい》すること。文苦《くる》しい生活《せいかつ》から学費《がくひ》を工面《くめん》する。②金回《かねまわ》り。③相談《そうだん》。談合《だんごう》。類やりくり。都合《つごう》。捻出《ねんしゅつ》。

くつろぐ　＊①心身《しんしん》の緊張《きんちょう》をといて楽《らく》になるようにする。文温泉《おんせん》につかって**くつろぐ**。②着衣《ちゃくい》などのぴっちりしているものをゆるめる。文パジャマに着替《きが》えて**くつろぐ**。

185ページ

翻弄《ほんろう》　思《おも》うままに弄《もてあそ》ぶこと。手玉《てだま》にとること。文運命《うんめい》に**翻弄《ほんろう》**される。類弄《もてあそ》ぶ

読解のポイント

●構成《こうせい》を把握《はあく》しよう

本文《ほんもん》で筆者《ひっしゃ》は、六度《ろくど》ヘスースのもとを訪《おとず》れたことを記《しる》している。文章《ぶんしょう》と写真《しゃしん》を手《て》がかりに、訪問《ほうもん》の時系列《じけいれつ》を確認《かくにん》しておこう。

＊1～3はまとまりの番号《ばんごう》を示《しめ》す。

1　一九九七年《ねん》。ヘスース十七歳《じゅうななさい》。（↑五回目の訪問）

2　一九八二年《ねん》。ヘスース三歳《さんさい》。（一回目《いっかいめ》の訪問《ほうもん》）
一九八四年《ねん》。ヘスース五歳《ごさい》。（二回目《にかいめ》の訪問《ほうもん》）
一九九〇年《ねん》。ヘスース十歳《じっさい》。（三回目《さんかいめ》の訪問《ほうもん》）
一九九五年《ねん》。ヘスース十五歳《じゅうごさい》。（四回目《よんかいめ》の訪問《ほうもん》）
一九九七年《ねん》。ヘスース十七歳《じゅうななさい》。（五回目《ごかいめ》の訪問《ほうもん》）

3　二〇〇一年《ねん》。ヘスース二十一《にじゅういち》、二歳《にさい》。（六回目《ろっかいめ》の訪問《ほうもん》）

一《ひと》つ目《め》のまとまりでは、ヘスースが一歳《いっさい》のジャクリーンを抱《だ》き上《あ》げ、フランシスコが二人《ふたり》を見守《みまも》る光景《こうけい》を描《えが》いている。このとき、一九九七年《ねん》で、ヘスースは十七歳《じゅうななさい》だ（教科書写真参照《きょうかしょしゃしんさんしょう》）。

二《ふた》つ目《め》のまとまりでは、一九八二年《ねん》に話《はなし》は遡《さかのぼ》り、三歳《さんさい》のヘスースと筆者《ひっしゃ》が初《はじ》めて会《あ》ったときのことが書《か》かれている。その後《ご》、筆者《ひっしゃ》は、八四年《ねん》、九〇年《ねん》、九五年《ねん》にもヘスースに会《あ》い、彼女《かのじょ》の成長《せいちょう》を見《み》てきた。そして、四回目《よんかいめ》の訪問《ほうもん》からさらに二年後《にねんご》の一九九七年《ねん》に再会《さいかい》した。ヘスースには、夫《おっと》と子供《こども》がいた。この五回目《ごかいめ》の訪問《ほうもん》こそが、一《ひと》つ目《め》のまとまりで描《えが》かれていた光景《こうけい》である。

三《みっ》つ目《め》のまとまりで、筆者《ひっしゃ》は、二〇〇一年《ねん》に再度《さいど》エルサルバドルへ渡《わた》り、ヘスースとフランシスコの結婚式《けっこんしき》に出席《しゅっせき》した際《さい》のことを描《えが》いている。少《すく》なくとも六回《ろっかい》、ヘスースと会《あ》っているわけだが、なかでも五回目《ごかいめ》の訪問《ほうもん》は、彼女《かのじょ》が新《あたら》しい命《いのち》を誕生《たんじょう》させ、育《はぐく》んでいたことを知《し》り、心《こころ》に刻《きざ》まれたのであろう。冒頭《ぼうとう》に、五回目《ごかいめ》に訪問《ほうもん》した際《さい》の写真《しゃしん》とその様子《ようす》の記述《きじゅつ》が配置《はいち》されているのは、筆者《ひっしゃ》の受《う》けた感銘《かんめい》の深《ふか》さの表《あらわ》れである。

紛争地《ふんそうち》の看護師《かんごし》

白川優子《しらかわゆうこ》

およその内容

二〇一六年十月十七日《ねんじゅうがつじゅうしちにち》、イラクで武装勢力《ぶそうせいりょく》に占拠《せんきょ》されているモスルと呼《よ》ばれる都市《とし》の奪還作戦《だっかんさくせん》が始《はじ》まったと、日本《にっぽん》のニュースやワイドショーの番組《ばんぐみ》が報道《ほうどう》している。

昼食後《ちゅうしょくご》、「私《わたし》」は友人《ゆうじん》と会《あ》うために、父《ちち》に駅《えき》まで送《おく》ってもらう予定《よてい》だったが、そこに「イラクのモスルに緊急出発《きんきゅうしゅっぱつ》してほしい。」と国境《こっきょう》なき医師団《いしだん》からメールが入《はい》った。「私《わたし》」は友人《ゆうじん》との約束《やくそく》をキャンセルして、出発《しゅっぱつ》に必要《ひつよう》なものをそろえるためにショッピングモールに行《い》くことにしたのだが、父《ちち》に行《い》く先《さき》の変更《へんこう》を伝《つた》えなければならない。

車《くるま》の中《なか》で父《ちち》に、「私《わたし》、モスルに出発《しゅっぱつ》する……。」と言《い》うと、父《ちち》は独《ひと》り言《ごと》のような説教《せっきょう》を繰《く》り返《かえ》し、「私《わたし》」が聞《き》こえないふりを続《つづ》けていると、ついに父《ちち》も無言《むごん》になってしまった。

海《うみ》の向《む》こう側《がわ》には、戦争《せんそう》の被害《ひがい》によって命《いのち》の危険《きけん》にさらされている人々《ひとびと》がたくさんいる。行《い》けば自分《じぶん》も危険《きけん》にさらされるかもしれない。「なにもあなたが行《い》くことはない。」と言《い》う人《ひと》もいるが、行《い》かなければ誰《だれ》が彼《かれ》らの命《いのち》を救《すく》うのだろう。国《くに》、国籍《こくせき》、人種《じんしゅ》を超《こ》えた、同《おな》じ人間《にんげん》として、その人々《ひとびと》の痛《いた》みや苦《くる》しみを見過《みす》ごすことは、「私《わたし》」にはできない。

構成

1 二〇一六年十月十七日《ねんじゅうがつじゅうしちにち》、日本《にっぽん》での出来事《できごと》

（初《はじ》め～P189・下9）

・イラクでモスル奪還作戦《だっかんさくせん》が始《はじ》まったとテレビで報道《ほうどう》されている。
・「私《わたし》」のところに国境《こっきょう》なき医師団《いしだん》からメールが入《はい》る。
・父《ちち》に派遣《はけん》が決《き》まったことを伝《つた》えると、父《ちち》は説教《せっきょう》を繰《く》り返《かえ》していたが、しまいには無言《むごん》になった。

2 「私《わたし》」が「国境《こっきょう》なき医師団《いしだん》」に参加《さんか》する理由《りゆう》

（P189・下11～終《お》わり）

・国《くに》、国籍《こくせき》、人種《じんしゅ》を超《こ》えた、同《おな》じ人間《にんげん》として、戦争《せんそう》の被害《ひがい》によって命《いのち》の危険《きけん》にさらされている人々《ひとびと》を見過《みす》ごすことができないから。

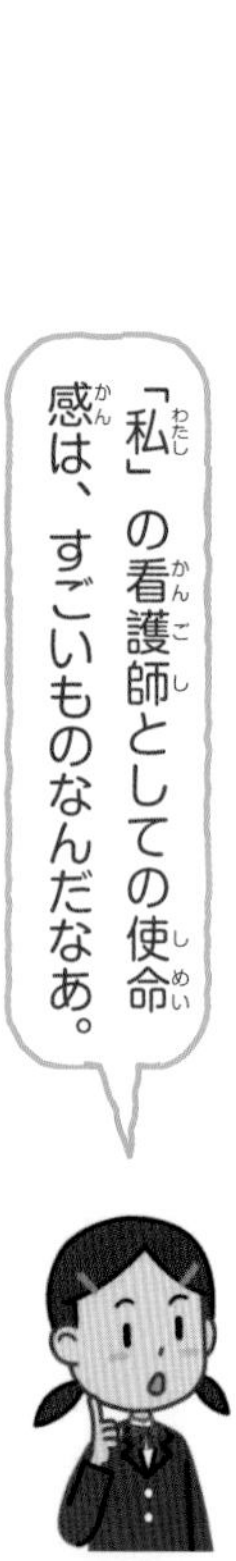

漢字のチェック

＊はここに出《で》てきた読《よ》み。

新出漢字

190

酷　＊コク

ひよみのとり　14画

一 丙 西 酉 酉 酉 酉 酉 酷 酷

意味　①むごい。ひどい。②激《はげ》しい。甚《はなは》だしい。

言葉　①残酷《ざんこく》・冷酷《れいこく》　②酷暑《こくしょ》・過酷《かこく》

使い方　新作《しんさく》を酷評《こくひょう》される。

準2級

重要語句のチェック

＊はここでの意味《いみ》。

188ページ

武装《ぶそう》　武器《ぶき》を身《み》につけ、戦《たたか》いの準備《じゅんび》をすること。文 **武装《ぶそう》**を解除《かいじょ》する。

占拠《せんきょ》　ある場所《ばしょ》を自分《じぶん》のものにして、他《ほか》の人《ひと》を寄《よ》せつけないこと。文 建物《たてもの》を**占拠《せんきょ》**する。

砲弾《ほうだん》　大砲《たいほう》のたま。

大仰《おおぎょう》　大《おお》げさな様子《ようす》。文 かすり傷《きず》なのに、**大仰《おおぎょう》**に包帯《ほうたい》を巻《ま》く。

緊迫《きんぱく》　非常《ひじょう》に緊張《きんちょう》して、気《き》を緩《ゆる》めることができない状態《じょうたい》になること。文 **緊迫《きんぱく》**した空気《くうき》に包《つつ》まれる。類 切迫《せっぱく》

ベース　①物事《ものごと》の大《おお》もとになるもの。基本《きほん》。文 卵《たまご》を**ベース**にした料理《りょうり》。＊②基地《きち》。根拠地《こんきょち》。文 **ベース**キャンプ。③野球《やきゅう》の塁《るい》。文 ホーム**ベース**を踏《ふ》む。

交錯《こうさく》　幾《いく》つかのものが入《い》り交《ま》じること。文 期待《きたい》と不安《ふあん》が**交錯《こうさく》**する。

189ページ

要請《ようせい》　こうしてほしいと頼《たの》むこと。文 子《こ》どもの遊《あそ》び場《ば》を作《つく》るよう、役所《やくしょ》に**要請《ようせい》**する。

承諾《しょうだく》　相手《あいて》の頼《たの》みごとなどを引《ひ》き受《う》けること。文 先生《せんせい》の**承諾《しょうだく》**を得《え》て早退《そうたい》する。類 受諾《じゅだく》 対 拒否《きょひ》

派遣《はけん》　人《ひと》に命《めい》じて、ある場所《ばしょ》に行《い》かせること。文 **派遣《はけん》**社員《しゃいん》。

張《は》り詰《つ》める　①一面《いちめん》にぴんと張《は》る。文 池《いけ》に氷《こおり》が**張《は》り詰《つ》める**。＊②引《ひ》き締《し》まる。緊張《きんちょう》する。文 **張《は》り詰《つ》め**ていた気持《きも》ちが、緩《ゆる》む。

動揺《どうよう》　①揺《ゆ》れ動《うご》くこと。＊②気持《きも》ちが落《お》ち着《つ》かないこと。文 試《し》験問題《けんもんだい》を見《み》て**動揺《どうよう》**する。

アクセス　＊①ある場所《ばしょ》に行《い》くための手段《しゅだん》や道筋《みちすじ》。文 空港《くうこう》への**アクセス**がよい。②コンピューターの記憶装置《きおくそうち》やインターネットなどに接続《せつぞく》し、情報《じょうほう》を呼《よ》び出《だ》したり書《か》きこんだりすること。文 **アクセス**数《すう》の多《おお》いホームページ。

大黒柱《だいこくばしら》　①日本《にっぽん》の木造《もくぞう》の建物《たてもの》で、中心《ちゅうしん》になる最《もっと》も太《ふと》い柱《はしら》。＊②家族《かぞく》や団体《だんたい》などの中心《ちゅうしん》となっている人《ひと》。文 チームの**大黒柱《だいこくばしら》**。

190ページ

スムーズ　物事《ものごと》が調子《ちょうし》よく進《すす》む様子《ようす》。文 宿題《しゅくだい》が**スムーズ**にはかどる。

施《ほどこ》す　①かわいそうに思《おも》って、貧《まず》しい人《ひと》や困《こま》っている人《ひと》に物《もの》をあげる。文 食《た》べ物《もの》を**施《ほどこ》す**。＊②効果《こうか》があるように何《なに》かをする。文 応急《おうきゅう》の手当《てあ》てを**施《ほどこ》す**。③多《おお》くの人々《ひとびと》に示《しめ》す。文 優勝《ゆうしょう》して面目《めんぼく》を**施《ほどこ》す**。

読解のポイント

●筆者《ひっしゃ》の仕事《しごと》についてまとめよう。

「国境《こっきょう》なき医師団《いしだん》」に参加《さんか》する看護師《かんごし》。二〇一六年十月当時《ねんじゅうがつとうじ》は、埼玉《さいたま》の実家《じっか》をベースにして、派遣《はけん》の連絡《れんらく》を待《ま》っている状態《じょうたい》だった。

●二〇一六年十月十七日《ねんじゅうがつじゅうしちにち》の出来事《できごと》を、時間《じかん》の経過《けいか》とともにまとめよう。

・朝《あさ》から

イラクで武装勢力《ぶそうせいりょく》に占拠《せんきょ》されているモスルと呼《よ》ばれる都市《とし》の奪還《だっかん》作戦《さくせん》が始《はじ》まったと、テレビで報道《ほうどう》している。

・昼食後《ちゅうしょくご》

「私《わたし》」は友人《ゆうじん》と会《あ》うために、父《ちち》に駅《えき》まで送《おく》ってもらう予定《よてい》だったので、父《ちち》に車《くるま》を出《だ》すお願《ねが》いをしようとしていた。

←

「イラクのモスルに緊急出発《きんきゅうしゅっぱつ》してほしい。」と国境《こっきょう》なき医師団《いしだん》からメールが入《はい》った。

←

「私《わたし》」は友人《ゆうじん》との約束《やくそく》をキャンセルして、出発《しゅっぱつ》に必要《ひつよう》なものをそろえるためにショッピングモールに行《い》くことにした。

・車《くるま》の中《なか》

父《ちち》に、イラクへの派遣《はけん》が決《き》まったことを伝《つた》える。

←

父《ちち》…独《ひと》り言《ごと》のような説教《せっきょう》を繰《く》り返《かえ》す。↓無言《むごん》

私《わたし》…居心地《いごこち》が悪《わる》い。↓聞《き》こえないふり。

●筆者《ひっしゃ》の家族《かぞく》に対《たい》する思《おも》いを捉《とら》えよう。

筆者《ひっしゃ》は、車《くるま》の中《なか》に漂《ただよ》う張《は》り詰《つ》めた空気《くうき》から、父《ちち》の動揺《どうよう》と不安《ふあん》を感《かん》じ取《と》り、娘《むすめ》を戦地《せんち》に向《む》かわせて平気《へいき》な親《おや》などいるわけがないと父《ちち》の気持《きも》ちを推測《すいそく》している。そして、そんな親《おや》を見《み》て、つくづく申《もう》し訳《わけ》ないと思《おも》っているのである。

●筆者《ひっしゃ》が「国境《こっきょう》なき医師団《いしだん》」に参加《さんか》する理由《りゆう》を考《かんが》えよう。

海《うみ》の向《む》こう側《がわ》には、戦争《せんそう》の被害《ひがい》によって命《いのち》の危険《きけん》にさらされている人々《ひとびと》がたくさんいる。戦地《せんち》では、病院《びょういん》が破壊《はかい》されていたり、被害者《ひがいしゃ》と医療《いりょう》をつなぐアクセスが断《た》たれてしまったりしていることが多《おお》い。危険《きけん》が大《おお》きい場所《ばしょ》ほど、一人《ひとり》の医師《いし》、一人《ひとり》の看護師《かんごし》、一《ひと》つの病院《びょういん》の存在価値《そんざいかち》が高《たか》い。行《い》けば自分《じぶん》も危険《きけん》にさらされるかもしれないが、行《い》かなければ誰《だれ》が彼《かれ》らの命《いのち》を救《すく》うのだろうと筆者《ひっしゃ》は考《かんが》えている。

つまり、筆者《ひっしゃ》は、国《くに》、国籍《こくせき》、人種《じんしゅ》を超《こ》えた、同《おな》じ人間《にんげん》として、命《いのち》の危険《きけん》にさらされている人々《ひとびと》を見過《みす》ごすことはできないから、「国境《こっきょう》なき医師団《いしだん》」に参加《さんか》するのである。

8 未来《みらい》へ向《む》かって

温《あたた》かいスープ

今道友信《いまみちとものぶ》

教科書 196~199ページ

およその内容

第二次世界大戦前後《だいにじせかいたいせんぜんご》の日本《にっぽん》は世界《せかい》の嫌《きら》われ者《もの》であり、日本《にっぽん》に対《たい》する国際的評価《こくさいてきひょうか》は厳《きび》しく、日本《にっぽん》も日本人《にっぽんじん》もみじめな時代《じだい》であった。

一九五七年《ねん》、パリで大学《だいがく》の講師《こうし》を務《つと》めていた筆者《ひっしゃ》は、日本人《にっぽんじん》というだけの理由《りゆう》で下宿《げしゅく》に入《はい》ることができず、しかたなく大学《だいがく》が見《み》つけてくれた貧相《ひんそう》な部屋《へや》のホテル住《ず》まいをすることになった。

その頃《ころ》のことである。筆者《ひっしゃ》は毎週土曜日《まいしゅうどようび》の夜《よる》は宿《やど》の近《ちか》くの小《ちい》さなレストランで夕食《ゆうしょく》を取《と》ることにしていた。そこは、母《はは》と娘《むすめ》が切《き》り盛《も》りする小《ちい》さな店《みせ》だった。筆者《ひっしゃ》は、月末《げつまつ》になると金詰《かねづ》まりになるので、そのレストランでもいちばん値《ね》の張《は》らないオムレツだけを注文《ちゅうもん》して済《す》ませていた。それには、一人分《ひとりぶん》のパンが付《つ》いてくるのだが、ある時《とき》、筆者《ひっしゃ》の事情《じじょう》を察《さっ》した店《みせ》の娘《むすめ》さんがパンを二人分《ふたりぶん》添えてくれた。そして、その何《なん》か月《げつ》か後《あと》には、その店《みせ》のお母《かあ》さんがさりげなく、温《あたた》かいスープをごちそうしてくれた。

筆者《ひっしゃ》はこの親切《しんせつ》を受《う》けて、人類《じんるい》に絶望《ぜつぼう》することはないと思《おも》った。

筆者《ひっしゃ》はこの体験《たいけん》から、求《もと》めるところのない隣人愛《りんじんあい》としての人類愛《じんるいあい》、これこそが国際性《こくさいせい》の基調《きちょう》であり、それは一人一人《ひとりひとり》の平凡《へいぼん》な日常《にちじょう》の中《なか》で、試《ため》されていると考《かんが》えるようになった。

構成

1 第二次世界大戦前後《だいにじせかいたいせんぜんご》の日本《にっぽん》の国際的評価《こくさいてきひょうか》

（初《はじ》め～P196・12）

・日本人《にっぽんじん》は世界《せかい》の嫌《きら》われ者《もの》であった。

2 筆者《ひっしゃ》のパリでの体験《たいけん》

（P196・13～P198・20）

・日本人《にっぽんじん》というだけで下宿《げしゅく》に入《はい》ることができなかった。

・小《ちい》さなレストランで、さりげなくパンやスープの温《あたた》かなサービスを受《う》けた。

・筆者《ひっしゃ》は、この親切《しんせつ》ゆえに人類《じんるい》に絶望《ぜつぼう》することはないと思《おも》った。

3 国際性《こくさいせい》の基調《きちょう》についての筆者《ひっしゃ》の考《かんが》え

（P199・1～終《お》わり）

・国際性《こくさいせい》の基調《きちょう》は無償《むしょう》の人類愛《じんるいあい》であり、それは、平凡《へいぼん》な日常《にちじょう》の中《なか》で試《ため》されている。

重要語句のチェック

＊はここでの意味《いみ》。

196ページ

独善《どくぜん》（的《てき》） 自分《じぶん》だけが正《ただ》しいと思《おも》っている様子《ようす》。文 **独善的《どくぜんてき》**な態《たい》度《ど》。

197ページ

平生《へいぜい》 普段《ふだん》。いつも。平常《へいじょう》。文 **平生《へいぜい》**の心構《こころがま》え。

生《き》っ粋《すい》 混《ま》じりけが全《まった》くないこと。文 **生《き》っ粋《すい》**の江戸《えど》っ子《こ》。類 生《は》え抜《ぬ》き

顔《かお》なじみ 何度《なんど》も会《あ》っていて顔《かお》を知《し》っていること。また、その人《ひと》。

198ページ

底冷《そこび》え 体《からだ》の芯《しん》まで冷《ひ》えるくらいに寒《さむ》いこと。また、そのような寒《さむ》さ。文 **底冷《そこび》え**がする夜《よる》。

ひもじい とてもおなかがすいている。文 **ひもじい**思《おも》いをする。

気取《けど》られる 表情《ひょうじょう》、態度《たいど》、周囲《しゅうい》の様子《ようす》などから事情《じじょう》や本心《ほんしん》を悟《さと》られてしまうこと。文 相手《あいて》に**気取《けど》られ**ないように注意《ちゅうい》する。

199ページ

口《くち》ごもる 言葉《ことば》につまって、すらすら言《い》えない。はっきり言《い》えない。文 遅刻《ちこく》した理由《りゆう》をきかれて**口《くち》ごもる**。

無償《むしょう》 ①仕事《しごと》をしても、お金《かね》をもらわないこと。＊②無料《むりょう》。ただ。文 冊子《さっし》を**無償《むしょう》**で配《くば》る。

基調《きちょう》 作品《さくひん》や行動《こうどう》などの基《もと》になる、基本的《きほんてき》な傾向《けいこう》・考《かんが》え方《かた》。文 青《あお》を**基調《きちょう》**とした絵画《かいが》。

読解のポイント

●**筆者《ひっしゃ》の考《かんが》える「国際性《こくさいせい》」について読《よ》み取《と》る。**

筆者《ひっしゃ》は、国際性《こくさいせい》について、

× 流《なが》れるような外国語《がいこくご》の能力《のうりょく》やきらびやかな学芸《がくげい》の才気《さいき》や事業《じぎょう》のスケールの大《おお》きさ（199ページ2行目《ぎょうめ》）

○ 相手《あいて》の立場《たちば》を思《おも》いやる優《やさ》しさ、お互《たが》いが人類《じんるい》の仲間《なかま》であるという自覚《じかく》（199ページ4行目《ぎょうめ》）

＝無償《むしょう》の愛《あい》・隣人愛《りんじんあい》・人類愛《じんるいあい》

とまとめている。

「温《あたた》かいスープ」は、筆者《ひっしゃ》が体験《たいけん》に基《もと》づいて「国際性《こくさいせい》とは何《なに》か」を述《の》べている文章《ぶんしょう》である。

解説

筆者《ひっしゃ》は戦後間《せんごま》もない頃《ころ》の自分《じぶん》の体験《たいけん》を通《とお》して、「国際性《こくさいせい》」とは「相手《あいて》の立場《たちば》を思《おも》いやる優《やさ》しさ」であり、「無償《むしょう》の愛《あい》」「隣人愛《りんじんあい》」「人類愛《じんるいあい》」であると述《の》べている。

「温《あたた》かいスープ」を読《よ》んで感《かん》じた「国際性《こくさいせい》」について、自分《じぶん》の経験《けいけん》をあわせてまとめてみよう。

8 未来《みらい》へ向《む》かって

わたしを束《たば》ねないで

新川和江《しんかわかずえ》

教科書 200~203ページ

およその内容

1 第一連《だいいちれん》（P200・1~6）
わたしを束縛《そくばく》しないでほしい。
▶ わたしは豊《ゆた》かに、輝《かがや》いていたい。

2 第二連《だいにれん》（P201・1~6）
わたしを固定《こてい》しないでほしい。
▶ わたしは力強《ちからづよ》く自由《じゆう》に生《い》きたい。

3 第三連《だいさんれん》（P201・8~13）
わたしを味気《あじけ》ないものにしないでほしい。
▶ わたしには海《うみ》のように未知《みち》の力《ちから》があふれている。

4 第四連《だいよんれん》（P202・1~6）
わたしを一《ひと》つの役割《やくわり》に決《き》めつけないでほしい。
▶ わたしはのびのびと軽《かろ》やかに生《い》きていきたい。

5 第五連《だいごれん》（P202・8~13）
わたしを区切《くぎ》って型《かた》にはめないでほしい。
▶ わたしには、多《おお》くの可能性《かのうせい》があるのだ。

解説

●鑑賞《かんしょう》
各連《かくれん》の初《はじ》めの一行《いちぎょう》「わたしを……ないで」の繰《く》り返《かえ》しによって、作者《さくしゃ》の主張《しゅちょう》が力強《ちからづよ》く伝《つた》わってくる。そして、雄大《ゆうだい》なイメージの比喩《ひゆ》によって、作者《さくしゃ》の思《おも》いが豊《ゆた》かに表現《ひょうげん》されている。また、行末《ぎょうまつ》の音《おん》の繰《く》り返《かえ》しや体言止《たいげんど》めによって、美《うつく》しいリズムが生《う》み出《だ》されている。

●主題《しゅだい》
束縛《そくばく》されたり、固定《こてい》されたり、型《かた》にはめられたりすることを拒《こば》み、自分《じぶん》の力《ちから》で自由《じゆう》に生《い》きたいという作者《さくしゃ》の叫《さけ》びをうたっている。

漢字のチェック

＊はここに出《で》てきた読《よ》み。

新出漢字

200

穂 （スイ） ＊ほ

のぎへん 15画

意味 ①茎《くき》の先《さき》の花《はな》や実《み》がついた部分《ぶぶん》。②ほのような形《かたち》のもの。
言葉 ①稲穂《いなほ》・穂波《ほなみ》・穂先《ほさき》 ②穂状《すいじょう》
使い方 筆《ふで》の穂先《ほさき》に墨《すみ》を付《つ》ける。

3級

201

昆

＊コン

ひ

8画

意味　数《かず》が多《おお》い。

言葉　昆虫《こんちゅう》・昆布《こんぶ》

使い方　夏《なつ》の自由研究《じゆうけんきゅう》で昆虫《こんちゅう》の標本《ひょうほん》を作《つく》る。

準2級

重要語句のチェック

200ページ

束《たば》ねる　一《ひと》つにまとめる。束《たば》にする。文髪《かみ》の毛《け》を**束《たば》ねる**。

胸《むね》を焦《こ》がす　強《つよ》く恋《こ》い慕《した》うこと。思《おも》いが高《たか》まって切《せつ》なくなること。文物語《ものがたり》の主人公《しゅじんこう》に**胸《むね》を焦《こ》がす**。

201ページ

こやみない　全《まった》くやむことのない様子《ようす》。文**こやみなく**降《ふ》る雨《あめ》。

かいさぐる　手《て》で探《さぐ》る。かきさぐる。文ポケットの中《なか》を**かいさぐる**。

日常性《にちじょうせい》　日常《にちじょう》の普通《ふつう》の状態《じょうたい》。文**日常性《にちじょうせい》**に埋《う》もれる。

とほうもない　並外《なみはず》れている。とんでもない。文**とほうもなく**遠《とお》い道《みち》のり。

潮《うしお》　海水《かいすい》の満《み》ち引《ひ》き。海水《かいすい》。

202ページ

しつらえる　用意《ようい》する。設《もう》ける。文会場《かいじょう》に展示台《てんじだい》を**しつらえる**。

こまめに　真面目《まじめ》に、よく体《からだ》を動《うご》かして物事《ものごと》をする様子《ようす》。文あの人《ひと》は**こまめに**よく働《はたら》く。

けりをつける　解決《かいけつ》が難《むずか》しい物事《ものごと》の始末《しまつ》をつける。文仕事《しごと》に**けり**をつけた。

読解のポイント

●表現《ひょうげん》の特色《とくしょく》

各連《かくれん》とも、「わたしを……ないで」という書《か》きだしで始《はじ》まり、前《ぜん》半《はん》には自分《じぶん》に対《たい》する周囲《しゅうい》の扱《あつか》いへの拒否《きょひ》が、後半《こうはん》にはこうありたいというものが、比喩《ひゆ》によって対比的《たいひてき》に示《しめ》されている。

第一連《だいいちれん》…「わたし」が、「あらせいとうの花《はな》」や「白《しろ》い葱《ねぎ》」のようには束《たば》ねられない、見渡《みわた》すかぎりの「金色《こんじき》の稲穂《いなほ》」にたとえられ、美《うつく》しく豊《ゆた》かに実《みの》る存在《そんざい》であることを示《しめ》している。

第二連《だいにれん》…「わたし」が、「標本箱《ひょうほんばこ》の昆虫《こんちゅう》」や「絵葉書《えはがき》」のようには動《うご》きを止《と》められない、「目《め》には見《み》えないつばさの音《おと》」にたとえられ、やむことなく自由《じゆう》に羽《は》ばたけることを示《しめ》している。

第三連《だいさんれん》…「わたし」が、「薄《うす》められた牛乳《ぎゅうにゅう》」や「ぬるい酒《さけ》」のようには日常性《にちじょうせい》に染《そ》められない、夜《よる》の海《うみ》の「苦《にが》い潮《うしお》」と「ふちのない水《みず》」にたとえられ、スケールが大《おお》きい、未知《みち》の力《ちから》にあふれた存在《そんざい》であることを示《しめ》している。

第四連《だいよんれん》…「わたし」が、「娘《むすめ》」「妻《つま》」「母《はは》」といった名《な》で決《き》めつけられない「風《かぜ》」にたとえられ、のびやかでみずみずしい存在《そんざい》であることを示《しめ》している。

第五連《だいごれん》…「わたし」が「手紙《てがみ》」の文面《ぶんめん》のようには区切《くぎ》られていない「一行《いちぎょう》の詩《し》」にたとえられ、はてしなく流《なが》れて拡《ひろ》がっていく存在《そんざい》であることを示《しめ》している。

8

未来《みらい》へ向《む》かって

三年間《さんねんかん》の歩《あゆ》みを振《ふ》り返《かえ》ろう／漢字《かんじ》に親《した》しもう6

教科書 204~208ページ

解説

中学校生活《ちゅうがっこうせいかつ》三年間《さんねんかん》の学《まな》びをまとめた冊子《さっし》を編集《へんしゅう》し、「これまで」と「これから」について語《かた》り合《あ》おう。

1 **三年間《さんねんかん》の学《まな》びを振《ふ》り返《かえ》り、冊子《さっし》のテーマを決《き》めよう。**

① 三年間《さんねんかん》の学習《がくしゅう》の中《なか》から印象《いんしょう》に残《のこ》っているものを思《おも》い出《だ》す。

② ①を基《もと》に、三年間《さんねんかん》の学《まな》びを総括《そうかつ》するテーマを考《かんが》える。

2 **冊子《さっし》の構成《こうせい》を考《かんが》えよう。**

・表紙《ひょうし》…タイトルや名前《なまえ》

・中面《なかめん》…①整理《せいり》する観点《かんてん》を決《き》める。
②観点《かんてん》に基《もと》づいて、掲載《けいさい》する内容《ないよう》を決《き》める。

・裏表紙《うらびょうし》…編集後記《へんしゅうこうき》
・整理《せいり》してみて考《かんが》えたことや、最《もっと》も印象《いんしょう》に残《のこ》っていることなどについてまとめて書《か》く。

3 **冊子《さっし》を作《つく》ろう。**

2で考《かんが》えた構成《こうせい》に基《もと》づいて、三年間《さんねんかん》の学《まな》びを冊子《さっし》にまとめる。

4 **発表会《はっぴょうかい》を開《ひら》こう。**

① 冊子《さっし》の「編集後記《へんしゅうこうき》」の内容《ないよう》を中心《ちゅうしん》に、「これまで」と「これから」について発表《はっぴょう》する。

② 質疑応答《しつぎおうとう》をする。

※発表《はっぴょう》と質疑応答《しつぎおうとう》で一人《ひとり》三分程度《さんぷんていど》とする。

5 **学習《がくしゅう》を振《ふ》り返《かえ》ろう。**

まとめていく作業《さぎょう》や発表会《はっぴょうかい》を通《とお》して、これまでの学《まな》びにおける改善点《かいぜんてん》や、継続《けいぞく》していきたい点《てん》を整理《せいり》する。

また、友達《ともだち》の学《まな》びで参考《さんこう》になった点《てん》を、どのように自分《じぶん》の学《まな》びに取《と》り入《い》れるかも考《かんが》えるとよい。

「漢字《かんじ》に親《した》しもう6」の答《こた》え

1 ①採 ②執 ③捕 ④撮

2 ①防 ②妨

3 ①核心 ②革新 ③確信

4 ①穫 ②獲

5 ①陥る ②携える ③汚い

6 ①隆盛 ②介抱 ③希薄 ④歓喜

文法《ぶんぽう》1 文法《ぶんぽう》を生《い》かす

教科書 212〜214ページ

教科書の問題

▼次《つぎ》の文《ぶん》の文節《ぶんせつ》や連文節《れんぶんせつ》の対応《たいおう》を整《ととの》えて、読《よ》みやすくなるように書《か》き直《なお》そう。（教科書《きょうかしょ》212ページ）

①私《わたし》の夢《ゆめ》は、人《ひと》の役《やく》に立《た》つ仕事《しごと》がしたいです。
②兄《あに》が何《なに》かおもしろいことを言《い》って、妹《いもうと》に笑《わら》わせている。
③僕《ぼく》には、加山《かやま》さんが問題《もんだい》を深刻《しんこく》に捉《とら》えすぎているように思《おも》う。
④私《わたし》が絵《え》を習《なら》い始《はじ》めたきっかけは、親友《しんゆう》に絵《え》をほめてもらったことと、美術館《びじゅつかん》で見《み》たゴッホの絵《え》に感激《かんげき》したことが、きっかけです。

答えの例

①私《わたし》の夢《ゆめ》は、人《ひと》の役《やく》に立《た》つ仕事《しごと》をすることです。
②兄《あに》が何《なに》かおもしろいことを言《い》って、妹《いもうと》を笑《わら》わせている。
③僕《ぼく》には、加山《かやま》さんが問題《もんだい》を深刻《しんこく》に捉《とら》えすぎているように思《おも》われる。
④私《わたし》が絵《え》を習《なら》い始《はじ》めたきっかけは、親友《しんゆう》に絵《え》をほめてもらったことと、美術館《びじゅつかん》で見《み》たゴッホの絵《え》に感激《かんげき》したことです。

考え方

主語《しゅご》を変《か》える場合《ばあい》は、次《つぎ》のようになる。
①私《わたし》は、人《ひと》の役《やく》に立《た》つ仕事《しごと》がしたいです。それが私《わたし》の夢《ゆめ》です。
③僕《ぼく》は、加山《かやま》さんが問題《もんだい》を深刻《しんこく》に捉《とら》えすぎているように思《おも》う。
④私《わたし》は、親友《しんゆう》に絵《え》をほめてもらったことと、美術館《びじゅつかん》で見《み》たゴッホの絵《え》に感激《かんげき》したことがきっかけで絵《え》を習《なら》い始《はじ》めました。

▼次《つぎ》の文《ぶん》は、二通《ふたとお》りの解釈《かいしゃく》ができる。それぞれの解釈《かいしゃく》がわかりやすく伝《つた》わるように、読点《とうてん》を打《う》ったり、文節《ぶんせつ》の順序《じゅんじょ》を入《い》れ替《か》えたりして直《なお》してみよう。（教科書《きょうかしょ》213ページ）

①上野《うえの》さんは高橋《たかはし》さんと松本《まつもと》さんに町《まち》の歴史《れきし》をきいた。
②私《わたし》は兄《あに》のようにスポーツが得意《とくい》ではない。
③昨日完成《きのうかんせい》した卒業《そつぎょう》アルバムが職員室《しょくいんしつ》に届《とど》いた。
④水谷《みずたに》さんは図書館《としょかん》にある本《ほん》を運《はこ》んだ。

答えの例

①●上野《うえの》さんは、高橋《たかはし》さんと松本《まつもと》さんに町《まち》の歴史《れきし》をきいた。
●上野《うえの》さんは、高橋《たかはし》さんと、松本《まつもと》さんに町《まち》の歴史《れきし》をきいた。
②●私《わたし》は、兄《あに》のようには、スポーツが得意《とくい》ではない。
●私《わたし》は兄《あに》のように、スポーツが得意《とくい》ではない。
③●完成《かんせい》した卒業《そつぎょう》アルバムが、昨日《きのう》、職員室《しょくいんしつ》に届《とど》いた。
●昨日完成《きのうかんせい》した卒業《そつぎょう》アルバムが、職員室《しょくいんしつ》に届《とど》いた。
④●水谷《みずたに》さんは、図書館《としょかん》にある本《ほん》を運《はこ》んだ。
●水谷《みずたに》さんは、ある本《ほん》を図書館《としょかん》に運《はこ》んだ。

▼――線部《せんぶ》の呼応《こおう》の副詞《ふくし》に対応《たいおう》する言葉《ことば》を□に入《い》れ、……に合《あ》う内容《ないよう》を考《かんが》えて短文《たんぶん》を作《つく》ろう。（教科書《きょうかしょ》213ページ）

①まるで絵画《かいが》の□……。

②たとえ月日《つきひ》が流《なが》れ□、私《わたし》は決《けっ》して……□。

答えの例

①まるで絵画《かいが》のような、美《うつく》しい風景《ふうけい》だ。

②たとえ月日《つきひ》が流《なが》れても、私《わたし》は決《けっ》して忘《わす》れない。

▼次《つぎ》の――線部《せんぶ》の助詞《じょし》を［　］内《ない》の助詞《じょし》と置《お》き換《か》えて比較《ひかく》し、意味《いみ》や表現効果《ひょうげんこうか》について考《かんが》えよう。（教科書《きょうかしょ》214ページ）

①米洗《こめあら》ふ前《まえ》に蛍《ほたる》の二《ふた》つ三《み》つ　作者未詳《さくしゃみしょう》　［を・へ］

②六月《ろくがつ》を奇麗《きれい》な風《かぜ》の吹《ふ》くことよ　正岡子規《まさおかしき》　［に・は］

答えの例

①●「米洗《こめあら》ふ前《まえ》に蛍《ほたる》の二《ふた》つ三《み》つ」…米《こめ》を洗《あら》っている前《まえ》に蛍《ほたる》が「いる」という感《かん》じ。蛍《ほたる》が一点《いってん》にとどまっている印象《いんしょう》を受《う》ける。

●「米洗《こめあら》ふ前《まえ》を蛍《ほたる》の二《ふた》つ三《み》つ」…「前《まえ》」という場《ば》を今《いま》まさに蛍《ほたる》が生《い》き生《い》きと飛《と》びすぎてゆく様子《ようす》が表現《ひょうげん》される。

●「米洗《こめあら》ふ前《まえ》へ蛍《ほたる》の二《ふた》つ三《み》つ」…「前《まえ》」へと蛍《ほたる》が飛《と》び込《こ》んで来《く》る姿《すがた》が描《えが》かれる。次《つぎ》へ飛《と》び移《うつ》っていく感《かん》じはあまりしない。

②●「六月《ろくがつ》を奇麗《きれい》な風《かぜ》の吹《ふ》くことよ」…「六月《ろくがつ》」を空間的《くうかんてき》なものとして捉《とら》え、そこを「奇麗《きれい》な風《かぜ》」が生《い》き生《い》きと吹《ふ》き通《とお》っていく様子《ようす》が表現《ひょうげん》される。

●「六月《ろくがつ》に奇麗《きれい》な風《かぜ》の吹《ふ》くことよ」…「奇麗《きれい》な風《かぜ》」が吹《ふ》くのは「六月《ろくがつ》」という時期《じき》であることが特《とく》に強調《きょうちょう》される。

●「六月《ろくがつ》は奇麗《きれい》な風《かぜ》の吹《ふ》くことよ」…「六月《ろくがつ》」を取《と》り立《た》てて、その時期《じき》には「奇麗《きれい》な風《かぜ》」が吹《ふ》く、ということを説明《せつめい》している印象《いんしょう》を与《あた》える。

▼次《つぎ》の（　）の中《なか》に［　］内《ない》の助詞《じょし》を入《い》れ、それぞれの使《つか》い分《わ》けについて考《かんが》えよう。（教科書《きょうかしょ》214ページ）

①僕《ぼく》は校庭《こうてい》（　）走《はし》った。　［へ・で・を］

②明日《あす》（　）晴《は》れるだろう。　［は・も・こそ］

答えの例

①●「僕《ぼく》は校庭《こうてい》へ走《はし》った。」…走《はし》った方向《ほうこう》が校庭《こうてい》。

●「僕《ぼく》は校庭《こうてい》で走《はし》った。」…走《はし》る動作《どうさ》をした場所《ばしょ》が校庭《こうてい》。

●「僕《ぼく》は校庭《こうてい》を走《はし》った。」…走《はし》った空間《くうかん》が校庭《こうてい》。

②●「明日《あす》は晴《は》れるだろう。」…「明日《あす》」について取《と》り上《あ》げている。

●「明日《あす》も晴《は》れるだろう。」…今日《きょう》までと同様《どうよう》に。

●「明日《あす》こそ晴《は》れるだろう。」…何日《なんにち》か晴《は》れていないことを前提《ぜんてい》に、「明日《あす》」を強調《きょうちょう》している。

助詞《じょし》が変《か》わると、文章《ぶんしょう》の意味《いみ》も大《おお》きく変《か》わるね。正《ただ》しい使《つか》い分《わ》けができるように練習《れんしゅう》しよう。

文法《ぶんぽう》2 文法《ぶんぽう》のまとめ

教科書 215～218ページ

教科書の問題

❶ 言葉《ことば》の単位《たんい》

▼次《つぎ》の文《ぶん》を、〈例《れい》〉にならって文節《ぶんせつ》ごとに／で区切《くぎ》り、単語《たんご》ごとに――線《せん》を引《ひ》こう。

〈例《れい》〉明《あ》け方《がた》｜に／雨《あめ》｜が／降《ふ》っ｜た。

①カップに温《あたた》かい紅茶《こうちゃ》を注《そそ》ぐ。
②新鮮《しんせん》な魚《さかな》を手早《てばや》く調理《ちょうり》する。
③郵便《ゆうびん》ポストに手紙《てがみ》を出《だ》しに行《い》く。
④バスの出発時刻《しゅっぱつじこく》を確《たし》かめておく。
⑤選手《せんしゅ》たちは一斉《いっせい》にプールに飛《と》び込《こ》んだ。

答え

①カップ｜に／温《あたた》かい／紅茶《こうちゃ》｜を／注《そそ》ぐ。
②新鮮《しんせん》な／魚《さかな》｜を／手早《てばや》く／調理《ちょうり》する。
③郵便《ゆうびん》ポスト｜に／手紙《てがみ》｜を／出《だ》し｜に／行《い》く。
④バス｜の／出発時刻《しゅっぱつじこく》｜を／確《たし》かめ｜て／おく。
⑤選手《せんしゅ》たち｜は／一斉《いっせい》に／プール｜に／飛《と》び込《こ》ん｜だ。

考え方

発音《はつおん》や意味《いみ》のうえで不自然《ふしぜん》にならないように文《ぶん》を区切《くぎ》ったとき、一《ひと》つのまとまりになるいちばん小《ちい》さな単位《たんい》を「文節《ぶんせつ》」という。
④「確《たし》かめて」と「おく」は、補助《ほじょ》の関係《かんけい》で二文節《にぶんせつ》であることに注意《ちゅうい》する。

区切《くぎ》り目《め》は「ね」や「さ」を入《い》れて読《よ》むと見《み》つけやすいよ。

❷ 文《ぶん》の組《く》み立《た》て

▼次《つぎ》の文《ぶん》の――線部《せんぶ》の文節《ぶんせつ》どうしの関係《かんけい》を、後《あと》の□から選《えら》んで、記号《きごう》で答《こた》えよう。

①自転車《じてんしゃ》で 河原《かわら》に 行《い》って みる。〔　〕
②合唱団《がっしょうだん》の 歌声《うたごえ》が 講堂《こうどう》に 響《ひび》き渡《わた》った。〔　〕
③飛行船《ひこうせん》が ゆっくりと 上空《じょうくう》を 通過《つうか》した。〔　〕
④日《ひ》が 傾《かたむ》いて、空《そら》も 海《うみ》も 赤《あか》く 染《そ》まった。〔　〕
⑤祖父《そふ》は 繰《く》り返《かえ》し 平和《へいわ》の 尊《とうと》さを 語《かた》った。〔　〕
⑥妹《いもうと》ばかりで なく、弟《おとうと》まで 僕《ぼく》に 反対《はんたい》した。〔　〕

ア　主《しゅ》・述《じゅつ》の関係《かんけい》	イ　修飾《しゅうしょく》・被修飾《ひしゅうしょく》の関係《かんけい》
ウ　補助《ほじょ》の関係《かんけい》	エ　並立《へいりつ》の関係《かんけい》

答え

①ウ　②ア　③イ　④エ　⑤イ　⑥ア

考え方

「補助《ほじょ》の関係《かんけい》」とは、「待《ま》って　みる」「楽《たの》しく　ない」のように、補《ほ》助動詞《じょどうし》や補助形容詞《ほじょけいようし》が他《ほか》の語《ご》に付《つ》いて意味《いみ》を補《おぎな》っているもののこと。

❸ 単語《たんご》の分類《ぶんるい》

▼次《つぎ》の文《ぶん》の――線部《せんぶ》ア〜チの単語《たんご》について、後《あと》の問《と》いに記号《きごう》で答《こた》えよう。

● ア手《て》　イを　ウきれいに　エ洗《あら》い、　オそれから　カ昼食《ちゅうしょく》　キを　ク取《と》っ　ケた。

● コああ、　サあの　シ美《うつく》しい　ス山《やま》　セに　ソいつか　タ登《のぼ》り　チたい。

①自立語《じりつご》を全《すべ》て選《えら》ぼう。〔　　〕

②付属語《ふぞくご》を全《すべ》て選《えら》ぼう。〔　　〕

③活用《かつよう》する単語《たんご》を全《すべ》て選《えら》ぼう。〔　　〕

④活用《かつよう》しない単語《たんご》を全《すべ》て選《えら》ぼう。〔　　〕

答え

①ア・ウ・エ・オ・カ・ク・コ・サ・シ・ス・ソ・タ

②イ・キ・ケ・セ・チ　③ウ・エ・ク・ケ・シ・タ・チ

④ア・イ・オ・カ・キ・コ・サ・ス・セ・ソ

考え方

助詞《じょし》・助動詞《じょどうし》は付属語《ふぞくご》、それ以外《いがい》の品詞《ひんし》は自立語《じりつご》である。動詞《どうし》・形容詞《けいようし》・形容動詞《けいようどうし》・助動詞《じょどうし》は活用《かつよう》するが、それ以外《いがい》は活用《かつよう》しない。

❹ 自立語《じりつご》

▼①〜⑧がそれぞれ同《おな》じ品詞《ひんし》のグループになるように、〔　〕に入《はい》る単語《たんご》を後《あと》の□から選《えら》ぼう。

①ドア　北海道《ほっかいどう》　一《ひと》つ　〔　　〕

②回《まわ》る　味《あじ》わう　植《う》える　〔　　〕

③しかし　そして　だが　〔　　〕

④ああ　おはよう　さあ　〔　　〕

⑤もし　ゆっくり　さらさら　〔　　〕

⑥爽《さわ》やかだ　無理《むり》だ　急《きゅう》だ　〔　　〕

⑦この　あらゆる　おかしな　〔　　〕

⑧寒《さむ》い　みずみずしい　新《あたら》しい　〔　　〕

だから	とても	いいえ	窓《まど》
どの	浅《あさ》い	変《か》わる	のどかだ

答え

①窓《まど》　②変《か》わる　③だから　④いいえ　⑤とても

⑥のどかだ　⑦どの　⑧浅《あさ》い

考え方

①は名詞《めいし》、②は動詞《どうし》、③は接続詞《せつぞくし》、④は感動詞《かんどうし》、⑤は副詞《ふくし》、⑥は形容動詞《けいようどうし》、⑦は連体詞《れんたいし》、⑧は形容詞《けいようし》。

▼次《つぎ》の──線部《せんぶ》の品詞《ひんし》を〈　〉から選《えら》んで、記号《きごう》で答《こた》えよう。

①ア　小《ちい》さな花《はな》が咲《さ》いている。（　）
イ　上着《うわぎ》に小《ちい》さい穴《あな》が空《あ》く。（　）
〈a形容詞《けいようし》　b連体詞《れんたいし》〉

②ア　いろんな国《くに》を旅《たび》したい。（　）
イ　いろいろな絵《え》はがきを集《あつ》める。（　）
〈a形容動詞《けいようどうし》　b連体詞《れんたいし》〉

③ア　それは私《わたし》の宝物《たからもの》です。（　）
イ　その絵《え》は僕《ぼく》が描《か》いたものです。（　）
〈a名詞《めいし》　b連体詞《れんたいし》〉

④ア　彼《かれ》らは楽《たの》しそうに笑《わら》い、歌《うた》った。（　）
イ　兄《あに》はかすかな笑《わら》いを浮《う》かべた。（　）
〈a名詞《めいし》　b動詞《どうし》〉

⑤ア　子孫《しそん》のために地球《ちきゅう》の自然《しぜん》を守《まも》る。（　）
イ　膝《ひざ》のかすり傷《きず》が自然《しぜん》に治《なお》った。（　）
〈a名詞《めいし》　b形容動詞《けいようどうし》〉

⑥ア　あなたとまた会《あ》いたいと思《おも》います。（　）
イ　彼女《かのじょ》は画家《がか》であり、また詩人《しじん》でもある。（　）
〈a副詞《ふくし》　b接続詞《せつぞくし》〉

⑦ア　あれが私《わたし》の通《かよ》っている学校《がっこう》です。（　）
イ　あれ、田中《たなか》さんはどこに行《い》ったのかな。（　）
〈a名詞《めいし》　b感動詞《かんどうし》〉

答え

①アb　イa　②アb　イa　③アa　イb　④アb　イa
⑤アa　イb　⑥アa　イb　⑦アa　イb

考え方

①「小《ちい》さな」（連体詞《れんたいし》）は「小《ちい》さい」（形容詞《けいようし》）とは別《べつ》の語《ご》で、活《かつ》用《よう》しない。③の「その」は体言《たいげん》を修飾《しゅうしょく》する連体詞《れんたいし》で、「指示《しじ》する語《ご》句《く》（こそあど言葉《ことば》）」の一《ひと》つ。⑤や⑥では、修飾《しゅうしょく》の有無《うむ》を見《み》きわめよう。

⑤イ「自然《しぜん》に」は「治《なお》った」を、⑥ア「また」は「会《あ》いたいと」を修飾《しゅうしょく》しているよ。

単語《たんご》は全部《ぜんぶ》で十《とお》に分類《ぶんるい》されるよ。自立語《じりつご》はそのうちの八種類《はっしゅるい》。教科書《きょうかしょ》211ページの表《ひょう》で確認《かくにん》しておこう。

5 用言《ようげん》の活用《かつよう》

▼次《つぎ》の――線部《せんぶ》の動詞《どうし》について、Ⓐ活用《かつよう》の種類《しゅるい》と、Ⓑ活用形《かつようけい》を後《あと》の□から選《えら》んで、記号《きごう》で答《こた》えよう。

①まもなく彼《かれ》が来《く》る時間《じかん》だ。　Ⓐ〔　〕Ⓑ〔　〕
②もう少《すこ》し落《お》ち着《つ》いて話《はな》せ。　Ⓐ〔　〕Ⓑ〔　〕
③校門《こうもん》の前《まえ》で友達《ともだち》を待《ま》つ。　Ⓐ〔　〕Ⓑ〔　〕
④人《ひと》の嫌《いや》がることはしない。　Ⓐ〔　〕Ⓑ〔　〕
⑤試合開始《しあいかいし》から三十分《さんじっぷん》が過《す》ぎた。　Ⓐ〔　〕Ⓑ〔　〕
⑥窓《まど》を閉《し》めれば、静《しず》かになる。　Ⓐ〔　〕Ⓑ〔　〕

Ⓐ活用《かつよう》の種類《しゅるい》
a 五段活用《ごだんかつよう》　b 上一段活用《かみいちだんかつよう》　c 下一段活用《しもいちだんかつよう》
d カ行変格活用《ぎょうへんかくかつよう》　e サ行変格活用《ぎょうへんかくかつよう》

Ⓑ活用形《かつようけい》
ア 未然形《みぜんけい》　イ 連用形《れんようけい》　ウ 終止形《しゅうしけい》
エ 連体形《れんたいけい》　オ 仮定形《かていけい》　カ 命令形《めいれいけい》

答え

①d・エ　②a・カ　③a・ウ
④e・ア　⑤b・イ　⑥c・オ

考え方

用言《ようげん》は述語《じゅつご》になる単語《たんご》で、活用《かつよう》する。活用《かつよう》の種類《しゅるい》と語尾《ごび》の活用形《かつようけい》を覚《おぼ》えておかなければならないが、同時《どうじ》に主《おも》な続《つづ》き方《かた》（動詞《どうし》なら「未然形《みぜんけい》＝ない・う、連用形《れんようけい》＝ます・た、連体形《れんたいけい》＝とき、仮定形《かていけい》＝ば」）を知《し》っておくとスムーズに判断《はんだん》できるようになる。

▼次《つぎ》の――線部《せんぶ》が、Ⓐ形容詞《けいようし》なら○を、形容動詞《けいようどうし》なら△を〔　〕に書《か》こう。また、Ⓑ活用形《かつようけい》を後《あと》の□から選《えら》んで、記号《きごう》で答《こた》えよう。

①この本《ほん》は小学生《しょうがくせい》には難《むずか》しい。　Ⓐ〔　〕Ⓑ〔　〕
②遠回《とおまわ》りをしたほうが安全《あんぜん》だろう。　Ⓐ〔　〕Ⓑ〔　〕
③早《はや》ければ、正午《しょうご》に着《つ》くはずだ。　Ⓐ〔　〕Ⓑ〔　〕
④夕方《ゆうがた》の商店街《しょうてんがい》はにぎやかだった。　Ⓐ〔　〕Ⓑ〔　〕
⑤真《ま》っ白《しろ》な雲《くも》が浮《う》かんでいる。　Ⓐ〔　〕Ⓑ〔　〕
⑥詳《くわ》しい地図《ちず》で道順《みちじゅん》を確《たし》かめる。　Ⓐ〔　〕Ⓑ〔　〕

ア 未然形《みぜんけい》　イ 連用形《れんようけい》　ウ 終止形《しゅうしけい》
エ 連体形《れんたいけい》　オ 仮定形《かていけい》

答え

①○・ウ　②△・ア　③○・オ
④△・イ　⑤△・エ　⑥○・エ

考え方

活用表《かつようひょう》の語尾《ごび》の変化《へんか》を頭《あたま》において判断《はんだん》する必要《ひつよう》があるが、同時《どうじ》に、その語《ご》が文中《ぶんちゅう》でどんな働《はたら》きをしているかにも着目《ちゃくもく》しよう。

例 ③早《はや》ければ、…「もし早《はや》ければ」と、仮定《かてい》の意味《いみ》を表《あらわ》している。

↓仮定形《かていけい》

⑤真《ま》っ白《しろ》な雲《くも》…体言《たいげん》である「雲《くも》」を修飾《しゅうしょく》している。↓連体形《れんたいけい》

❻ 付属語《ふぞくご》

▼次《つぎ》の文《ぶん》の助詞《じょし》には――線《せん》を、助動詞《じょどうし》には〰〰線《せん》を引《ひ》こう。

①食卓《しょくたく》にスプーンとフォークを並《なら》べた。

②バスで行《い》けば、すぐ着《つ》くはずだよ。

③時間《じかん》が遅《おそ》いので、今日《きょう》は帰《かえ》ります。

④明日《あす》こそ倉庫《そうこ》の掃除《そうじ》をしたいと思《おも》う。

⑤友達《ともだち》に急《きゅう》に声《こえ》をかけて、驚《おどろ》かせてしまった。

答え

①食卓《しょくたく》に|スプーンと|フォークを|並《なら》べた〰。

②バスで|行《い》けば|、すぐ着《つ》くはずだよ〰|。

③時間《じかん》が|遅《おそ》いので|、今日《きょう》は|帰《かえ》ります〰。

④明日《あす》こそ|倉庫《そうこ》の|掃除《そうじ》を|したい〰と|思《おも》う。

⑤友達《ともだち》に|急《きゅう》に声《こえ》を|かけて|、驚《おどろ》かせ〰て|しまった〰。

▼次《つぎ》の――線部《せんぶ》の助詞《じょし》と同《おな》じ働《はたら》き・意味《いみ》のものを選《えら》ぼう。

①ノートの表紙《ひょうし》に|名前《なまえ》を書《か》く。〔　〕

ア 犬《いぬ》がそばに|寄《よ》ってきた。

イ 電車《でんしゃ》の後《あと》、さらに|バスに乗《の》る。

ウ 先生《せんせい》は穏《おだ》やかに|お話《はな》しになった。

②晴《は》れたから|、洗濯物《せんたくもの》を外《そと》に干《ほ》そう。〔　〕

ア 北《きた》の方《ほう》から|風《かぜ》が吹《ふ》いてきた。

イ 今日《きょう》は疲《つか》れたから|、早《はや》く寝《ね》よう。

ウ 牛乳《ぎゅうにゅう》から|バターを作《つく》る。

③外《そと》は寒《さむ》いが|、部屋《へや》の中《なか》は暖《あたた》かい。〔　〕

ア 私《わたし》が|司会《しかい》を務《つと》めます。

イ 兄《あに》は人《ひと》を笑《わら》わせることが|好《す》きだ。

ウ よく考《かんが》えたが|、結論《けつろん》は出《で》なかった。

④部屋《へや》の掃除《そうじ》は終《お》わりましたか|。〔　〕

ア 何か|おいしい物《もの》を食《た》べましょう。

イ 参加《さんか》するか|しないか|決《き》めてください。

ウ 最近《さいきん》、どんな本《ほん》を読《よ》みましたか|。

答え

①ア　②イ　③ウ　④ウ

考え方

①は、場所《ばしょ》や対象《たいしょう》を示《しめ》す格助詞《かくじょし》「に」。イは副詞《ふくし》「さらに」の一《いち》部《ぶ》、ウは形容動詞《けいようどうし》の連用形《れんようけい》「穏《おだ》やかに」の活用語尾《かつようごび》。②は、理由《りゆう》を

示《しめ》す接続助詞《せつぞくじょし》「から」。「ので」とも言《い》い換《か》えられる。**ア**は起点《きてん》、**ウ**は材料《ざいりょう》を表《あらわ》す格助詞《かくじょし》。③は逆接《ぎゃくせつ》を示《しめ》す接続助詞《せつぞくじょし》「が」。「けれど」と言《い》い換《か》えられる。**ア**は主語《しゅご》、**イ**は対象《たいしょう》を示《しめ》す格助詞《かくじょし》。④は疑問《ぎもん》・質《しつ》問《もん》を表《あらわ》す終助詞《しゅうじょし》。**ア**は不確《ふたし》かなことを示《しめ》す副助詞《ふくじょし》、**イ**は選択《せんたく》の対象《たいしょう》を示《しめ》す副助詞《ふくじょし》。

▼次《つぎ》の——線部《せんぶ》の助動詞《じょどうし》と同《おな》じ働《はたら》き・意味《いみ》のものを選《えら》ぼう。

①これは僕《ぼく》の腕時計《うでどけい》だ。〔　〕
ア　このパソコンは持《も》ち運《はこ》びに便利《べんり》だ。
イ　待《ま》ち合《あ》わせの時刻《じこく》は午前十時《ごぜんじゅうじ》だ。
ウ　皆眠《みなねむ》っていて家《いえ》の中《なか》は静《しず》かだ。

②彼《かれ》の笑顔《えがお》は太陽《たいよう》のようだ。〔　〕
ア　池《いけ》の水面《すいめん》がまるで鏡《かがみ》のようだ。
イ　赤《あか》ん坊《ぼう》はどうやら眠《ねむ》たいようだ。
ウ　熱戦《ねっせん》に、観客《かんきゃく》は満足《まんぞく》したようだ。

③電車《でんしゃ》はまもなく終点《しゅうてん》に着《つ》くそうだ。〔　〕
ア　今夜《こんや》は昨日《きのう》よりも寒《さむ》そうだ。
イ　この人形《にんぎょう》は今《いま》にも動《うご》きそうだ。
ウ　練習《れんしゅう》の開始時間《かいしじかん》が変《か》わるそうだ。

④明日《あす》は風《かぜ》が強《つよ》いらしい。〔　〕
ア　向《む》こうから来《く》るのは彼《かれ》らしい。
イ　小鳥《ことり》の鳴《な》き声《ごえ》が愛《あい》らしい。
ウ　春《はる》らしい色《いろ》のシャツを着《き》る。

⑤先輩《せんぱい》から励《はげ》ましの声《こえ》をかけられる。〔　〕
ア　朝《あさ》の風《かぜ》が快《こころよ》く感《かん》じられる。
イ　先生《せんせい》はまもなくここに来《こ》られる。
ウ　向《む》こうのドアからも外《そと》に出《で》られる。
エ　監督《かんとく》に実力《じつりょく》を認《みと》められる。

答え

①**イ**　②**ア**　③**ウ**　④**ア**　⑤**エ**

考え方

①は、断定《だんてい》の意味《いみ》の助動詞《じょどうし》「だ」の終止形《しゅうしけい》。**ア**は「便利《べんり》だ」、**ウ**は「静《しず》かだ」という形容動詞《けいようどうし》の活用語尾《かつようごび》。②は、比喩《ひゆ》の意味《いみ》の助動《じょどう》詞《し》「ようだ」の終止形《しゅうしけい》。**イ**・**ウ**は推定《すいてい》の助動詞《じょどうし》の用例《ようれい》である。③は、伝聞《でんぶん》の意味《いみ》の助動詞《じょどうし》「そうだ」の終止形《しゅうしけい》。**ア**・**イ**は推定《すいてい》・様態《ようたい》の意《い》味《み》の用例《ようれい》。④は、推定《すいてい》の意味《いみ》の助動詞《じょどうし》「らしい」の終止形《しゅうしけい》。**イ**は形《けい》容詞《ようし》「愛《あい》らしい」の一部《いちぶ》。**ウ**は「春《はる》」に付《つ》いて、「春《はる》らしい」という形容詞《けいようし》を作《つく》っている。⑤は受《う》け身《み》の助動詞《じょどうし》「られる」の終止形《しゅうしけい》。**ア**は自発《じはつ》、**イ**は尊敬《そんけい》、**ウ**は可能《かのう》の用例《ようれい》。

体言《たいげん》に「らしい」を付《つ》けてできた形容詞《けいようし》としては、「子供《こども》らしい」「彼女《かのじょ》らしい」などがあるよ。

学習《がくしゅう》を振《ふ》り返《かえ》ろう

教科書
225〜230ページ

教科書の課題 読《よ》む（教科書《きょうかしょ》225〜227ページ）

① ——線部《せんぶ》「うみか自身《じしん》、驚《おどろ》いた顔《かお》をしていた。」（226ページ下段《げだん》20行目《ぎょうめ》）とあるが、それはなぜだろうか。五十字以内《ごじゅうじいない》で書《か》いてみよう。

答えの例

はるかの言《い》った通《とお》り走《はし》った勢《いきお》いで鉄棒《てつぼう》をつかんでみたら、あと少《すこ》しで逆上《さかあ》がりができそうだったから。（46字《じ》）

考え方

うみかは、何度《なんど》も何度《なんど》も練習《れんしゅう》するものの逆上《さかあ》がりができない。しかし、はるかのアドバイス通《どお》り、助走《じょそう》をつけて鉄棒《てつぼう》をつかんで回《まわ》ると、今《いま》までいちばん勢《いきお》いよく足《あし》が上《あ》がった。あと少《すこ》しで逆上《さかあ》がりができそうだったという出来事《できごと》に、うみかは驚《おどろ》いたのである。

② 〰〰線部《せんぶ》「誰《だれ》かが何《なに》かできるようになる瞬間《しゅんかん》に立《た》ち会《あ》うのが、こんなに楽《たの》しいとは思《おも》わなかった。」（227ページ上段《じょうだん》11〜12行目《ぎょうめ》）とあるが、なぜ、「私《わたし》」は楽《たの》しいと感《かん》じたのだろうか。次《つぎ》の条件《じょうけん》に従《したが》って、自分《じぶん》の考《かんが》えを書《か》いてみよう。

条件《じょうけん》1　本文《ほんもん》から根拠《こんきょ》となる部分《ぶぶん》を挙《あ》げて説明《せつめい》すること。
条件《じょうけん》2　百字程度《ひゃくじていど》で書《か》くこと。

答えの例

「惜《お》しいっ！」と思《おも》わず声《こえ》を出《だ》した「私《わたし》」の様子《ようす》から、「私《わたし》」がいつの間《ま》にか妹《いもうと》の逆上《さかあ》がりの練習《れんしゅう》に熱中《ねっちゅう》していたことが読《よ》み取《と》れる。「私《わたし》」は逆上《さかあ》がりの練習《れんしゅう》を手伝《てつだ》うことにやりがいを見出《みいだ》し、それを楽《たの》しいと感《かん》じたのだと思《おも》う。（103字《じ》）

考え方

自分《じぶん》のアドバイスによって、逆上《さかあ》がりができそうな妹《いもうと》を見《み》て、「私《わたし》」は逆上《さかあ》がりの練習《れんしゅう》を手伝《てつだ》うことにやりがいを感《かん》じたと考《かんが》えられる。逆上《さかあ》がりの練習《れんしゅう》を手伝《てつだ》う「私《わたし》」の様子《ようす》からその根拠《こんきょ》を探《さが》そう。

教科書の課題

読《よ》む（教科書《きょうかしょ》228ページ）

▼上《うえ》の文章《ぶんしょう》（228ページ）は、アイヌ民族《みんぞく》がつけた地名《ちめい》について解説《かいせつ》したものである。

① ――線部《せんぶ》「アイヌ民族《みんぞく》が長年守《ながねんまも》ってきた知恵《ちえ》」とは、どんなものだろうか。五十字以内《ごじゅうじいない》でまとめてみよう。

答えの例

自分《じぶん》たちの生活《せいかつ》を守《まも》るために、地形《ちけい》の特徴《とくちょう》を表《あらわ》す地名《ちめい》や、動植物《どうしょくぶつ》に関係《かんけい》する地名《ちめい》をつけていたこと。（45字《じ》）

考え方

アイヌ民族《みんぞく》がつけた地名《ちめい》には、地形《ちけい》の特徴《とくちょう》を表《あらわ》すものや動物《どうぶつ》や植《しょく》物《ぶつ》に関係《かんけい》するものがある。これらの地名《ちめい》は「当時《とうじ》のアイヌの人《ひと》たちの生活《せいかつ》を守《まも》るためにつけられたもの」であると文章《ぶんしょう》に書《か》かれている。当時《とうじ》のアイヌの人《ひと》たちの生活《せいかつ》は自然《しぜん》と共《とも》にあったため、自然《しぜん》の中《なか》で安全《あんぜん》に暮《く》らすために地形《ちけい》の特徴《とくちょう》を知《し》ったり、食《た》べ物《もの》を得《え》る場所《ばしょ》を伝《つた》えたりすることが不可欠《ふかけつ》だったと考《かんが》えられる。つまり、地名《ちめい》にはアイヌ民族《みんぞく》が自然《しぜん》と共《とも》に生《い》きていくための知恵《ちえ》が込《こ》められているのである。

② アイヌ民族《みんぞく》における地名《ちめい》のように、先人《せんじん》の知恵《ちえ》や文化《ぶんか》が受《う》け継《つ》がれた言葉《ことば》を一《ひと》つ取《と》り上《あ》げ、その意味《いみ》と由来《ゆらい》を説明《せつめい》しよう。

例《れい》「塩梅《あんばい》」「適材適所《てきざいてきしょ》」など

答えの例

例《れい》1　「塩梅《あんばい》」は、料理《りょうり》の味加減《あじかげん》、物事《ものごと》の具合《ぐあい》や様子《ようす》、健康状態《けんこうじょうたい》を意味《いみ》する言葉《ことば》である。「塩梅《あんばい》」とは、もともと塩《しお》と梅《うめ》を塩《しお》に漬《つ》けたときにできる酢《す》のことであった。塩《しお》と梅酢《うめず》で調《ととの》えた料理《りょうり》の味加減《あじかげん》が丁度よいことを「良《よ》い塩梅《あんばい》だ」と表現《ひょうげん》していたことが由来《ゆらい》とされる。

例《れい》2　「適材適所《てきざいてきしょ》」は、その人《ひと》の才能《さいのう》や性質《せいしつ》に応《おう》じて、それにふさわしい仕事《しごと》や地位《ちい》に就《つ》かせるという意味《いみ》である。「適材適所《てきざいてきしょ》」の「材《ざい》」は、本来《ほんらい》「木材《もくざい》」のことを表《あらわ》している。伝統的《でんとうてき》な日本《にほん》家屋《かおく》や寺社《じしゃ》などの建築現場《けんちくげんば》で木材《もくざい》の使《つか》い分《わ》けが重要視《じゅうようし》されていたことが「適材適所《てきざいてきしょ》」という言葉《ことば》の由来《ゆらい》とされる。

考え方

「塩梅《あんばい》」は先人《せんじん》の知恵《ちえ》、「適材適所《てきざいてきしょ》」は文化《ぶんか》が受《う》け継《つ》がれた言葉《ことば》だといえる。他《ほか》にも「眉唾《まゆつば》」「辻褄《つじつま》」「几帳面《きちょうめん》」など様々《さまざま》な言葉《ことば》があるので、辞書《じしょ》や本《ほん》、インターネットで言葉《ことば》の意味《いみ》と由来《ゆらい》を調《しら》べて、まとめてみよう。

教科書の課題

話《はな》す・聞《き》く（教科書《きょうかしょ》229ページ）

▼岡田《おかだ》さんは、昔《むかし》の時間《じかん》について発表《はっぴょう》をすることになった。上《うえ》の文《ぶん》章《しょう》（229ページ）は、作成中《さくせいちゅう》のスピーチの原稿《げんこう》である。

① スピーチの中《なか》で、下《した》の図《ず》をフリップで示《しめ》そうと考《かんが》えている。㋐〜㋒のどこで示《しめ》すのが適当《てきとう》だろうか。

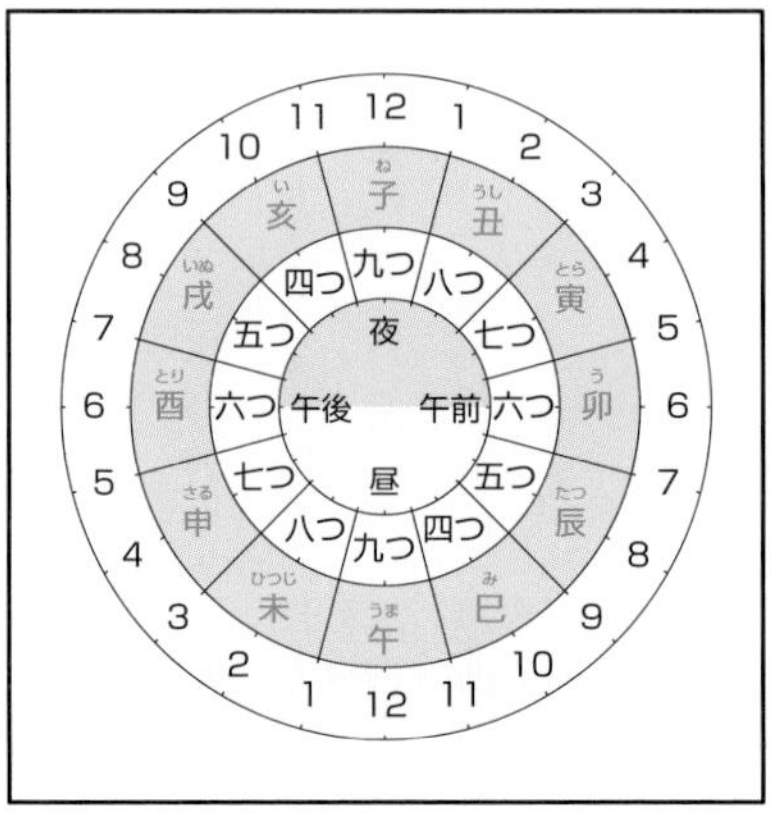

答えの例

㋐

考え方

まずは、フリップの内容《ないよう》を確認《かくにん》する。フリップは、昔《むかし》の時間《じかん》について図示《ずし》したものである。

次《つぎ》に、スピーチ原稿《げんこう》を確認《かくにん》する。「二《ふた》つ目《め》は、……」から始《はじ》まる段落《だんらく》では、「干支《えと》の子《ね》・丑《うし》・寅《とら》・卯《う》……を使《つか》って時刻《じこく》を表《あらわ》しました。」という説明《せつめい》をしている。これは干支《えと》を時間《じかん》に振《ふ》り当《あ》てて覚《おぼ》えやすくしたことを意味《いみ》しているが、現代《げんだい》の私《わたし》たちの時刻《じこく》の表《あらわ》し方《かた》とは全《まった》く異《こと》なっているため、聞《き》き手《て》にとっても口頭《こうとう》による説明《せつめい》だけでは理解《りかい》しにくいと考《かんが》えられる。

よって、㋐でフリップを示《しめ》し、聞《き》き手《て》の視覚《しかく》に訴《うった》えながら説明《せつめい》するのが適当《てきとう》だといえる。

② 聞《き》き手《て》に興味《きょうみ》をもってもらうために「おやつ」の例《れい》をクイズ形《けい》式《しき》にすることにした。上《うえ》の□（229ページ）に示《しめ》されている情《じょう》報《ほう》を基《もと》に、左《ひだり》の書《か》きだしに続《つづ》く形《かたち》でスピーチ原稿《げんこう》を作《つく》ってみよう。

問《と》い	三《みっ》つ目《め》は、皆《みな》さんに考《かんが》えてもらいます。……
答《こた》え	では、正解《せいかい》です。……

答えの例

問《と》い　三《みっ》つ目《め》は、皆《みな》さんに考《かんが》えてもらいます。昔《むかし》は、午後三時《ごごさんじ》のことを「八《や》つ」とよんでいました。さて、この「八《や》つ」という言《こと》葉《ば》からできた言葉《ことば》は何《なん》でしょう。

答《こた》え　では、正解《せいかい》です。正解《せいかい》は「おやつ」です。昔《むかし》は午後三時頃《ごごさんじごろ》のことを「八《や》つ」とよび、この時間頃《じかんごろ》になると、おなかがすくため、間食《かんしょく》を取《と》っていました。そこで、「八《や》つ」時《どき》に食《た》べる間食《かんしょく》のことを、「八《や》つ」に「お」をつけて「おやつ」とよぶようになったと言《い》われています。

考え方

クイズ形式《けいしき》を取《と》り入《い》れることで、聞《き》き手《て》の興味《きょうみ》をひきつけることができる。まずは一問一答《いちもんいっとう》や三択《さんたく》クイズなどの中《なか》から、どの問《と》い方《かた》でクイズを作成《さくせい》するかを考《かんが》えることから始《はじ》めよう。

教科書の課題　書く（教科書《きょうかしょ》230ページ）

▼青空中学校《あおぞらちゅうがっこう》の給食委員会《きゅうしょくいいんかい》では、来春入学《らいしゅんにゅうがく》の一年生《いちねんせい》に向《む》け、正《ただ》しい箸《はし》の持《も》ち方《かた》を説明《せつめい》するポスターを作成《さくせい》することになった。上《うえ》のAとB（230ページ）は、ポスターに入《い》れる図《ず》である。

① AとBでは、説明《せつめい》のしかたがどのように違《ちが》うか、五十字程度《ごじゅうじていど》で書《か》いてみよう。

答えの例

二本《にほん》の箸《はし》を持《も》つ順序《じゅんじょ》が、Aは下《した》の箸《はし》から上《うえ》の箸《はし》であるのに対《たい》して、Bはその逆《ぎゃく》の順序《じゅんじょ》で説明《せつめい》している。（46字《じ》）

考え方

Aでは、「親指《おやゆび》」「薬指《くすりゆび》」で上《うえ》の箸《はし》を、「中指《なかゆび》」「小指《こゆび》」で下《した》の箸《はし》を持《も》つように下《した》の箸《はし》から上《うえ》の箸《はし》への順《じゅん》で説明《せつめい》されている。

Bでは、「正《ただ》しい鉛筆《えんぴつ》の持《も》ち方《かた》をするように」上《うえ》の箸《はし》の持《も》ち方《かた》が説明《せつめい》され、その後《ご》「下《した》からもう一本《いっぽん》の箸《はし》を入《い》れ」と下《した》の箸《はし》の持《も》ち方《かた》の説明《せつめい》がされている。

② あなたなら、AとB、どちらの図《ず》を使《つか》って説明《せつめい》するだろうか。二《ふた》つの図《ず》を比較《ひかく》しながら、次《つぎ》の書《か》きだしに続《つづ》く形《かたち》で書《か》いてみよう。

私《わたし》は、A（B）を選《えら》びます。なぜなら、……

答えの例

私《わたし》は、Bを選《えら》びます。なぜなら、BはAよりもステップの数《かず》が一《ひと》つ少《すく》なく、「正《ただ》しい鉛筆《えんぴつ》の持《も》ち方《かた》をするように」など説明《せつめい》を聞《き》くだけで想像《そうぞう》できるような言葉《ことば》が使《つか》われているので、説明《せつめい》を受《う》ける新一《しんいち》年生《ねんせい》も正《ただ》しい箸《はし》の持《も》ち方《かた》を理解《りかい》しやすいのではないかと思《おも》うからです。一方《いっぽう》、Aはどの指《ゆび》のどこに箸《はし》を置《お》けばよいかが細《こま》かく書《か》かれていますが、聞《き》いていて少《すこ》し難《むずか》しい印象《いんしょう》を受《う》けます。

考え方

まずは、「来春入学《らいしゅんにゅうがく》の一年生《いちねんせい》に向《む》け、正《ただ》しい箸《はし》の持《も》ち方《かた》を説明《せつめい》する」ことが目的《もくてき》であることを押《お》さえる。そして、その目的《もくてき》にA・Bどちらが合《あ》っているかを考《かんが》えてみよう。詳《くわ》しく丁寧《ていねい》な説明《せつめい》であることが望《のぞ》ましいのか、それとも簡単《かんたん》でわかりやすい説明《せつめい》が望《のぞ》ましいのか自分《じぶん》なりの意見《いけん》が述《の》べられるとよい。

学習《がくしゅう》を広《ひろ》げる 高瀬舟《たかせぶね》

森《もり》 鷗外《おうがい》

教科書 246~257ページ

あらすじ

京都《きょうと》の罪人《ざいにん》は遠島《えんとう》を申《もう》し渡《わた》されると、高瀬舟《たかせぶね》に乗《の》せられて大阪《おおさか》へ送《おく》られるのであった。

京都町奉行所《きょうとまちぶぎょうしょ》の同心羽田庄兵衛《どうしんはねだしょうべえ》は、喜助《きすけ》という罪人《ざいにん》の護送《ごそう》を命《めい》ぜられて、高瀬舟《たかせぶね》に乗《の》った。弟殺《おとうとごろ》しの罪《つみ》で遠島《えんとう》を申《もう》し渡《わた》された喜助《きすけ》は、不思議《ふしぎ》なことに楽《たの》しげな様子《ようす》をしている。

庄兵衛《しょうべえ》が心持《こころも》ちを尋《たず》ねると、喜助《きすけ》は答《こた》えた。自分《じぶん》は苦《くる》しい生活《せいかつ》をしてきたが、牢《ろう》では食《た》べさせてもらったうえに、お金《かね》までもらってありがたいと言《い》うのだ。庄兵衛《しょうべえ》は喜助《きすけ》に、敬意《けいい》に似《に》た気持《きも》ちを抱《いだ》く。

庄兵衛《しょうべえ》は、更《さら》に喜助《きすけ》の犯《おか》した罪《つみ》について聞《き》いてみた。喜助《きすけ》は、自殺《じさつ》を図《はか》った弟《おとうと》が死《し》に切《き》れずに苦《くる》しんでいたので、求《もと》められるままに手《て》を貸《か》して死《し》なせたのだと言《い》う。庄兵衛《しょうべえ》の心《こころ》には、これが人殺《ひとごろ》しなのだろうかという疑《うたが》いが生《しょう》じてきて、どうしても解《と》けなかった。

解説

●喜助《きすけ》の「罪《つみ》」の内容《ないよう》を確認《かくにん》し、その是非《ぜひ》について考《かんが》えよう。

〈「罪《つみ》」の内容《ないよう》〉

病気《びょうき》にかかった弟《おとうと》が自殺《じさつ》を試《こころ》みたが、死《し》に切《き》れず苦《くる》しがっていたので、求《もと》めに応《おう》じて手《て》を貸《か》し、死《し》なせてしまったこと。

〈是非《ぜひ》についての考《かんが》え〉

命《いのち》の重《おも》みや意味《いみ》を思《おも》えば、尊《とうと》い生《せい》を人為的《じんいてき》に終《お》わらせてはならないとするのは当然《とうぜん》の考《かんが》え方《かた》である。しかし、死《し》を避《さ》けられない状態《じょうたい》で、いたずらに苦痛《くつう》を長引《ながび》かせるよりも、当人《とうにん》をそこから解放《かいほう》してやろうという選択《せんたく》が、誤《あやま》った行為《こうい》だと断定《だんてい》するのは難《むずか》しい。

これは、現代《げんだい》の安楽死《あんらくし》の是非《ぜひ》の問題《もんだい》に当《あ》てはまる、生死《せいし》をめぐる本質的《ほんしってき》なテーマの一《ひと》つといえるだろう。

重要語句のチェック

246ページ

遠島《えんとう》 江戸時代《えどじだい》の刑罰《けいばつ》の一《ひと》つ。罪《つみ》を犯《おか》したものを遠《とお》い島《しま》へ送《おく》る刑《けい》。追放《ついほう》より重《おも》く、死罪《しざい》より軽《かる》い。島流《しまなが》し。文 **遠島《えんとう》**になる。

いとまごい 別《わか》れを告《つ》げること。別《わか》れの挨拶《あいさつ》。文 お世話《せわ》になった方々《かたがた》に**いとまごい**をする。

255ページ

条理《じょうり》 物事《ものごと》の道理《どうり》。筋道《すじみち》。文 **条理《じょうり》**にかなった振《ふ》る舞《ま》い。

腑《ふ》に落《お》ちぬ 納得《なっとく》できない。文 どうも彼《かれ》の態度《たいど》が**腑《ふ》に落《お》ちぬ**。

学習《がくしゅう》を広《ひろ》げる 二《ふた》つの悲《かな》しみ

杉山龍丸《すぎやまたつまる》

教科書 259~262ページ

あらすじ

「私《わたし》」は、第二次大戦後《だいにじたいせんご》、日本《にっぽん》の兵士《へいし》の復員《ふくいん》の事務《じむ》の仕事《しごと》に就《つ》いていて、訪《たず》ねてくる留守家族《るすかぞく》に、夫《おっと》や息子《むすこ》の「死《し》」を伝《つた》える苦《くる》しい仕事《しごと》をしていた。

あるとき、立派《りっぱ》な服装《ふくそう》をした紳士《しんし》がやってきて息子《むすこ》の安否《あんぴ》を尋《たず》ねた。係《かかり》の者《もの》が戦死《せんし》したことを伝《つた》えると、黙《だま》って帰《かえ》っていかれたのだが、「私《わたし》」が便所《べんじょ》に立《た》ったときに見《み》たその紳士《しんし》は、階段《かいだん》の踊《おど》り場《ば》の隅《すみ》で声《こえ》を上《あ》げたいのを必死《ひっし》にこらえ、震《ふる》えながら涙《なみだ》を流《なが》していたのだった。

次《つぎ》の日《ひ》、小学校二年生《しょうがっこうにねんせい》の女《おんな》の子《こ》がやってきて、父親《ちちおや》の安否《あんぴ》を尋《たず》ねた。父親《ちちおや》の戦死《せんし》を伝《つた》えると、少女《しょうじょ》は下唇《したくちびる》を血《ち》が出《で》るようにかみしめて、かっと目《め》を見開《みひら》いて肩《かた》で息《いき》をして、涙《なみだ》をこらえ、母親《ははおや》もなくなり、妹《いもうと》が二人《ふたり》いるから、自分《じぶん》がしっかりしなくてはならない、泣《な》いてはいけないと言《い》われていると言《い》った。

戦争《せんそう》は悲《かな》しみ以上《いじょう》の何《なん》か、かけがえのないものを奪《うば》った。私《わたし》たちは、この二《ふた》つのことから何《なに》を考《かんが》え、何《なに》をするべきであろうか。

解説

●「悲《かな》しみ以上《いじょう》の何《なに》か（P262・下2）」とは何《なに》であるかを考《かんが》えよう。

「悲《かな》しみ以上《いじょう》の何《なに》か（P262・下2）」の前後《ぜんご》に「戦争《せんそう》は、大《おお》きな、大《おお》きな、何《なに》かを奪《うば》った。」「かけがえのないものを奪《うば》った」とあることから、「悲《かな》しみ以上《いじょう》の何《なに》か」とは、戦争《せんそう》によって紳士《しんし》や少女《しょうじょ》が失《うしな》った、かけがえのないものであることがわかる。二人《ふたり》は肉親《にくしん》を失《うしな》った事実《じじつ》を聞《き》かされたときに、その悲《かな》しみをこらえ、封《ふう》じ込《こ》めている。大切《たいせつ》な人《ひと》を失《うしな》った時《とき》に自然《しぜん》に出《で》る感情《かんじょう》や振《ふ》る舞《ま》いをすることができなくなっている。このことが「戦死《せんし》」という非情《ひじょう》な現実《げんじつ》が招《まね》いたものであるから、「悲《かな》しみ以上《いじょう》の何《なに》か」とは、肉親《にくしん》の死《し》を悲《かな》しむという人間《にんげん》らしさであるといってもよいであろう。

重要語句のチェック

259ページ

頭《あたま》を抱《かか》える　ひどく困《こま》ったり、心配《しんぱい》したりする。文 たくさんの宿《しゅく》題《だい》に頭《あたま》を抱《かか》える。

261ページ

戦慄《せんりつ》　おそろしくて震《ふる》え上《あ》がること。

声《こえ》をのむ　深《ふか》く感動《かんどう》したり、驚《おどろ》いたりして、声《こえ》が出《で》なくなる。文 雄大《ゆうだい》な景色《けしき》に、思《おも》わず声《こえ》をのんだ。

学習《がくしゅう》を広《ひろ》げる　アラスカとの出会《であ》い

星野道夫《ほしのみちお》

教科書 263~268ページ

およその内容

十代《じゅうだい》の頃《ころ》、北海道《ほっかいどう》の自然《しぜん》にひかれていた「僕《ぼく》」は、いつしかアラスカに憧《あこが》れるようになった。ある日《ひ》、アラスカの写真集《しゃしんしゅう》で見《み》た一枚《いちまい》の写真《しゃしん》にひきつけられ、イヌイットの村《むら》で三《さん》か月《げつ》を過《す》ごすこととなる。この三《さん》か月《げつ》は、強烈《きょうれつ》な体験《たいけん》として「僕《ぼく》」の心《こころ》に沈澱《ちんでん》した。

その後《ご》、写真家《しゃしんか》になり、七年《ななねん》ぶりにアラスカに戻《もど》った。十四年《じゅうよねん》が過《す》ぎ、アラスカに根《ね》を下《お》ろそうとしている。あの写真《しゃしん》がきっかけになり、「僕《ぼく》」の人生《じんせい》は動《うご》いていったのだ。

「僕《ぼく》」は、あの村《むら》の写真《しゃしん》を撮《と》ったカメラマンに偶然《ぐうぜん》に出会《であ》った。人生《じんせい》はからくりに満《み》ちている。

解説

●「出会《であ》い」についての筆者《ひっしゃ》の考《かんが》えを捉《とら》えよう。

筆者《ひっしゃ》は、人生《じんせい》が偶然《ぐうぜん》の不思議《ふしぎ》な連《つら》なりによって展開《てんかい》することを感《かん》じ取《と》っているが、「出会《であ》い」は、偶然《ぐうぜん》によってのみ生《う》まれるものではない。偶然《ぐうぜん》をたぐり寄《よ》せるのは、無数《むすう》の人々《ひとびと》と擦《す》れ違《ちが》う中《なか》で感《かん》じる根源的《こんげんてき》な悲《かな》しみである、と筆者《ひっしゃ》はいうのである。

重要語句のチェック

＊はここでの意味《いみ》。

263ページ

権威《けんい》　①人《ひと》を従《したが》わせる力《ちから》。文兄《あに》としての**権威《けんい》**を保《たも》つ。＊②ある物事《ものごと》について、特《とく》に優《すぐ》れた知識《ちしき》・技術《ぎじゅつ》をもっている専門家《せんもんか》。大家《たいか》。文天文学《てんもんがく》の**権威《けんい》**。

皆無《かいむ》　全《まった》くないこと。文勝《か》てる可能性《かのうせい》は**皆無《かいむ》**だ。

265ページ

拙《つたな》い　下手《へた》である。まずい。文**拙《つたな》い**文章《ぶんしょう》。

267ページ

根《ね》を下《お》ろす　①草木《くさき》がしっかり根《ね》づく。＊②しっかりしみとおる。定着《ていちゃく》する。文外国《がいこく》の文化《ぶんか》が**根《ね》を下《お》ろす**。

268ページ

いきさつ　そのようになった事情《じじょう》や経過《けいか》。事《こと》の成《な》り行《ゆ》き。経緯《けいい》。文けんかの**いきさつ**を話《はな》す。／事件《じけん》の**いきさつ**を調《しら》べる。

耳《みみ》を傾《かたむ》ける　注意《ちゅうい》して聞《き》く。文先生《せんせい》の話《はなし》に**耳《みみ》を傾《かたむ》ける**。

からくり　①道具《どうぐ》や人形《にんぎょう》などを動《うご》かすしかけ。＊②たくらみ。計略《けいりゃく》。文事件《じけん》の**からくり**を解《と》き明《あ》かす。

解答解説

18ページ

1 **ア**
滑稽味《こっけいみ》を帯《お》びた比喩《ひゆ》で表現《ひょうげん》することで、見《み》せしめに指《ゆび》をたたき潰《つぶ》され、しかも正常《せいじょう》な爪《つめ》はもう生《は》えてこないという事実《じじつ》の深刻《しんこく》さや重々《おもおも》しさを軽減《けいげん》しています。

2 例 **ルロイ修道士《しゅうどうし》が、戦争中《せんそうちゅう》、日本人《にっぽんじん》からひどい扱《あつか》いを受《う》けたから。**
直前《ちょくぜん》に「だから」とあり、それまでのルロイ修道士《しゅうどうし》に降《ふ》りかかった災難《さいなん》が理由《りゆう》になっています。

3 **ウ**
傍線部《ぼうせんぶ》の二《ふた》つ後《あと》の文《ぶん》に、「……からである。」という形《かたち》で説明《せつめい》が続《つづ》いています。ルロイ修道士《しゅうどうし》の様子《ようす》について書《か》かれた部分《ぶぶん》を読《よ》み取《と》りましょう。

4 例 **「こら。」や「よく聞《き》きなさい。」という意味《いみ》。**
傍線部《ぼうせんぶ》の三《みっ》つ後《あと》の文《ぶん》に説明《せつめい》があります。

5 **イ**
「……人《じん》」という見方《みかた》を否定《ひてい》し、「一人一人《ひとりひとり》の人間《にんげん》」を見《み》よというのが、ルロイ修道士《しゅうどうし》の考《かんが》え方《かた》です。エにある、「国際的《こくさいてき》な視点《してん》」は本文《ほんもん》に書《か》かれていません。

6 **エ**
手《て》つかずのままのオムレツを、比喩《ひゆ》を用《もち》いて描写《びょうしゃ》しています。直後《ちょくご》の「オムレツをちっとも口《くち》へ運《はこ》んではいない」とあわせて考《かんが》えましょう。

38ページ

1 **エ**
言葉《ことば》がもたらしたプラス面《めん》とマイナス面《めん》の両方《りょうほう》を説明《せつめい》している選択肢《せんたくし》を選《えら》びます。

2 **誤解《ごかい》に基《もと》づく「物語《ものがたり》」**
直後《ちょくご》の「こうした」という言葉《ことば》に注目《ちゅうもく》しましょう。

3 **世界各地《せかいかくち》で争《あらそ》いや衝突《しょうとつ》が絶《た》えない**
「具体的《ぐたいてき》な」という指示《しじ》があるので、「敵対意識《てきたいいしき》を増幅《ぞうふく》しかねない」や「果《は》てしない戦《たたか》いの心《こころ》を抱《いだ》き続《つづ》ける」では不適切《ふてきせつ》です。

4 初《はじ》め…**今《いま》でも世界《せかい》**　終《お》わり…**をしない。**
「争《あらそ》いや衝突《しょうとつ》が絶《た》えないのは……」とある部分《ぶぶん》を探《さが》します。

5 **イ**
ドラミングについて説明《せつめい》しているものを選《えら》びましょう。

6 **ウ**
「新《あたら》しい世界《せかい》」とは、「新《あたら》しい価値《かち》をもつ豊《ゆた》かな世界《せかい》」のことです。

54ページ

1 例 **涼《すず》しく**
「『涼《すず》し』という夏《なつ》を表《あらわ》す言葉《ことば》」とあります。夏《なつ》は暑《あつ》い季節《きせつ》だからこそ、涼《すず》しさを感《かん》じることができます。

2 **韻文《いんぶん》**
散文《さんぶん》と俳句《はいく》が比較《ひかく》されていることを押《お》さえて読《よ》み進《すす》めると、「俳句《はいく》という韻文《いんぶん》」とあります。「散文《さんぶん》」は普通《ふつう》の文章《ぶんしょう》のことです。詩《し》や俳句《はいく》など、音《おと》の響《ひび》きを整《ととの》えて作《つく》る文《ぶん》を「韻文《いんぶん》」といいます。

3 A **定型《ていけい》**　B **季語《きご》**
Aは「五《ご》・七《しち》・五《ご》」という形《かたち》の決《き》まりを表《あらわ》しています。Bは、俳句《はいく》の中《なか》で「夏《なつ》を表《あらわ》す言葉《ことば》」、つまり、季節《きせつ》を表《あらわ》す言葉《ことば》を指《さ》しています。

4 例 **一句《いっく》の柱《はしら》となる言葉《ことば》に「季語《きご》」を用《もち》い、それを五《ご》・七《しち》・五《ご》の「定型《ていけい》」で表現《ひょうげん》するという約束《やくそく》。**
直前《ちょくぜん》の文《ぶん》から、「この約束《やくそく》」の内容《ないよう》をおさえます。「有季《ゆうき》」は季語《きご》があること、「定型《ていけい》」は五《ご》・七《しち》・五《ご》の形式《けいしき》を意味《いみ》しています。

5 **イ**
「『涼《すず》し』が夏《なつ》の季語《きご》であることを知《し》る」のに役立《やくだ》つ本《ほん》であることから考《かんが》えます。

6 例 **降《ふ》る雪《ゆき》のことを詳《くわ》しく説明《せつめい》したいが、これ以上《いじょう》は言《い》えないという断念《だんねん》を表《あらわ》している。**
「降《ふ》る雪《ゆき》のことを…全部《ぜんぶ》言《い》い尽《つ》くせない」のを補《おぎな》うための工夫《くふう》が「切《き》れ字《じ》」だとあります。また、「これ以《い》上《じょう》は言《い》えないという断念《だんねん》を表《あらわ》している」のが子規《しき》の句《く》の「けり」だとあります。

7 (1) C **赤《あか》と白《しろ》**　D **緑《みどり》と白《しろ》（それぞれ順不同《じゅんふどう》）**
Cでは椿《つばき》の赤《あか》と白《しろ》が対比《たいひ》されています。Dでは、「萬《ばん》緑《りょく》」の緑《みどり》と、「吾子《あこ》の歯《は》」の白《しろ》が対比《たいひ》されています。
(2) **自由律俳句《じゆうりつはいく》・無季俳句《むきはいく》（順不同《じゅんふどう》）**
俳句《はいく》の「有季定型《ゆうきていけい》」を踏《ふ》まえた上《うえ》で、あえてそれをこえた形《かたち》で作《つく》られた俳句《はいく》です。「有季《ゆうき》」に対《たい》して「無季《むき》」、「定型《ていけい》」に対《たい》して「自由律《じゆうりつ》」です。

66ページ

1 (1) **すこやかな今日《きょう》の顔《かお》・すがすがしい朝《あさ》の顔《かお》**
(2) ① **一九四五年《ねん》八月《はちがつ》六日《むいか》の朝《あさ》**　② **広島《ひろしま》**　③ **原爆《げんばく》**
(1)不条理《ふじょうり》に死《し》んでいった被爆者《ひばくしゃ》と、安穏《あんのん》としている現代人《げんだいじん》の対比《たいひ》です。(2)この詩《し》が、いつ、どこで起《お》きた、どんな出来事《できごと》を題材《だいざい》にしているのか捉《とら》えましょう。

2 例 **私《わたし》と友《とも》（あなた）の顔《かお》。**
第四連《だいよんれん》に、「その顔《かお》の中《なか》に明日《あす》の表情《ひょうじょう》をさがすとき／私《わたし》はりつぜんとするのだ」とあります。「私《わたし》」がりつぜんとするのですから、「友《とも》」どうしが向《む》き合《あ》っているのではなく、「私《わたし》」と「友《とも》（あなた）」が向《む》き合《あ》っていることが読《よ》み取《と》れます。

3 **ウ**
第五連《だいごれん》から、「数百個《すうひゃっこ》」も原爆《げんばく》を所持《しょじ》する危機的《ききてき》な状況《じょうきょう》であるにも関《かか》わらず、それに対《たい》する人々《ひとびと》の危機意識《ききいしき》の薄《うす》さを読《よ》み取《と》りましょう。

4 例 **原爆投下《げんばくとうか》のような惨事《さんじ》がいつでも起《お》こり得《う》るという意味《いみ》。**
「八時一五分《はちじじゅうごふん》」は、広島《ひろしま》に原爆《げんばく》が投下《とうか》された時間《じかん》です。第五連《だいごれん》で述《の》べられている地球《ちきゅう》の危機的《ききてき》な状況《じょうきょう》と、人々《ひとびと》の無自覚《むじかく》な様子《ようす》をあわせて考《かんが》えれば、広島《ひろしま》のような惨《さん》劇《げき》はいつでも起《お》こり得《う》ると読《よ》み取《と》れます。

5 **ウ**
作者《さくしゃ》は原爆《げんばく》に対《たい》する危機感《ききかん》をもつよう訴《うった》えています。

「油断《ゆだん》」していると、広島《ひろしま》のような悲劇《ひげき》が繰《く》り返《かえ》されるのではないかという懸念《けねん》が、作者《さくしゃ》にはあるのです。

6 **エ**
原爆投下《げんばくとうか》によって死《し》んだ二五万《にじゅうごまん》の人々《ひとびと》に対《たい》する挨拶《あいさつ》でもあり、今《いま》を生《い》きている「友《とも》」である「あなた」に対《たい》する挨拶《あいさつ》でもあり、「わたし」自身《じしん》に対《たい》する挨拶《あいさつ》でもあります。「親《おや》に対《たい》する心《こころ》からの感謝《かんしゃ》」は、詩《し》の内容《ないよう》とは結《むす》びつきません。

78ページ

1 **貝殻《かいがら》**
傍線部《ぼうせんぶ》がある会話《かいわ》と同《おな》じせりふから探《さが》します。直前《ちょくぜん》に、「……貝殻拾《かいがらひろ》いに行《い》くんだ。赤《あか》いのも、青《あお》いのも、なんでもあるよ。」とあるので、貝殻《かいがら》について話《はな》していることがわかります。

2 **ウ**
すいかの番《ばん》をする話《はなし》から考《かんが》えます。

3 **イ**
「私《わたし》」の遊《あそ》び仲間《なかま》とは違《ちが》うルントウの魅力《みりょく》とは何《なに》かを読《よ》み取《と》ります。本文《ほんもん》で、「私《わたし》」はルントウの話《はなし》に素直《すなお》に感動《かんどう》しているので、アとエの「どうにも信《しん》じがたい」は不適切《ふてきせつ》です。さらに、貝殻拾《かいがらひろ》いや、すいか番《ばん》の話《はなし》も、アの「自然《しぜん》のさまざまな脅威《きょうい》との格闘《かくとう》」というには大《おお》げさです。エの「架空《かくう》の……生《う》み出《だ》しているらしい」は、本文《ほんもん》に書《か》かれていないことです。ウは、「私《わたし》」がルントウに引《ひ》かれた点《てん》を「話術《わじゅつ》」としているのが間違《まちが》いです。

4 (1) **例 自然《しぜん》との触《ふ》れ合《あ》いが少《すく》ない環境《かんきょう》。**
(2) **私《わたし》はすいか**
(1) 「高《たか》い塀《へい》に囲《かこ》まれた中庭《なかにわ》」とは、非常《ひじょう》に僅《わず》かな自然《しぜん》を表《あらわ》しており、「神秘《しんぴ》の宝庫《ほうこ》」と対比《たいひ》された表現《ひょうげん》です。
(2) 「……とばかり思《おも》っていた。」という表現《ひょうげん》に着目《ちゃくもく》しましょう。設問《せつもん》の「思《おも》い込《こ》み」に対応《たいおう》します。

5 **イ・エ**

二人《ふたり》のその後《ご》のことは、最後《さいご》の形式段落《けいしきだんらく》に説明《せつめい》があります。

80ページ

1 **シュイション・ルントウ**
大人《おとな》たちの事情《じじょう》や関係《かんけい》とは別《べつ》のところで、ホンルとシュイションが心《こころ》を通《かよ》わせていたことに、「私《わたし》」も母《はは》も気《き》づかされました。二人《ふたり》の関係《かんけい》を知《し》り、幼《おさな》かった頃《ころ》の「私《わたし》」とルントウの関係《かんけい》が思《おも》い出《だ》されたのです。

2 **例 故郷《こきょう》と自分《じぶん》との間《あいだ》に大《おお》きな隔《へだ》たりができたのを感《かん》じるから。**
直後《ちょくご》に、「自分《じぶん》の周《まわ》りに目《め》に見《み》えぬ高《たか》い壁《かべ》があって、その中《なか》に自分《じぶん》だけ取《と》り残《のこ》されたように、気《き》がめいるだけである。」とあるのが、「私《わたし》」の心情《しんじょう》を比喩的《ひゆてき》に表現《ひょうげん》しており、大《おお》きなヒントになります。

3 **隔絶《かくぜつ》する**
次《つぎ》の世代《せだい》の内面的《ないめんてき》な「距離《きょり》」について書《か》かれている部《ぶ》分《ん》に着目《ちゃくもく》しましょう。

4 **エ**
傍線部《ぼうせんぶ》の前後《ぜんご》をよく読《よ》みましょう。アは、「魂《たましい》を……耐《た》え忍《しの》んでゆくこと」が、本文《ほんもん》の「魂《たましい》を……ことは願《ねが》わない」に反《はん》します。イは、「打《う》ちひしがれて……切《き》り抜《ぬ》けてゆくこと」が、本文《ほんもん》の「打《う》ちひしがれて……ことも願《ねが》わない」に反《はん》します。ウは、「やけを起《お》こして……生《い》きること」が、本文《ほんもん》の「やけを起《お》こして……ことも願《ねが》わない」に反《はん》します。

5 **ウ**
「今私《いまわたし》のいう希望《きぼう》も、やはり手製《てせい》の偶像《ぐうぞう》にすぎぬのではないか」という部分《ぶぶん》から考《かんが》えます。

6 **イ**
「偶像《ぐうぞう》」とは、信仰《しんこう》の対象《たいしょう》になる神仏《しんぶつ》をかたどった像《ぞう》です。

7 **例 もともとあるとはいえないが、同《おな》じ志《こころざし》をもつ人《ひと》が多《おお》くなれば、やがて実現《じつげん》できるところ。**

「私《わたし》」は、「歩《ある》く人《ひと》が多《おお》くなれば、それが道《みち》になる」ように、同《おな》じ志《こころざし》をもつ人《ひと》が多《おお》くなれば希望《きぼう》もかなうと考《かんが》えています。

98ページ

1 **人工知能《じんこうちのう》が浸透《しんとう》する社会《しゃかい》**
傍線部《ぼうせんぶ》①がある段落《だんらく》では、「人工知能《じんこうちのう》が浸透《しんとう》する社会《しゃかい》」についての筆者《ひっしゃ》の考《かんが》えを述《の》べています。

2 **ア・ウ**
傍線部《ぼうせんぶ》②の後《あと》に人工知能《じんこうちのう》の活用方法《かつようほうほう》を述《の》べています。

3 **A イ　B ウ**
Aは、人工知能《じんこうちのう》を「仮想敵《かそうてき》」と位置《いち》づけるのではなく、もっとよい考《かんが》えとして「人工知能《じんこうちのう》から新《あら》たな思考《しこう》や……つむいでいこうとする」を挙《あ》げていることを表《あらわ》しています。Bは、「アイデア」が、「完成品《かんせいひん》」という形《かたち》をもったものになることを表《あらわ》しています。

4 **例 人間《にんげん》が新《あたら》しく思《おも》いつくことの多《おお》くは、誰《だれ》かが既《すで》にやっていたり、全《まった》く意味《いみ》のないことであったりするから。**
直後《ちょくご》の文《ぶん》に着目《ちゃくもく》します。

5 **人間《にんげん》例 たくさんの候補《こうほ》の中《なか》から見込《みこ》みのありそうなものだけを選《えら》び出《だ》すこと。**
コンピュータ例 アイデアをたくさん出《だ》すこと。
傍線部《ぼうせんぶ》④の後《あと》に、得意《とくい》なことを分担《ぶんたん》する例《れい》として「コンピュータがアイデアをたくさん出《だ》し、人間《にんげん》がそれらを評価《ひょうか》」するとあることから考《かんが》えます。人間《にんげん》が分担《ぶんたん》する「評価《ひょうか》」については、前《まえ》の段落《だんらく》に、「たくさんの作品《さくひん》の中《なか》から優《すぐ》れたものを選《えら》ぶ」「見込《みこ》みがありそうなものだけを選《えら》び出《だ》す作業《さぎょう》」とあります。

6 **イ**
(Ⅰ)では人工知能《じんこうちのう》が「新《あら》たな思考《しこう》やものの見方《みかた》」に役立《やくだ》つ可能性《かのうせい》を述《の》べ、(Ⅱ)では「新《あたら》しい価値《かち》を生《う》み出《だ》すこともできるかもしれない」と述《の》べています。

7 **ア**
(Ⅰ)は、人工知能《じんこうちのう》の判断《はんだん》を「セカンドオピニオン」

「分析《ぶんせき》」の対象《たいしょう》として、自分《じぶん》の思考《しこう》や判断《はんだん》の参考《さんこう》にするという考《かんが》え方《かた》です。（Ⅱ）は、得意《とくい》なことを分担《ぶんたん》して「共同《きょうどう》して物事《ものごと》に当《あ》たる」という考《かんが》え方《かた》です。

114ページ

1 **ウ**
歌《うた》の意味《いみ》は、「春《はる》が過《す》ぎて夏《なつ》がやって来《き》たようです。真《ま》っ白《しろ》な衣《ころも》が干《ほ》してありますね、天《あめ》の香具山《かぐやま》に。」です。体言止《たいげんど》めが用《もち》いられています。

2 例 **朝日《あさひ》が昇《のぼ》り始《はじ》める様子《ようす》。**
東《ひがし》の方角《ほうがく》であることと、「月《つき》」との兼《か》ね合《あ》いで考《かんが》えます。

3 **ア・ウ**
「秋《あき》の風《かぜ》」のイメージから、作者《さくしゃ》の寂《さび》しさを読《よ》み取《と》りましょう。

4 **ア・エ**
「神《かむ》さびて　高《たか》く貴《たふと》き」や「語《かた》り継《つ》ぎ　言《い》ひ継《つ》ぎ行《ゆ》かむ」から考《かんが》えましょう。

5 **反歌《はんか》**
「長歌《ちょうか》」と、それを補《おぎな》う「反歌《はんか》」はあわせて覚《おぼ》えましょう。

6 例 **家《いえ》で子供《こども》や妻《つま》が自分《じぶん》の帰《かえ》りを待《ま》っているから。**

7 **ウ**
ある言葉《ことば》を導《みちび》く働《はたら》きをする言葉《ことば》です。枕詞《まくらことば》がある特定《とくてい》の語《ご》を導《みちび》くのに対《たい》し、序詞《じょことば》は、後《あと》に続《つづ》く語句《ごく》が定《さだ》まっていません。

8 **イ**
「父母《ふぼ》」が、作者《さくしゃ》の頭《あたま》を撫《な》でたのです。

9 **雪《ゆき》・吉事《よごと》（順不同《じゅんふどう》）**
「いやしけ」は「もっと積《つ》もれ」という意味《いみ》。「雪《ゆき》」のように「よいこと」よ、もっと積《つ》もれと思《おも》っている。

116ページ

1 **エ**

2 (1)**ア**
(2)**風《かぜ》の音《おと》**
全体《ぜんたい》は「秋《あき》が来《き》たと、目《め》で見《み》たところではっきりわからないが、風《かぜ》の音《おと》にはっとして、気《き》づかされたよ。」という意味《いみ》です。

3 (1)**小野《おのの》小町《こまち》**
(2)**ア・ウ**
(1)その六人《ろくにん》を「六歌仙《ろっかせん》」といいます。(2)「…せば〜まし」で、「もし…だったなら〜だったろうに」の意《い》味《み》になります。

4 例 **思《おも》わず時《とき》を過《す》ごしてしまった。**
「しばらくと思《おも》って立《た》ち止《ど》まったのだが」が現代語訳《げんだいごやく》です。この後《あと》に省略《しょうりゃく》された作者《さくしゃ》の思《おも》いを読《よ》み取《と》りましょう。

5 (1)**ウ**
(2)**エ**

6 **イ**
下《しも》の句《く》に着目《ちゃくもく》しましょう。「忍《しの》ぶ」は我慢《がまん》すること。秘《ひ》めた思《おも》いを我慢《がまん》できないかもしれないと嘆《なげ》いているのです。

124ページ

1 (1)**対句《ついく》**
(2)**舟《ふね》の上《うえ》に生《しょう》・そぞろ神《がみ》の（順不同《じゅんふどう》）**
(3)**旅人《たびびと》**
(2)「舟《ふね》の上《うえ》に……浮《う》かべ」と「馬《うま》の口《くち》とらへて……迎《むか》ふる」、「そぞろ神《がみ》の……心《こころ》をくるはせ」と「道祖神《どうそじん》の……手《て》につかず」が対句《ついく》です。(3)「過客《くわかく》」とは、ここでは旅《たび》をする人《ひと》という意味《いみ》です。

2 ②**ウ**　③**ア**
③「馬子《まご》」とは、馬《うま》で人《ひと》や荷物《にもつ》を運《はこ》んだ人《ひと》のことです。

3 (1)**エ**
(2)**予《よ》**
(1)具体的《ぐたいてき》には、中国《ちゅうごく》の李白《りはく》・杜甫《とほ》、日本《にっぽん》の西行《さいぎょう》・宗祇《そうぎ》のような人々《ひとびと》のことを指《さ》しています。(2)「予《よ》」は、自《じ》分《ぶん》を指《さ》していう言葉《ことば》です。「古人《こじん》も」、「予《よ》も」の「も」に注目《ちゅうもく》しましょう。

4 **人《ひと》（または、者《もの》）**
昔《むかし》の人々《ひとびと》の中《なか》にも、旅《たび》の途中《とちゅう》で死《し》んだ人《ひと》が多《おお》い、という文脈《ぶんみゃく》から考《かんが》えましょう。

5 ⑥**さそわれて**　⑦**さすらえて**

6 **掛詞《かけことば》**

7 **イ**
「手《て》につかず」は、そわそわしている様子《ようす》を表《あらわ》しています。

8 **浮《う》かべ**
「舟《ふね》」と「浮《う》かべ」が関連《かんれん》する語《ご》です。

9 ①**雛《ひな》**　②**春《はる》**　③**ぞ**
切《き》れ字《じ》には、「ぞ」の他《ほか》にも、「かな」「けり」「や」などがあります。

10 **漂泊《へうはく》の思《おも》ひ**
旅《たび》に出《で》てさすらいたいという思《おも》いが述《の》べられた言葉《ことば》を探《さが》します。

130ページ

1 例 **誰《だれ》かに依存《いそん》していない（10字《じ》）**
第一段落《だいいちだんらく》に「『独立《どくりつ》』は、……誰《だれ》かに依存《いそん》している状態《じょうたい》ではない、ということです。」とあることから適《てき》した言葉《ことば》を考《かんが》えます。

2 **ア**
第三段落《だいさんだんらく》に「独力《どくりょく》では生《い》きていけなくなったときに、他人《たにん》との支《ささ》え合《あ》いのネットワークをいつでも使《つか》える用《よう》意《い》ができているということ。それが、『自立《じりつ》』の本当《ほんとう》の意味《いみ》なのです。」とあります。

3 **支《ささ》える側《がわ》に回《まわ》る用意《ようい》（きちんと応《こた》える用意《ようい》）**
傍線部《ぼうせんぶ》①の直前《ちょくぜん》の「つまり」に着目《ちゃくもく》します。

4 A **課《か》せられる**　B **押《お》しつけられる**
C **訴《うった》えや呼《よ》びかけ**　D **社会《しゃかい》の基本《きほん》**
第四段落《だいよんだんらく》から、A、Bは「日本語《にほんご》で『責任《せきにん》』という」

場合《ばあい》のイメージを表《あら》わす言葉《ことば》を書《か》き抜《ぬ》きます。C、Dは、その前後《ぜんご》の言葉《ことば》とともに筆者《ひっしゃ》の考《かんが》える「責任《せきにん》」を表《あら》わす言葉《ことば》になるように書《か》き抜《ぬ》きます。

5 **例 苦労《くろう》を苦労《くろう》としてそのまま引《ひ》き受《う》けることの中《なか》にこそ、人《ひと》として生《い》きることの意味《いみ》が埋《う》もれている（という意味《いみ》）。**

傍線部《ぼうせんぶ》②の直後《ちょくご》の二文《にぶん》に着目《ちゃくもく》します。